23

新知

文库

XINZHI

Das Braune Haus der Kunst:
Hitler und der
»Sonderauftrag Linz«

U0399377

# 第三帝国的艺术博物馆

## 希特勒与“林茨特别任务”

[德] 哈恩斯—克里斯蒂安·罗尔 著
孙书柱 刘英兰 译

生活·讀書·新知 三联书店

**图书在版编目（CIP）数据**

第三帝国的艺术博物馆：希特勒与“林茨特别任务”/（德）罗尔著；孙书柱，刘英兰译．—2版．—北京：生活 · 读书 · 新知三联书店，2016.4
（2018.12 重印）
（新知文库）
ISBN 978－7－108－05658－0

Ⅰ．①第…　Ⅱ．①罗…　②孙…　③刘…　Ⅲ．①艺术馆－史料－德国－1933～1945　Ⅳ．① G249.516

中国版本图书馆 CIP 数据核字（2016）第 048873 号

责任编辑　徐国强
装帧设计　陆智昌　鲁明静　康　健
责任印制　董　欢
出版发行　生活·讀書·新知 三联书店
（北京市东城区美术馆东街 22 号 100010）
网　　址　www.sdxjpc.com
图　　字　01－2007－0270
经　　销　新华书店
印　　刷　河北鹏润印刷有限公司
版　　次　2009 年 11 月北京第 1 版
2016 年 4 月北京第 2 版
2018 年 12 月北京第 4 次印刷
开　　本　635 毫米 × 965 毫米　1/16　印张 26.75
字　　数　178 千字　图 196 幅
印　　数　17,001－21,000 册
定　　价　48.00 元
（印装查询：01064002715；邮购查询：01084010542）

新知文库

# 出版说明

在今天三联书店的前身——生活书店、读书出版社和新知书店的出版史上，介绍新知识和新观念的图书曾占有很大比重。熟悉三联的读者也都会记得，20世纪80年代后期，我们曾以“新知文库”的名义，出版过一批译介西方现代人文社会科学知识的图书。今年是生活·读书·新知三联书店恢复独立建制20周年，我们再次推出“新知文库”，正是为了接续这一传统。

近半个世纪以来，无论在自然科学方面，还是在人文社会科学方面，知识都在以前所未有的速度更新。涉及自然环境、社会文化等领域的新发现、新探索和新成果层出不穷，并以同样前所未有的深度和广度影响人类的社会和生活。了解这种知识成果的内容，思考其与我们生活的关系，固然是明了社会变迁趋势的必需，但更为重要的，乃是通过知识演进的背景和过程，领悟和体会隐藏其中的理性精神和科学规律。

“新知文库”拟选编一些介绍人文社会科学和自然科学新知识及其如何被发现和传播的图书，陆续出版。希望读者能在愉悦的阅读中获取新知，开阔视野，启迪思维，激发好奇心和想象力。

**生活·读书·新知三联书店**

**2006 年 3 月**

# 幻景　罪行　丢失

# 目 录

# 鸣 谢

在艺术的领域，第二次世界大战一直没有结束。1933年至1945年期间纳粹统治者赖以夺得艺术品的多种方式和途径，至今还没有得到全面的清理和评判，还有待于系统地研究。社会上经常提出涉及纳粹机构和掌权人获得艺术品的道德问题，这些问题有时遮挡住了投向史实的目光。因此，对历史进行研究很必要，首先要确定事实真相，作为进一步提出问题和回答问题的基础。于是，本书显然就成了一本文献，记录着“林茨特别任务”办事机构的人员组建并汇聚起最大的艺术品收藏之一所运用的种种方式方法。

柏林自由大学的研究委员会资助了这项研究工作，研究是在柏林自由大学的国际史和国际文化出版物工作室完成的。华盛顿的德国历史研究所颁发了一项奖学金支持这项工作。为写作本书，作者查阅和整理了大量的数据并力求做到准确无误，但是，不能排除书中仍然会有差错，那将在再版时得到更正。

作者感到有义务对一直支持这项研究工作的下列人士表示谢忱，他们是（不冠头衔并按姓氏字母顺序排列）：加比·巴茨（Gaby Bartz），柏林；克劳斯·贝茨（Klaus Beetz），柏林；特奥多尔·布吕克勒（Theodor Brückler），维也纳；哈罗德·麦克唐纳（Harold McDonald），华盛顿；乌韦·盖斯勒（Uwe Geissler），柏林；格尔德·吉斯勒（Gerd Giesler），柏林；加布里埃莱·海因里希（Gabriele Heinrich），德累斯顿；克劳斯·希尔德布兰德（Klaus Hildebrand），波恩；伯恩哈德·霍夫曼（Bernhard Hoffmann），威斯巴登；乌尔苏拉·克恩（Ursula Köhn），德累斯顿；埃伯哈德·柯尼希（Eberhard König），柏林；哈拉尔德·柯尼希（Harald König），柏林；埃伯哈德·罗尔（Eberhard Löhr），埃森；莱娜·罗尔（Lena Löhr），埃森；克里斯托夫·毛赫（Christoph Mauch），华盛顿；阿米·施密特（Ami Schmidt），华盛顿；德克·舒曼（Dirk Schuhmann），华盛顿；贝恩德·苏色曼（Bernd Sösemann），柏林；亚历克萨·施蒂勒（Alexa Stiller），汉诺威；格雷戈尔·J·M·韦伯（Gregor J. M. Weber），卡塞尔；以及柏林当代历史俱乐部的全体成员。没有上述这些人士的帮助，本书的完成难以想象。

哈恩斯—克里斯蒂安·罗尔

2004 年圣诞节于柏林

# 一、林茨收藏的研究

1963 年 5 月 28 日，在科隆的雷姆佩尔兹（Lempertz）拍卖行拍卖了画家路德维希·克瑙斯（Ludwig Knaus）的 1 幅画。这幅标题为《狂欢节的喧闹》(Faschingstreiben）的小幅画作是画家 1893 年的作品。这幅产生于 19 世纪慕尼黑画派传统的油画，并非以它的艺术水准引人注目，而更多的是由于它的历史。1941 年，慕尼黑的女画商玛丽亚·迪特里希（Maria Dietrich）买下了这幅画并在一个月以后把它转卖给了希特勒。这幅油画战后原本在联邦德国 1962 年从第三帝国的“破产堆”接收过来的数千幅画品之中，当时的波恩政府曾决定，将接收来的一部分画品拍卖，而这幅《狂欢节的喧闹》就在被拍卖的画品之列。对于雷姆佩尔兹拍卖行来说，这幅油画是老相识了，因为这家科隆的拍卖行曾经在 1940 年把它印在一本图册中拍卖过一次，现在它又一次参加拍卖。

路德维希·克瑙斯这幅画作的命运很典型地展示了，德国以及国际上的画商们在希特勒艺术收藏的组成和发展过程中发挥了怎样重要的作用。本项研究就是围绕希特勒的艺术癖好和那些借此狠赚了一把的人们展开的。国际画商参与促成希特勒的收藏，假使不是至今涉及“第三帝国”的艺术收藏所暴露出的那么多问题有待解释的话，就很可能只被看做纯学术性的问题。于是，寻找那些在纳粹统治时期被强行或非法变换了物主的艺术品的工作，现在还一直在继续着。那段时间里1件艺术品的获得，在怎样的程度上是合法的、诚信的或者完全是罪恶的这些问题，在传媒界引起反响并触动了社会公众。那些第一眼看上去合法的、无可指责的交易，现在常常被追问当时得以进行交易的条件。由此，1933年至1945年期间的艺术品交易就被置于检验台上了。

纳粹艺术品劫掠的一部分直接隶属于德意志帝国的政治中心，即阿道夫·希特勒本人。“林茨特别任务”（Sonderauftrag Linz）就是他为了营造艺术收藏所建立的办事机构，该机构后来攫获了数以千计的艺术品。这一机构的存在在战后很快就为人所知，此前曾经有过为数众多的关于这个题目的阐述，迄今为止的调查研究已搞清楚了以下问题：与这项特别任务相关的人员，搜寻艺术品的机制，如何购买艺术品，部分是没收的或者强迫出售给特别任务的收藏也就是通常说的林茨收藏，等等。这些阐述还举证希特勒非法夺得大量的单幅油画。但是，时至今日还有四个方面的与林茨特别任务相关的核心问题没有得到澄清：多少艺术品是希特勒为林茨博物馆收集的？他让人在怎样的风格方向上收集？多少艺术品是在自由贸易中购买的，又有多少是偷窃的，还有多少是通过强制行动夺取的？希特勒要通过计划中的林茨博物馆追求什么目的？时至今日，还没有一项调查研究令人满意地回答上述这些问题。

在柏林财政局保存的尚未公开的资料和在德累斯顿图片馆里储存的大量底片，现在能够填补档案资料的一部分空白并全面回答上述关于林茨特别任务的这四个方面的问题。在本项研究中所运用的这些资料包括下列四个方面的内容：

1. 大约3900张关于1945年5月8日以前存放在慕尼黑“元首大楼”里的油画、素描和雕塑的索引卡片。这些卡片已经在这项研究中被寻检过并被标记为“元首大楼索引”卡。

2. 与这些索引卡相对应的有大约 3900 幅为希特勒搜集的艺术品拍摄的正片照片。

3. 此外，还有来自慕尼黑“元首大楼”仓库的 17 卷莱卡胶片，和

4. 大约 1000 块由摄影师汉斯 · 威利 · 舍恩巴赫（Hans Willy Schönbach，1887 — 1965）遗留的玻璃底片。

这些索引卡片、正片照片和莱卡胶片与其他一些关于以前德意志帝国具有的艺术品的档案资料一起，经过同盟国在慕尼黑的艺术品收集中心和慕尼黑财政局转归柏林财政局所有。柏林保存的来自“元首大楼”的索引卡片在规模上和内容上都与现存在科布伦茨联邦档案馆的“德累斯顿目录”几乎完全一致。在这一基础上，通过对迄今为止远未为人所知的文件进行研究，可以确认，存于科布伦茨的“德累斯顿目录”，即是林茨特别任务收藏的最原始的清单，其中有些将在后面介绍。

莱卡胶片拍摄的是大约 500 幅艺术品，胶片标注的时间是 1938 年，表明是希特勒早年的收藏状况。属于摄影师汉斯 · 威利 · 舍恩巴赫的财产的玻璃底片是一项特别重要的发现，它记录了德累斯顿的主管人波色（Posse）和福斯（Voss）为林茨博物馆项目征集的并在易北河畔的这个城市第一次拍摄下来的艺术品。1983 年，德国国家安全部把这些底片封存起来，接着又在卷宗上标注了骗人的“舍恩赫尔”的名字，把它交付给德累斯顿国家艺术收藏馆，还有很少的一部分被送到在德累斯顿的德意志图片馆，直到 2001 年才被找到并得到确认。这些留存的资料对于确认那些在德累斯顿和慕尼黑遗失的画品提供了宝贵的依据。

这些索引卡片、照片和莱卡胶片过去几乎不被社会和专家知晓，我们这里清理的资料远比此前发表的希特勒的收藏图片目录丰富。保存在德累斯顿的图片馆的底片在此之前也没有被研究人员注意

过。本项研究于是利用了这第一次的机会，在广泛的领域中对这些迄今为止未受重视的资料进行了整合和分析。

除了上述资料之外，本项研究还动用了人们都熟知的资料。由于负责为林茨特别任务征集艺术品的各个工作点地域上的分割，造成后来存留组织机构档案文件的地点落在了三个地方。于是，在科布伦茨的联邦档案局的“文化财产托管”卷宗中保存的关于林茨特别任务的文件，基本上是原来在柏林的帝国总理府和在慕尼黑的纳粹党总部关于为林茨博物馆征集艺术品的文件，这两个工作机构直到1945年都是负责征集艺术品的组织工作的。除此之外，在柏林的联邦档案局也保存有柏林的帝国总理府和慕尼黑的纳粹党总部关于征集艺术品的其他文件。另外一个与林茨特别任务活动的档案有关系的机构是维也纳文物保护研究所，那里的档案现在由它的后续机构维也纳联邦文物局管理着。正是这些文件提供了关于1945年以来消失的那些艺术品存留的宝贵线索。

特别任务的档案一直到战争结束存放的地点首先是萨克森州。那里的特别任务机构的组织档案，1944年被疏散到皮尔纳市附近的威森施泰因城堡（Burg Weesenstein）里。这些档案文件战争结束时落到苏联人的手里，苏联人先把它们运到设在柏林卡尔思霍斯特（Karlshorst）的总司令部。美国的军事政府1946年曾让人把档案文件拍摄下来，接着文件原件就被运到莫斯科去了。一共59个美国的微缩胶卷被送往同盟军在慕尼黑的收集站，用来清查被希特勒搜寻走的艺术品的来源。1949年，美国军事政府又收回了这些微缩胶卷，一年以后，这些胶卷却不经意地被抛掉了，从此只剩下40夹正片照片，现在保存在科布伦茨的联邦档案局里。这些照片是否是洗印的全部，已经无法确定了。曾经存放在威森施泰因城堡的文件的基本部分是有关购买和没收的艺术品的情况的。

很多情况下，向柏林的帝国总理府、慕尼黑的纳粹党总部和维也纳文物保护研究所递交档案文件都是同步进行的。因为这些同时提交的文献落在德国、奥地利和美国，都很容易接触到，所以，现在存放在莫斯科的档案文件原稿在本项研究中就没有加以利用。

此外，美国的情报工作机构战略服务局（Office for strategic service，OSS）提供的档案文件，在广泛的领域里对林茨特别任务的问题给予了很多解答。这家情报机构在“二战”期间和战后一直追踪着纳粹党人在艺术品掠夺方面的行动。这家情报机构的秘密文件现存放在华盛顿的国家档案馆里。那里还存有很多德文的原始文献，是美国检察官为纽伦堡审判而收集的。在这些文件里，在 PS 系列中有大量的关于林茨特别任务的档案材料，有一部分已经被林恩·尼古拉斯（Lynn Nicholas）使用过了。在这些主要的卷宗之外还有零散的小组文件可以利用，它们可以帮助解释一些细节问题。

对于本次研究工作，还可以运用此前发表过的文章如：威廉·特罗伊厄（Wilhelm Treue）的文章，他是第一个提出 1933 年至 1945 年期间暴力掠夺艺术品这一问题的。诚然，他局限于纳粹党人劫掠艺术品的行为，把它放在历史上掠夺战争的关联中，把希特勒与拿破仑相比较。希尔德加德·布伦纳（Hildegard Brenner）提供了 1963 年关于艺术品劫掠事实的研讨情况，据她叙述，大卫·罗克桑（David Roxan）和肯·万斯托尔（Ken Wanstall）第一次利用了美国艺术保护团体 MFA & A 提供的文件。美国的公务机关直到 70 年代才将军事单位的档案材料解禁。所有后来的那些论文只要超出西部德国档案文件的范围，都立足于罗克桑和万斯托尔的研究成果之上。1984 年，克劳斯·巴克斯（Klaus Backes）列出了林茨博物馆的项目购买和掠夺艺术品的大量数字，并且叙述了战争期间艺术品的去向。但是，巴克斯感兴趣的仅仅是博物馆早期的打算，即 19 世纪的画作和希特勒的艺术口味。在这段时间的专门著作名单里，还有查尔斯·德耶格尔（Charles de Jaeger）的文章。

恩斯特·库宾（Ernst Kubin）应当获得勋章，他在1989年把凡是他能够接触到的西方的资料都综合在一起了，他很注意陈述得通俗易记，时而显现出似乎与当时的场景没有距离。京特·哈泽（Günther Haase）用他所能接触到的资料对林茨特别任务进行了不间断的研究，他揭示了在德累斯顿为林茨收藏的发展而工作的人员和他们的外围，为此，他大量地使用了现在存放在美国档案机关的文件。还有其他一些发表的关于在“联合”奥地利和占领捷克斯洛伐克后直到1945年战争结束时艺术品掠夺的文章，也探讨了林茨项目计划。

柏林墙倒了以后，西方和东方的档案都比以前容易接触到了；同时，关于归还艺术战利品的话题，自然也涉及林茨博物馆计划，给了这项研究新的推动力。1997年由彼得·布鲁恩（Peter Bruhn）编辑的一份特别目录揭示出那期间红军掠夺艺术品的概况。在这些文章里，德国和苏联的艺术战利品组织被加以比较。同样，阐述归还劫掠来的艺术品的问题时，为林茨博物馆征集的那些艺术品也始终被关注着。这其中例如有深受人们重视的黑克托尔·费利恰诺（Hector Feliciano）写的关于艺术品掠夺及艺术品交易在法国的作用。他率先提到国家回归博物馆（Musées Nationaux Récupération，MNR）的文件。然而，费利恰诺特别感兴趣的是法国直到90年代还没有在艺术品归还方面全面行动的迹象。

在较近的研究成果当中，尤其是伊丽莎白·辛普森（Elizabeth Simpson）编辑的文集很突出。这个文集刊发了一次国际专题研讨会关于第二次世界大战中艺术品掠夺的报告。在与会成员中还有美国的艺术保护军官，他们的报告介绍了他们在同盟国的艺术品收集站废止林茨收藏活动的情况。他们当中只有一个人，克雷格·休·史密斯（Craig Hugh Smyth）此前曾经向公众报告过一次他们当时的行动。

日期更近的一篇关于林茨收藏的论文是京特·哈泽写的。他的文章忽视了那些新挖掘出来可赖以作为本次研究基础的资源；他的专著也不准确，常常满足不了科学研究的要求。最新的关于林茨特别任务的著作出自比吉特·施瓦茨（Birgit Schwarz）之手，这是一份为希特勒审选而整理的图录文件。

与林茨特别任务相关的至今还没有答案的疑问，多半为档案资料及来源的问题。只有在其产生的历史被认同之后，一个文件的含义才会被作为一个历史根据来看待。出于这一缘由，对于这里进行的研究来说，恰当的做法是首先介绍简短的文件管理历史，之后再展示和介绍林茨特别任务的产生、工作及其领导人物。

只有在这一文件管理历史的基础上，这些属于首次被分析的根源性资料的意义才清晰起来。在对现存的档案资料进行了一次全面的评价之后，开始了系统的分析研究，并在四千七百多条数据的基础上，得出关于林茨特别任务所搜集的多数作品的来源及去向的有代表性的结论。由此，究竟国际艺术品交易在怎样的程度上参与了林茨收藏这个问题也就明了了。

接下来在本书中，特别任务搜集艺术品的事不作为“林茨收藏”而作为“特别任务收藏”被提及。以下逐一详细描述的画作和其他艺术品，不仅仅是为计划中的多瑙河畔的林茨博物馆收集的。这一收集工作的全面数据资料是基于最初“元首大楼”的数据产生出来的，那些数据资料为了本次研究作了进一步的完善和更正，并且延续了1945年以后的注解，它们也可以证实与特别任务收藏联系在一起的政治目的。但是鉴于迄今为止有关收藏的数据资料均不够确切，本次研究没有从这一角度进行。对帝国财政部关于在慕尼黑没收犹太人艺术品的文件和帝国安全总署关于德国艺术市场的报告，至今也没有进行系统的分析。

能够从数据资料中得出的大部分结论都是基于简单编号的分析。利用在荷兰研制的“肖像分类系统”技术（Iconographic classification system，ICONCLASS），图片的内容也在质量上加以确定，这一点又是能够明确地确定与林茨特别任务收藏相联系的政治目的的一个重要条件。

此外，根据林茨特别任务所搜集的艺术品的准确数据资料，编辑出了一份战争即将结束时和那之后确实丢失的艺术品的目录。这一目录放在本书的末尾，也是本书作者向读者传达的研究的动力：借助这里列出的遗失的艺术品，使每一个感兴趣的人都能给自己一个印象，并由此训练一下自己双眼的注意力。

# 二、作为画家和艺术品收藏人的“元首”

最初还是辉煌引人的：一个秋天的日子，数以千计的慕尼黑人为了及时给自己找妥一个位置一大早就出了家门。广阔的四方形场地三面围着观礼台，洋溢着节日庆典的庄重气氛；一支乐队已经演奏起理查德·瓦格纳的歌剧《工匠歌手》。这是1933年10月15日，纳粹德国举行集会，庆贺德意志艺术大厦奠基。时间已到，希特勒登上主席台，欢迎他的是一个身穿中世纪服装的瓦工师傅，他站在一个巨型的立方体旁，这大概就是基石。他把一把银光闪闪的榔头递给大独裁者。希特勒接过这把镀银的工具向基石砸了下去。惊人的一幕发生了：当榔头一碰到花岗岩时，“嘎”的一声崩开了。希特勒的脸色灰白，他为德国艺术精心排练的庆典被这么一砸给毁了，尴尬的沉寂笼罩在整个建筑工地上。宣传部部长约瑟夫·戈培尔力图挽救局面，他快如闪电地说：“元首这一锤砸得又准又狠。”这个意外事故使希特勒大为恼火，以至于因为气愤而把自己关在慕尼黑的住房里好几天没露面。

这一事件对于那些亲眼目睹了全过程的人来说具有高度的象征意义，不祥之兆笼罩在慕尼黑展览大厅的建筑工地上空。很受希特勒赏识的这个大厦的建筑师路德维希·特鲁斯特（Ludwig Troost）教授几天以后病倒了，几个月后一命呜呼。他的妻子格尔蒂（Gerdy）和建筑师莱昂哈德·加尔（Leonhard Gall）接着继续领导建造工作。

对希特勒来说，这一事件是个严重的挫折，因为德意志艺术大厦的建筑是新生的纳粹德国的第一个形象工程，对他本人也很重要。

对于这个1889年出生在奥地利茵河畔的布劳瑙镇（Braunau am Inn）的政客来说，艺术是他个人生活中一个重要的部分。还是个半大小子的时候，他就对他的一个朋友坦露过胸怀：他的生活目标就是成为像米开朗琪罗那样的艺术家。成为一个艺术天才的理想在他成年后还时时浮现在他的脑海里，于是，直到1933年他还反复对人说，如果没有1918年的溃败他就不会成为一个政治家，而可能成为米开朗琪罗那样伟大的艺术家。然而在他的青年时代却没能让人看出他身上有这样的天赋。他当时是个中等的学生，他不专心学习，整天在他故乡的都市林茨游荡，沉醉于房屋建筑和地方艺术馆的展品中。源于他青年时代的梦想，他最初的职业愿望是成为一名艺术学院的画家，但是他1908年两次考维也纳艺术学院都未能通过，没有被学院录取。在接下来的几年里他靠用简单的水彩颜料临摹明信片艰难度日。

当1913年迁到慕尼黑之后，他的“艺术家生涯”才有了一个明显的跃进。在这里，他开始越来越多地画油画而且卖得不错，他有了钱，甚至能够给他妹妹保拉（Paula）寄去100帝国马克，那在当时是一笔数目可观的钱。在第一次世界大战中当兵期间，希特勒也没有放弃作画，他为前线报刊供稿，在宿营地画素描。1918年德国战败，使他的艺术热情降温，他决定从政，但尽管如此，他还是继续作画。据他的一个女秘书回忆说，就在1933年他当了帝国总理之后，也还总是带着一支铅笔，随时把闪过脑海的东西画下来。在这样的时刻，他内心觉得自己还是个艺术家。他那时的副官韦德曼（Wiedemann）讲过这样一件事情：希特勒曾经否决了对一个他本人认识的破产者的处罚，理由是：“这个人是个艺术家，我自己也是艺术家！艺术家不懂得金融交易。”他还让他的同时代人把他作为艺术家来描述。于是，自 20 年代初期就属于大独裁者私人圈子的摄影师海因里希·霍夫曼（Heinrich Hoffmann），在 1936 年 4 月发表了希特勒的 7 幅水彩画，他把艺术气质描述为纳粹党头目的本质性的基本特征。

在第一次世界大战后的 10 年里，希特勒的艺术热情转移到两个新的领域：他在慕尼黑认识了建筑师特鲁斯特并受其影响，不仅对他在维也纳和慕尼黑都画过的楼面画感兴趣，而且还对平面图和施工图感兴趣。他开始日益增多地画起建筑设计草图来，他的这份激情一直延续到 1945 年他死去。在希特勒遗留下来的第一批设计草图中有一份“德意志国家博物馆”建筑设计图，是他在 1925 年画的。在这份设计图里，他还写上了每个展厅将来要展出作品的画家的名字。希特勒在建筑师阿尔贝特·施佩尔（Albert Speer）那里找到一个热心的助手，帮他把他的粗略的草图加工成设计图。第一次世界大战后，希特勒在画建筑设计图的同时开始了艺术收藏。

还在 20 年代初，早期的一位艺术赞助人海伦妮·冯·贝希施泰因（Helene von Bechstein）就向他赠送了艺术品。希特勒开始自己出钱购买油画的时间不详，他首先是为他的私人环境购买艺术品。大约在 30 年代初，在他的慕尼黑的住房里就挂有弗朗茨·冯·伦巴赫（Franz von Lenbach）的 1 幅俾斯麦的画像，两幅勃鲁盖尔（Brueghel）的，1 幅卢卡斯·克拉纳赫（Lucas Cranach）的和 6 幅施皮茨韦格（Spitzweg）的油画。在早期，他也买过画家海因里希·比克尔（Heinrich Bürkel）的油画。在这些艺术品交易中，希特勒表现出收藏人那种典型的固执，他像弗里德林德·瓦格纳（Friedelind Wagner）在战争期间信赖美国情报人员那样，委托画商有目的地为他寻找施皮茨韦格的作品。

希特勒1933年1月任帝国总理后，有了更多的金钱和权力征集艺术品，他的收藏欲望也更强烈了。一旦他的主意定了，要占有某一幅画，那么他就几乎不考虑价格多高。柏林的画商卡尔·哈伯施托克（Karl Haberstock）了解他的这位顾客，因为正是他从希特勒的收藏狂热中获了益，有据可查他在1936年到1939年间卖给希特勒73幅画。大独裁者很少亲自到艺术品市场上去，他常常是从图录中挑选出作品，然后委托中间人去把认定的作品拍来。因为他常常同时分别委托两个人，所以，他的委托人有时在拍卖行里竞相抬价。大量的购买让希特勒在这段时间里成为19世纪绘画艺术的专家。希特勒认为自己是美术问题的专家，也要求别人把他的评价作为准绳来看待。

随着时间的推移，希特勒对于艺术品收藏的热情逐渐上升为一种痴迷。哈伯施托克曾经披露过他和希特勒在贝尔格霍夫（Berghof）别墅的会晤。那是在贝希特斯加登（Berchtesgaden）一个庞大的建筑群里，希特勒夺得权力之后逐渐把它扩建为豪华的庄园。哈伯施托克在30年当中仅来过这里一次，就是为了和"元首"谈艺术。谈话当中，一个副官送来一份重要的报告，坚持要希特勒审核，希特勒的脸色阴沉下来，但还是照做了，哈伯施托克于是不得不费很大的气力才使他再回到一种欢快的心绪状态。道别的时候希特勒说："如果没有艺术来使我放松，我会变成什么样啊。"

据他的医生汉斯—卡尔·冯·哈塞尔巴赫（Hans Karl von Hasselbach）介绍，希特勒对绘画的兴趣同他对建筑设计的热情一样强烈。他痴迷于属于他的那些画，经常谈论它们；在贝尔格霍夫别墅里他亲自带着人挂画。艺术是电池，给他的心灵提供能量。

除了哈伯施托克之外，霍夫曼也是希特勒很早就从其手中买画的那些人中的一个。霍夫曼曾具有过一种特权，当纳粹党当年还是一个民间小党派的时候，他就给他们的头目希特勒摄影、印照片并推广。靠这一特权，霍夫曼慢慢成功地建了一家图片社。当希特勒和纳粹党在德国接管了政权之后，这位摄影师就从他的生意中撤了出来，在做“元首摄影师”之外专心从事艺术品的买卖和复制。他介绍希特勒购买了一系列艺术品，他卖给希特勒的第一件艺术品应当是勃克林（Böcklin）的 1 幅素描。对霍夫曼的生意有益的是，直到纳粹统治结束他都可以长驱直入地去见希特勒。

那么希特勒究竟收藏哪些艺术品呢？他的兴趣的中心首先是德国浪漫派画家和他们的追随者们，除了我们已经提到过的伦巴赫、施皮茨韦格和格吕茨纳（Grützner）之外，特别重要的画家还有德弗雷格尔（Defregger）、马卡特（Makart）、费尔巴哈（Feuerbach）、瓦尔德米勒（Waldmüller）以及皮洛蒂（Piloty）。在他收藏活动的最初几年，对荷兰派的作品表现出的兴趣还不大，仅仅是伦勃朗唤起了他的兴趣，他根据自己的人种政治观念把伦勃朗划归为“真正的雅利安人”。希特勒偏爱的还有意大利文艺复兴时期的作品，这一艺术倾向的作品使他感兴趣可能与他自己的身体状况有关。在第一次世界大战中，他中了毒气，视力受到伤害，从此对色彩失去了强烈的感受力。根据他早年的政治伙伴恩斯特·汉夫施滕格尔（Ernst Hanfstaengl）的见解，这应是对只有色彩明朗的画作才能让希特勒满意的一种解释。

希特勒偏爱 19 世纪德国画派的画家，是一种追随美学的狂热和一种意识形态的倾向，涉及艺术的形式和内容。在私下的谈话和公开的讲演中，希特勒都经常抨击自印象主义以来发展起来的现代艺术，并很早就称之为“疯子和颓废派”的艺术表现或“畸形的瞎涂乱抹”。犹太艺术批评家马克斯·诺尔道（Max Nordau）早在 1893 年就在书中批评现代艺术，希特勒从他那里接收过“蜕化”这个概念并以此来针对这一艺术风格。这一否定首先是一种形式上的批评。希特勒总是把“工艺技能”—— 与精确再现真实相提并论的技能 —— 称做每个艺术家创作的基础。现实主义是他对艺术和艺术家的期望，但却只涉及形式的现实主义。希特勒要求艺术是对人、动物和物体的忠于自然的复制，艺术应当牢牢把握自然，牢牢把握他认为不可废弃的规律性。艺术在题材的形式处理中应当顺从这种自然界的现实主义。希特勒据此首先归纳出一种美学偏向，他自己作为艺术家，早在他的维也纳时期就应用在他细节精确的建筑设计图中，这种早期的美学原则后来被他提到了意识形态的高度。

希特勒在第一次世界大战之后归结出的他的政治思想的核心点是人种学，根据这一点，他指认北欧人即所谓的“雅利安人”比其他所有人种都优越。关于人种的问题对于希特勒来说不仅仅是理解世界历史的关键，而且也是理解艺术的关键。根据他的见解，所谓“雅利安人”的优越性恰恰体现在文化领域，他把“雅利安人”视为“文化的创始者”，而其他的民族则是“文化的承受者”。根据这一估价，他把希腊人多立克式的建筑艺术，解释为迁移到地中海地区的一个北欧种族的作品；同样，他用种族主义的观察方法看待其他艺术历史时期，如意大利的文艺复兴时期，16 世纪荷兰画派和 19 世纪的德国浪漫主义画派，根据他的观点，这一时期的艺术创作都是一种日耳曼—北欧精神的优越性的表现，他把“雅利安人”的艺术创作当做针对犹太人的对立面，犹太艺术家对他来说都是“文化毁灭者”，因为他们的作品“没有故乡的感情联系”。

从这种人种观念出发来观察艺术，希特勒在内容上对艺术表现的要求是：艺术“是大众真实心灵的最深刻的表达”。由此可以明了，为什么希特勒偏爱某些民间题材如风景、静物和家庭生活场景。希特勒欣赏的画面内容还应当满足一种实际的功能：“雅利安人”的所谓种族优越性应当用艺术来加以表现，而这种种族优越性只能通过一种贴近民众、易于接触广泛阶层的艺术形式才能得以表达。这一要求，又恰恰是那种能被普遍理解的民间的艺术表现所能够满足的。

希特勒以他的这种艺术观念论证他的美学偏好，他要求美术创作遵循现实主义，首先是出于政治的理由。他宣称：“德意志的就是明了的。”他的这句话后来还让人作为一条所谓的格言加以传播。作为他的论点的例证，他推崇德国浪漫派画家，认为他们是一种“真实的”“最美好的”代表。

在其美术人种政治观念之外，希特勒还有一个进一步的信念。希特勒相信，一个时期的艺术家的地位，就是那一时期政治强弱的反映。例如，在这个意义上，他把他钟爱的意大利文艺复兴与那一时代意大利国家的高度政治位势相联系。希特勒关于历史发展的一知半解，并没能妨碍他在逻辑三段论上把政治与艺术置于相互关联中。因为政治在艺术中表达自己，艺术反过来促进、加强国家政权，但是他却完全忽略了艺术发展的基础永远有赖于社会的发展。这种艺术与政治的简单并列以及关于两者相互影响的信念，反映了希特勒内心深处的真实：一个民族主义者，试图用意识形态和艺术去推行政治。因此，后来希特勒曾预言在他的统治时期将出现“一个德意志前所未有的艺术盛况”就绝非偶然了。

这一政治目的就是希特勒建造德意志艺术大厦的动机，希特勒称它为“第一个宏伟项目”。这座新建筑和其中展出的艺术品，应当展示新近成功地夺得的政权。与原来的想法——建国家博物馆主要展出 19 世纪的艺术品——相反，在慕尼黑主要是展示当代艺术。希特勒将展厅开幕的时间确定在 1937 年夏天，他召集成立了一个委员会来确定哪些画作将在这个新的博物馆展出，这个委员会的成员包括代替其死去的丈夫监管这座建筑的格尔蒂·特鲁斯特。

评审委员会必须在呈送的1.5万幅画作中进行挑选，但当他们将初选结果汇总上报后，却引起了轩然大波：希特勒不满意这个挑选。根据他的意见，初选中包含有不够格的抽象派作品。为此他和特鲁斯特夫人激烈地争吵，致使这位女建筑师在开幕式的前一天放弃了她在委员会中的职务。希特勒于是委托他的摄影师和艺术品经纪人海因里希·霍夫曼来做展览的负责人。霍夫曼的选择通过了希特勒的审查，他把很多阿道夫·齐格勒（Adolf Ziegler）的作品放入展览中，齐格勒那时正是“帝国美术协会”的会长，这些作品中有例如《四元素》的三联画幅，后来希特勒把它买去挂在“元首大楼”的壁炉厅里。齐格勒偏爱画裸体女人，为此他得了一个颇为讥讽的绰号——德国阴毛大师。希特勒对这次展品的挑选非常满意，因此把这个计划将展至1944年的“大德意志艺术展”的永久领导权交给了霍夫曼。

克服了最后的困难之后，希特勒于1937年7月19日为新建的展厅剪了彩。作为庆典的造势活动，开幕的前一天，慕尼黑的街道上举行了庆祝游行。希特勒在开幕式的长篇讲话中强调他的艺术观点：只有艺术植根于大众，才是“真实的”和“永久的”。在德意志艺术大厦展出的作品都是遵从希特勒的愿望而选择的，那是些数量可观的没有性器官的静态裸体女人画、带有晦暗的血和土的神秘的农业生产场面，以及没有生气的风光。慕尼黑展览上的油画和雕塑，有马克斯·蔡波（Max Zaeper）、威利·克里格尔（Willy Kriegel）、弗里德里希·施塔尔（Friedrich Stahl）等出名的艺术家的作品，当今这些艺术家中几乎没有哪一位再创作了。有些作品看上去像在“不透光的窗子”后边费力地“思索着大事体”，例如后来挂在“元首大楼”的齐格勒的裸体画作表现的就是这副样子。这种艺术上的阳痿不是艺术家的无能，而首先应归咎于展览的要求。为了遵从希特勒的原则，在他们的画面上就只能是肤浅的广告式的表情，因此在整个展览中，只能看到必须发挥政治功能的图画。正如在建筑上那样，希特勒在绘画和雕塑上也力求用艺术来体现政治，他要求艺术应当象征性地把政治和政党的权力时事化，并提高民族自我意识。希特勒是想从根本上把他的政治意识强加给观众。公开出售的展览图录喜气洋洋地把这座新的艺术大厦誉为“元首的第一个纪念碑式的建筑”，但慕尼黑的这座艺术大楼里展览的实际经济效益却很有限，广大的观众对展出的作品反应冷淡。

希特勒积极地促进为他的政治目的服务的艺术，相应地带来了对那些不能满足他要求的创作人员及其作品的迫害。他在德意志艺术大厦的开幕式上就威胁说，他要针对违背他的人种艺术观念的势力开展一场毫不留情的“扫荡战”，同时他还宣布要清除“空谈家、半吊子和艺术骗子团伙”。这一威胁可不是空话，在筹备德意志艺术大厦展览的同时，帝国宣传和民众启蒙部部长约瑟夫·戈培尔组织了一次所谓的“堕落艺术”展。

纳粹党的首脑定义的“堕落艺术”这一概念，是指自印象派以来的各艺术流派的作品，除了立体派和抽象派的绘画，当时在德国尤其有强烈代表性的表现主义画家的作品也包括在内。在希特勒政府执政的第一年，就已经发生了贬低这类政治上不受欢迎的艺术作品的个别事件。1937 年夏天，戈培尔启动了大规模的行动，他建立了一个委员会，由阿道夫·齐格勒领导，齐格勒的身份是帝国艺术协会主席。委员会在 10 天里审查了 32 批官方的收藏品，10 名“审查专家”在审查中没收了共 600 件被认为“堕落”的艺术品。

在德意志艺术大厦展览开幕的当天，戈培尔在距离展览仅隔几条街的地方开幕展示了“堕落艺术”，其目的是通过直接的“黑白对照”，诋毁被迫害的艺术家和他们的创作。这里被展示的有画家恩斯特·巴拉赫（Ernst Barlach）、马克斯·贝克曼（Max Beckmann）、保罗·克莱（Paul Klee）、马克斯·利伯曼（Max Liebermann）和埃米尔·诺尔德（Emil Nolde）的油画，这个画展在慕尼黑一直办到1937年10月，接着又在德国的其他许多城市巡展。

在同一个月里，戈培尔又向齐格勒布置了新的任务：在德国的各博物馆收缴这些“堕落艺术品”。1937年7月27日，齐格勒接到所谓的“元首命令”，并为完成这一任务另外组建了一个委员会。1937年晚秋，齐格勒和他的委员会完成了任务。一共没收了一万六千多件艺术品，这当中还有不少是版画。被没收的艺术品存放在柏林的一座仓库里，希特勒曾在1938年1月13日前往审视。戈培尔的部下所进行的查收这些艺术品的行动没有法律根据，直到1938年5月31日才追补合法手续。

就在1938年5月，戈培尔又建立了一个委员会，负责处理这些被没收的“堕落艺术品”。委员会的成员有阿道夫·齐格勒、海因里希·霍夫曼和来自罗森贝格的纳粹党世界观问题研究所的罗伯特·舍尔茨（Robert Scholz）。直到1941年12月，委员会与四个有名气的德国画商磋商，由他们将被贬黜的艺术品卖到外国去。这四个画商是：来自居斯特罗（Güstrow）的伯恩哈德·博默尔（Bernhard Böhmer），来自柏林的卡尔·布赫霍尔茨（Karl Buchholz）、沃尔夫冈·古利特（Wolfgang Gurlitt）和费迪南德·默勒（Ferdinand Möller）。这几个画商把许多“堕落艺术品”以交换的方式弄到了国外。1939年6月30日，瑞士的画商特奥多尔·菲舍尔（Theodor Fischer）举办了一次很轰动的拍卖，在画商位于卢塞恩的营业室里，这一天有125幅来自德国博物馆的顶级现代作品被拍卖了。通过这几个画商的运作，到1941年12月止，一共有218幅油画和2700幅版画被卖到了外国；有一部分据猜测于1939年3月在柏林被焚毁了，还有一部分直到“第三帝国”结束还保存在柏林。

这些艺术品究竟卖了多少钱，至今没有明确的统计，但戈培尔在他的日记中写道，交易获得了“很多外汇”；希特勒在谈及出售“堕落艺术品”时也说是“巨额交易”，他本人曾于1938年8月查看过将由哈伯施托克卖到外国去的“堕落艺术品”。交易所得的一部分作为补偿给了那些交出“堕落艺术品”的博物馆，数额多少，至今不详。但据估计还剩余很多钱，希特勒能够用来完成已经长时间存在于他心中的其他艺术项目。

## 三、注入旧收藏中的新血液
## ——维也纳序幕

在1938年3月到1939年6月期间，希特勒充实了他的计划，要将自己的私人艺术收藏转为一个公开的展览。在他的故乡多瑙河畔的林茨市建一座新博物馆的想法，从一个没有内容的想法成熟为一个具体的计划了。并非是艺术的或者文化的缘由催生了这一念头，更多的是外部的政治因素促使这个方案成为现实的运作。

希特勒博物馆计划的序幕首先是把奥地利划入德意志帝国的版图，于是1938年3月12日，德国军队越过边境进入了这个南部的邻国。尽管维也纳政府向柏林的最后通牒屈服了，并将政权交给了奥地利的纳粹党，希特勒仍然让军事行动继续进行，没有遭遇抵抗就占领了奥地利，这对德国来说是重大的政治成果。奥地利民众以欢呼和敲钟迎接德国士兵，于是，希特勒就在3月15日对一群欢欣鼓舞的人们宣布，他的故乡加入德意志帝国。随着奥地利“并入”德意志帝国，迫害也马上开始了，与德国军队一道进入奥地利的党卫军团体、党卫军安全处和盖世太保，开始在奥地利拘捕政治上的反对者和犹太公民。逮捕的过程中没收行动也随之进行，在这些行动中，德国的安全机构和奥地利的纳粹团体剥夺了政治反对者的房产和贵重物品，在通过这样的行动从合法的物主那里劫掠财产的过程中，还抓了一些人，例如阿尔方斯（Alphonse）和路易斯·罗特希尔德（Louis Rothschild）两人就被盖世太保拘捕。这种具有政治动机的查没行径根本没有法律依据，因此是完全非法的。假使被劫掠的艺术收藏品的主人当时还在奥地利并想离开这个国家的话，通常必须将他们的财产的所有权转交给政府部门，统一充公，以便支付所谓的“帝国出走税”。

在这一非法的肆无忌惮的行径之外还有第二项运动，这项运动特别集中在艺术品的接收上：德国和奥地利的纳粹分子 1938 年 3 月接管政权后，迫使很多奥地利人不得不出走，这时，他们常常只能保住自己的性命而把家产都留在故乡，这些留下的财物中有大量的艺术品。这种情况促使维也纳艺术史博物馆馆长弗里茨·德沃夏克（Fritz Dworschak）于 3 月 17 日提出主张：他要求将犹太人工业家奥斯卡·邦迪（Oscar Bandy）的艺术品收藏封存到艺术史博物馆里。根据 1918 年的一道关于禁止贵重艺术品出境的禁令和 1923 年的文物保护法，德沃夏克要求将艺术收藏品封存起来有法律依据。封存并不影响无主财产的私有权，只是阻止贵重的油画、雕塑、珠宝被卖到国外去。文物保护部门的这一措施首先意味着对艺术品的国家保管和托管式管理，这在当时是合法的。

区分是没收还是封存艺术品，对于 1939 年的进程具有决定性的意义。伴随着奥地利的所谓“并入”，一下子数以千计的私人艺术收藏品落入了纳粹权力掌握者和他们随后组建的机构手中，因此需要有一套新办法来处理这些骤然而至的艺术品。于是产生了政治上行动的必要，而希特勒则把艺术品收藏作为他个人独揽大权的政治领域来看待。

没有公布过希特勒对在奥地利没收和封存艺术品的第一个消息作出了什么样的反应。对于维也纳的艺术品事件采取新举措，在 1938

年春对他来说可能不是最首要的任务，但他还是很早就表现出对奥地利博物馆事业未来的发展很有兴趣。1938年3月12日至13日，在奥地利的纳粹党人接管了政府之后，希特勒立即来到林茨，之后又从那里去了维也纳。就在这次逗留期间，他会见了林茨州立博物馆的馆长克雷奇默（Kretschmer）教授，同他讨论如何在那里建造美术馆，但那时这仅仅是一个计划。

1938年还有一件事情深刻地影响着这个大独裁者的想象。为了和意大利的独裁者贝尼托·墨索里尼进一步巩固联盟，希特勒于5月3日至5月9日访问了意大利。在罗马容忍了他吞并奥地利之后，这个德国大独裁者不得不安抚他的意大利同行，使之不要担心德奥过于强大的联结。这次国事访问中的一个具有决定意义的活动是他在佛罗伦萨短暂的停留：在访问的最后一天，希特勒和"Duce"①一道参观了阿尔诺河畔的这座城市，在他停留的总共十个小时里，参观乌菲齐宫博物馆就用了四个小时之久。希特勒在这个城市的逗留以里卡尔蒂宫的宴会结束。这次访问产生了一个持久的作用：直到1941年，希特勒还醉心于"佛罗伦萨的奇迹"，醉心于这座城市和它的博物馆。访问回来之后，希特勒问画商哈伯施托克，德国能否也有像乌菲齐宫那样的一座博物馆，哈伯施托克回答时提到德累斯顿美术馆的收藏。希特勒接受了他的建议。

1938年6月18日，在奥地利并入德国三个月和希特勒访问意大利一个月之后，希特勒来到了德累斯顿的美术馆。易北河岸边的这座城市在这个节骨眼上正处在一场地方政治闹剧中，矛盾的焦点在茨文格宫（Schloss Zwinger）国家美术馆的领导职务上。博物馆馆长汉斯·波色（Hans Posse）博士自1910年以来领导着这家著名的博物

① 意大利语"元首"。—— 译者注

馆，纳粹在萨克森州接管了政权以后，他就处于压力之下，因为他欣赏那些根据统治者的观念被认为“堕落”的艺术家和他们的作品。波色为这座以往帝王驻跸城市的博物馆作出了无可争议的贡献，在他的领导下，建立起了19世纪新潮绘画大师的作品画廊。1938年初，争议尖锐了，萨克森州政府强迫波色申请提前退休，波色屈服于压力，递交了辞呈并在当月开始休假。但是萨克森州的纳粹党部头目和帝国地方监督官并不知道这一情况，在5月份的一次与波色早已预约好的会见中，州党部头目马丁·穆赤曼（Martin Mutschmann）对州政府的做法表示惊讶，并要求州政府递交详细报告。这位原来的馆长几天后也递交了一份报告。

6月18日，波色博士突然被召回到他的博物馆，原来是因为“元首”来到美术馆并询问馆长的情况。电话里通知波色说，希特勒坚持要原来的美术馆领导给他导引和讲解，于是波色陪同希特勒参观了美术馆的藏品。希特勒的到来不是偶然的。波色和画商哈伯施托克是朋友，他不断地把自己被解职的事情向哈伯施托克通报。哈伯施托克由于艺术品买卖有面见大独裁者的方便通道，很可能他在德国最高文化政策领导人那里为他的朋友作了努力。波色对希特勒来说也不陌生，早在1934年5月，在他参观德累斯顿美术馆的时候已经认识了波色。大独裁者决定亲临现场看看情况，于是他6月17日飞到了德累斯顿，当晚在泽姆派尔歌剧院看了歌剧《巴亚佐》（Bajazzo），第二天上午就来到美术馆。

希特勒后来谈到与德累斯顿有关的事情时还觉得惋惜，他在那儿没有一个“跟艺术有更密切关联”的州党部头目，但他当时并不想纠正当地文化政策上的错误决定。他的兴趣，如波色在日记中透露的，在于艺术品收藏。这位当时又被请回来的馆长首先带希特勒参观意大利学派的藏品，接着看了德国15世纪至18世纪大师们的部分作品。希特勒详细地询问了馆长用来经营的经费和办法，还询问了波色几年前曾在那里展出过 19 世纪大师作品的布吕尔高台的展室的情况。一个小时以后，大独裁者明显地带着对博物馆馆长工作成绩的良好印象道别了。这次访问的结果首先是波色官复原职，希特勒的副手鲁道夫·赫斯的秘书长马丁·博尔曼在日记里写道："再次任用波色。"但是这一任命直到 7 月底才通知波色。

因为希特勒必须对在维也纳没收的艺术品的未来命运作出决定，而同时他在访问意大利的时候见识了一个有人文思想的侯爵博物馆的典范，所以他对这次来德累斯顿的访问是满意的。德累斯顿美术馆以实力说明，在首都之外的省城建设一个高档次的博物馆是可能的，它可以作为其他博物馆的范例。在同一天，希特勒对党卫军和警察在维也纳没收的艺术品作出了一项决定，将那些艺术品的处理纳入他个人决定的权限之中，并由他的总理府部长汉斯·海因里希·拉默斯（Hans Heinrich Lammers）和帝国党卫军的最高头目海因里希·希姆莱（Heinrich Himmler）将这项决定通知下去。这一权力后来被法律人士称为"元首优先"。此外，希特勒还规定，这些没收来的艺术品，不得交给领导人或用于装饰办公场所。拉默斯写道，希特勒考虑更多的是，"艺术品首先应当提供给奥地利的小城市收藏"，在格拉茨或者林茨这些城市的博物馆，应当用没收的艺术品按照德累斯顿的范例扩建。

这项决定意味着下列几点：德意志帝国的管理部门必须找到一条途径，把在吞并奥地利后进行的非法没收活动纳入德意志帝国的机制，为希特勒创造对这些艺术品的合法支配权；"第三帝国"须努力维护法律的形象，避免肆无忌惮的行为。将非法没收行动合法化的困难，当时并不是微不足道的。在老帝国时代，这类行动自从 1933 年起针对敌视国家的"图谋"是允许的，但是在奥地利，私人财产被没收是因为他们政治上不积极，使他们失去财产的唯一理由是因为他们是犹太人。

总理府部长拉默斯在1938年6月18日要求帝国党卫军头子，将所有在奥地利没收的财产造册，为的是便于“元首”对如何利用这些财产作出最后决断。希姆莱报告总理府，落实“元首优先”所需要的相应前提条件已经具备，具体说来，就是在维也纳的安全机构已经于1938年夏季制作好了相应的名单册。但是不久后却暴露出“元首优先”的范围规定得太狭窄了，已经被剥夺充公的艺术品通过“元首优先”措施再也掌控不到了。由于这个原因，帝国总理府于7月2日迅速将6月18日作出的规定作了修改，变为：希特勒也能支配已经充公的艺术品。

7月底，拉默斯征求希特勒同意后作出决定，将没收的和充公的艺术品都送进维也纳的一座大楼里，“以避免造成假象，似乎奥地利的艺术品现在被永久吊销了”。部长的解释让人猜想，这时的希特勒正在计划由自己决定如何分配没收来的奥地利艺术品。拉默斯提出应对维也纳公众的意见予以关注，这不是没有道理的，维也纳正在害怕将奥地利完全卖给德国，这种恐惧还因传言说将要转移王室珍宝而在加剧。

1938年10月11日，海因里希·希姆莱报告在维也纳的工作成果，他派人给在柏林的总理府送来一份没收的艺术品清单和十本相册、一本目录，以及专家对于从奥地利没收的艺术品的鉴定。他在报告中请示，应该怎样处理这些东西。但总理府的头目对他的问题没能马上给予答复，因为决定权在希特勒手里。在帝国党卫军头子递交成果报告两周后，希特勒受理了这件事。10月25日，希特勒来到维也纳的新霍夫堡皇宫，这里自8月份以来是存放上交的没收艺术品的中心仓库，仓库的管理隶属艺术史博物馆。在这里一共存放着1

万件等待进一步处理的艺术品。视察之后，希特勒指示维也纳党部头目约瑟夫·比克尔（Josef Bürckel），从没收的艺术品中挑选出最好的留给林茨收藏。

通过希特勒的这一指示人们才第一次明白，在奥地利的各个地方博物馆中，林茨的博物馆将从维也纳的画品中格外受益。对比1938年6月还很泛泛的指示，现在林茨计划越来越清楚地从希特勒的思路中凸显出来。而1938年10月的决定中，很可能已经有了在他度过青年时代的这个城市建一座博物馆的意图，那时候，希特勒曾经画了他的第一份建筑设计草图，其中勾勒出要在林茨建的新博物馆的概貌。此外，宣传部部长戈培尔1938年10月在他的日记中写道，他的领导想把建造林茨剧院的任务交给萨尔大桥的建筑师保罗·鲍姆加滕（Paul Baumgarten）教授。有了改造林茨的决断性意愿后，希特勒于1939年3月25日指示，由慕尼黑的建筑学教授罗德里希·菲克（Roderich Fick）来改建多瑙河畔的这座城市。不过，将上奥州的这个都会城市改建成一个新的文化中心，终究只是一个梦想。

11月，对于在维也纳没收和充公的艺术品的处理办法的讨论结束。将没收行动合法化的依据确定为：如果个人或组织仅仅“促进”了敌对国家的图谋，失去财产也同样有效。根据希特勒本人的指示，将已扩展了的规定付诸实施，它使所有没收行动合法化。帝国政府各有关部的研究归结到一项关于在奥地利“敌对者的财产”的法规上，根据这项于1938年11月20日起生效的法规，充公的贵重物品只归属现在的帝国州奥地利。

在1938年11月的这项法规中，还反映出希特勒1938年夏天作出的具有更进一层意义的原则决定，那就是，虽然奥地利州能够从没收行动中受益，但受益的不是维也纳的博物馆，而是奥地利的其他地方博物馆。希特勒对于奥地利首都毁了他个人的艺术生涯的旧有积怨，导致他决定弱化维也纳的文化意义。因此，他要提升奥地利各省的价值，扩展其博物馆的收藏。不过当时还做不到这些，首先必须获得对没收的全部艺术品的支配权。直到 1939 年初，所有被没收的画品、雕塑和家具都最终被运进仓库。

这期间出现了一个新情况。1938 年 11 月 9 日，整个帝国发生了针对犹太人及其设施的大扫荡，随着这一场骚乱，像半年前在维也纳发生的那样，在慕尼黑也没收了犹太人的艺术品。这些是地方党部头目阿道夫·瓦格纳（Adolf Wagner）在盖世太保支持下组织进行的。没收来的艺术品被集中到巴伐利亚国家图书馆的阅览室，接着又被送到雅利安化的伯恩海默（Bernheimer）艺术品交易行。

为了在“老帝国”的法律上掌握住这些被没收和查封的文化财产，帝国政府管理部门必须找出一种法律办法。11 月 3 日，政府公布了一条补充规定，这一规定使犹太人财产的强迫出售在整个帝国成为可能。在这条新规定中，纳粹党的当权者强调，禁止犹太公民自行出售自己的财产以逃脱面临的没收行动。通过这一规定，在慕尼黑和维也纳可以通过强迫出售来购买那些被封存的艺术品，不过给被没收的艺术品估价很拖延时间，这一点在维也纳特别明显。

1939 年 1 月 30 日，帝国总理府的一份文件上的批注显示，为在维也纳没收的艺术品登记造册比当时的计划拖延了很久。价值 6000 万至 7000 万帝国马克的艺术品必须准确地登记造册。希姆莱对此提出请示，要不要有一位奥地利专家对艺术品的处理作出建议，或者“元首”本人是否要对此作出决断。帝国总理府的主管官员也在一条签署意见中附议帝国党卫军头子的提议，举荐了一位专家将这些收缴来的物品分类。一个决断迫在眉睫。在这期间，仓库里的艺术品引起了各式各样的兴趣，除主管对奥地利的经济剥削四年计划的帝国元帅赫尔曼·戈林（Hermann Göring）之外，还有很多艺术品经纪人递交了关于鉴定和评估这些艺术品的建议，奥地利帝国地方长官阿图尔·塞斯—因夸特（Arthur Seyβ-Inquart）也促请希特勒作出一项决定。

关于给这些艺术品作鉴定，看来希特勒不想交给维也纳人。2 月底，帝国总理府的一位主管处长弗里德里希·威廉·克里青格尔（Friedrich Wilhelm Kritzinger），找画商哈伯施托克进行了一次谈话，讨好一般地问他，是否愿意“协助元首对在奥地利收缴来的那些艺术品作出评估鉴定”。哈伯施托克立即表示愿意，并在没有特别报酬的条件下接受了这项任务。在帝国总理府的原始文件上，当时其实有两个可能成为专家人选的名字：“波色，德累斯顿”和“哈伯施托克，柏林”。从文件上今天再也找不出希特勒最终选择了哈伯施托克而不是波色的原因，在波色的日记中也没有任何这方面的线索，但无论如何，希特勒选择哈伯施托克是选择了一个半路出家的专业人员，他既不属于学术界也不属于博物馆界，显然只是一个第二等的选择。

哈伯施托克接受任务两天以后就提交了一份方案。他计划把收缴来的艺术品分类处理：（1）艺术上很有价值的艺术品，分配到奥地利各省州的博物馆。（2）明显具有国际特征的艺术品，分给维也纳的艺术史博物馆或者维也纳的工艺品博物馆。（3）通过把艺术品分配给省州博物馆，使之与维也纳艺术史博物馆达到平衡。（4）出售所收缴的艺术品分配后的剩余部分，以换取外汇。（5）在国外卖不掉的部分在国内卖掉。这就是这位画商处理存放在维也纳新霍夫堡皇宫中的艺术品的方案。这个方案完全体现了希特勒的意图，即用收缴的艺术品填补维也纳和各地方博物馆的空当。3 月 30 日，拉默斯公布正式指示，分配维也纳的缴获品。4 月底，哈伯施托克报告帝国总理府，他将在 5 月 1 日去维也纳，完成“元首”交给的任务。

5 月的最初几天，哈伯施托克在维也纳，与奥地利内政和文化部的国务秘书凯·米尔曼（Kai Mühlmann）商谈处理画品的事情。由于拉默斯的协助，哈伯施托克获得允诺，可以参观“艺术宝藏”。尽管如此，他的工作却没有实质性的进展。一个月以后，他向柏林的帝国总理府发出求助的呼唤。他报告了阻碍他完成任务的困难：他靠近不了艺术品。塞斯—因夸特安慰他说，那里“保管着”这些画品的照相图片，而且国务秘书米尔曼已经作出相应的指示，要将照片复制一份。哈伯施托克只能做了一份临时的分配方案送往柏林。结果怎么样呢？

对于存放在新霍夫堡皇宫里的大部分珍贵的艺术品，维也纳博物馆界的人们和维也纳的文化官员也不是没事可做。这些准备接受决定的人们，自然很希望将珍贵的艺术品保留在老国都的博物馆里，因为这些艺术品在维也纳，“曾在几十年的时间里与现有的博物馆竞争营利”。还在 4 月中旬的时候，维也纳艺术史博物馆馆长德沃夏克就呈递了一份他本人拟的计划书，内容是如何分配这些艺术宝藏。按照他的意见，罗特希尔德家族收藏中的重要艺术品应当留在维也纳。

1939 年 5 月 4 日，正是哈伯施托克在维也纳开始他的使命的时候，维也纳的地方长官塞斯—因夸特正在力图拯救和维护维也纳的利益。他直接呈交给希特勒一封信，力劝“元首”到维也纳去“有情趣地”住几天，在那里研究和“进一步规划维也纳的艺术和文化设施”。这位地方长官没有忘记明确地提到他已经在 4 月 28 日呈上去的分配方案。根据他的那个方案，省州的地方博物馆应当在维也纳历史博物馆之后予以“照顾”，这当中，“首先考虑到给林茨州立博物馆一个相应的贡献”。塞斯—因夸特想通过这样做来使帝都维也纳优先于周边其他城市。同时他还宣称，完全准确的财产清单已呈递上来，据此可以作出一个关于“犹太人财产”的“法律性决定”。

维也纳的人们通过直接向希特勒递交自己的方案，努力争取被没收和被充公的艺术品，但是都没有成功。后来发生的事情被海因里希·霍夫曼称为“闹剧”。哈伯施托克呈递了一个分配计划，分配119幅油画、素描和41件其他珍贵的艺术品，其中有佛兰德画派画家凡·代克（van Dycks）的3幅，荷兰画派画家弗兰斯·哈尔斯（Frans Hals）、雅各布·凡·勒伊斯达尔（Jacob van Ruisdael）、迈因德特·霍贝玛（Meindert Hobbema）和埃尔贝尔特·克伊普（Aelbert Cuyp）各1幅，以及18世纪法国画家弗朗索瓦·布歇（François Boucher）、让·奥诺尔·弗拉戈纳尔（Jean Honoré Fragonard）、让·纳捷（Jean Nattier）和让·安托万·瓦托（Jean Antoine Watteau）的多幅作品，这些珍贵的油画大部分留在维也纳的中心博物馆里。哈伯施托克计划“分配”给林茨博物馆的艺术品，有弗兰斯·哈尔斯、勒伊斯达尔、伦勃朗、凡·代克等每人一两幅作品。

这位画商作为基本内容推荐的可怜数字，显然与党卫军和盖世太保的报告不一致。党卫军和盖世太保报告，没收的艺术品很多，仅仅是简单地登记一下，预计也要好几个月；此外，哈伯施托克拿到的照片资料是不完整的。维也纳的领导人磨磨蹭蹭拖延交出所有艺术品的照片，只能意味着是在捉迷藏，是为了隐瞒收缴艺术品的真实规模，哈伯施托克很可能被有意地引诱到了暗处。海因里希·霍夫曼的报告说，地方党部头子比克尔想把最好的画品留在维也纳；维也纳当局很可能只想分配那些被没收的艺术品，而不想把大量的只是封存起来的艺术品拿出来分配。希特勒后来有一次提到这件事时说，“合并”以后，维也纳有很多艺术品在公众的眼前被隐藏进了仓库。

鉴于维也纳明显地抗拒希特勒本人的意图，大独裁者强硬地坚持自己的意见。1939年6月11日，在哈伯施托克的报告递交到柏林五天以后，希特勒再次来到维也纳，重新观看“罗特希尔德的收藏”。这些事是博尔曼记录下来的。在这次参观中，针对维也纳文化界负责人的愿望，像希特勒自己所讲的那样，他“顽固地坚持这种立场”：只有那些补充给画廊的艺术品可以留在维也纳；至于另外那些艺术品，他坚持要送到能够帮助“建设新美术馆”的地方去。希特勒在三年以后谈起这一决定的时候，说它对维也纳人来说“一点儿也不合心意”。“拘谨的”维也纳人试图劝说希特勒将珍贵的作品留在维也纳，次一些的送到林茨和因斯布鲁克的美术馆去，但是希特勒不采纳。他决定，“真正的东西”，只要没有填补维也纳空白的必要性，就可以送到其他的博物馆，维也纳人听了“目瞪口呆”。作为希特勒介入的后果，国务秘书米尔曼丢了官。

希特勒对维也纳情势的恼火持续了好几天。6月21日，戈培尔在他的日记里写道，他的领导[①]看穿了塞斯—因夸特“保留奥地利文化”的计划，毫不留情地拒绝了；奥地利的省州将得到最强有力的资助。针对维也纳情势，希特勒恰巧在同一天采取步骤，向对方宣战：戈培尔在他的日记中记着，希特勒召见德累斯顿博物馆馆长汉斯·波色博士，委派他在林茨建一座新的博物馆。

波色博士在6月18日晚上已经从阿尔贝特·施佩尔那里得知，希特勒要找他谈话，想听听他对“林茨博物馆”的建议。三天之后，他来到贝希特斯加登。那是6月21日傍晚，施佩尔带他来到上萨尔茨贝格的希特勒住所，在那里，希特勒在长达一个多小时的独自讲话里，向他的客人介绍了在自己的故乡城市林茨建一座新博物馆

---

① 指希特勒。——译者注

的计划。在这座博物馆里，如波色在日记中所写的，只收藏“各地最好的艺术品”。波色接受了建设博物馆这一特别使命。希特勒保证将给予他一切必要的权力，并夸奖了他在德累斯顿美术馆的工作，对之“高度赞赏”。会晤结束前希特勒向博物馆馆长展示了他的私人收藏，其中有帕里斯·博多纳（Paris Bordone）和索拉里奥（Solario）的作品各1件。五天以后，希特勒签署了委托波色“为林茨市建造新博物馆”的证书和文件。这位博物馆馆长得到每月1000帝国马克的费用和一笔同样数额的额外补贴。

对汉斯·波色的任命表明，希特勒这时已经将在1938年还很泛泛的打算筹划成了一个具体的构想。在林茨，不仅是他年轻时就熟悉的现存的博物馆要扩建，而是要建一座新的博物馆去顶替它。帝国总理府的主管部门首先把希特勒的意图付诸实施，自己直接支配艺术品。但是，因为收缴的艺术品数量太大，很难完成这一任务，主管部门就委托一个专家做方案，希特勒也接受了这一计划。当委派的第一个专家因维也纳的那种状况而失败后，又提出了一个对应的机构性的方案。维也纳的领导人想把没收和充公的艺术品留给帝国，而把“封存”的留给奥地利的博物馆。这增强了希特勒对维也纳的反感，同时也增强了他朝向某些新方向的意愿。波色有了所谓“元首委任”，并因此直接接受希特勒的指令。通过1939年3月，帝国吞并了捷克，取得对外政策上的成果，同时希特勒在对内政策上也已足够强大，可以对维也纳的愿望和敏感置之不理。

由施佩尔陪同波色去上萨尔茨贝格见希特勒，并不是偶然的。除了摄影师霍夫曼之外，这位建筑师是希特勒结交的另一个非专业顾问，早在1938年晚秋，希特勒就委托施佩尔负责给新的总理府进行艺术装修，并要求在1939年1月必须完工。施佩尔在1938年12月飞到维也纳，到艺术史博物馆挑选大幅的装饰壁毯，确定将21张大壁毯由新的总理府长期借用。就是在这期间，施佩尔得知希特勒为林茨博物馆画的建筑设计草图。在任命波色这件事情上，施佩尔起到了推荐人的作用。1939年5月，施佩尔到德累斯顿访问波色，并且仔细地参观了那里的收藏。据猜测，他在那里向波色探询过，在处理维也纳的艺术品上波色愿意发挥怎样的作用。这样看来，施佩尔6月中旬打电话给波色，召他到贝希特斯加登见希特勒，就不是偶然的。波色还有一个替他在幕后说话的人，那就是他的同僚、慕尼黑国家美术馆的负责人恩斯特·布希纳（Ernst Buchner），这也是个过去在希特勒购画时出过主意的人，他在希特勒面前同样也举荐过波色去筹建林茨的新博物馆。

维也纳文化界的领导人们，由于希特勒出现在维也纳并任命波色，不得不把失败的苦果吞下肚。尽管他们想把封存的艺术品拯救下来留给维也纳的努力成了泡影，但他们还不打算放弃这批缴获品。7月13日，波色收到维也纳艺术史博物馆的题为《维也纳中心艺术仓库的起源》的备忘录。在这份文件中，德沃夏克重新提出请求，将没收、充公和封存的艺术品中的珍贵部分保留给他的博物馆。

但是，现实对德沃夏克的这一在“旧收藏”中补充“新鲜血液”的愿望已经毫无兴趣了。波色果断地通知他说，维也纳的愿望“只有一部分”可以满足。根据波色的建议，希特勒又扩展了他的“元首优先”的范围，地方党部头目比克尔得到通过博尔曼传达的指示：“封存的和其他的艺术品”同样也都处于希特勒的支配之下。与此相呼应，帝国地方长官塞斯—因夸特一个月以后通知维也纳文物保护中心：波色博士受“元首”委派，不仅有权处理被没收的艺术品，而且还有权处理被封存的艺术品。奥地利州的主管部门被要求提供艺术品现状的报告。由此奠定了将所有收缴来的物品集中登记造册的法律基础，画商哈伯施托克只得把他拿到的关于没收艺术品的资料交回来。

1939 年 9 月 26 日，维也纳的文化和内政部司长霍恩瑙尔（Hohenauer）对此作出反应，他在一篇很长的报告中确认，他主管的部门不仅看管着充公的艺术品，也看管着被封存的艺术品，“因为也存在着被拉走的危险”。同时他没有忘记指出，维也纳的博物馆应该是大多数来自犹太人财产的艺术品的下一个替补存放处。不过这再也起不了什么作用，希特勒对艺术的狂热现在集中于在林茨建一座新博物馆上。10 月底，维也纳当局报告说，被封存的犹太人艺术收藏品都被拍下照片，可以交付评估了。这样，通道就为波色打开了。

# 四、汉斯·波色年代——幻景和攫获

## 第一个收藏方案

波色馆长接受了筹建林茨博物馆的使命之后，就紧锣密鼓地开始工作了。1939 年 6 月 27 日，他乘车到柏林他的朋友哈伯施托克那里，与其讨论维也纳那批没收来的艺术品名单。28 日，他得到关于林茨博物馆项目的委任书，六天后又去了慕尼黑。在慕尼黑的国王广场上耸立着所谓的“元首大楼”，那是纳粹党总部的一部分，希特勒在那里有一个办公室；大楼的地下室现在是一所音乐大学，而那时是大独裁者希特勒存放他收购的艺术品的仓库。管理这些收藏的是建筑师汉斯·雷格（Hans Reger），他是作为特鲁斯特工作室的工作人员来执行这一任务的，他主要负责把油画登记造册。除了雷格，还有一位政府的处级官员库尔特·瓦尔特·汉森（Kurt Walter Hansen）博士，负责藏品保管方面的事务，他隶属于“元首副手秘书处”，就是马丁·博尔曼领导的那个处。

波色一共用了五天时间，浏览了直到希特勒任命他时为止送到“元首大楼”的艺术品，从中选出了 107 幅画。这期间，他也短暂地去过林茨和维也纳，审视了一下存放在新霍夫堡皇宫的油画。7 月 23 日晚，他在“元首大楼”又一次见到希特勒，并向他介绍了自已为林茨挑选的油画。关于这次会面，阿尔贝特·施佩尔在他的日记中写道：希特勒接受了波色只把少数画品划给林茨美术馆的意见。博物馆馆长波色不为大独裁者的言辞所动，坚持他的评判。

1939 年 9 月底，波色简短地向施佩尔报告了他为林茨博物馆挑选的结果，建筑师施佩尔又一次代替希特勒接受了报告，估计此时希特勒正忙于结束进攻波兰的战事。初秋，博物馆馆长波色从维也纳拿到了继续工作的最后的资料和照片。

维也纳文化当局介入了。他们原来想设立一个特别接收点以便为维也纳的博物馆保留被没收的油画，在 10 月底放弃了这一努力。波色则寄希望于一个现存的机构：在 1940 年 5 月通过努力保留下来的维也纳“文物保护中心”。这个部门自 1940 年 11 月改称“文物保护研究所”，从党卫军和奥地利州政府手里接管了充公的犹太人的艺术品。因为维也纳博物馆界的人无法与波色打交道，他们就试图笼络他，只有这样他们的努力才有意义。于是，他们在 1940 年 12 月底表示，愿意将维也纳艺术史博物馆交给波色领导。但波色本人却没有多少兴趣接手，他根据希特勒的指示拒绝了。这样，维也纳文化界的领导人影响特别任务工作的最后努力也失败了。

波色不受维也纳文化界领导人花招的迷惑，继续处理艺术品。根据 1939 年 10 月 20 日的分配计划，未来的林茨博物馆应当从没收和封存的艺术品中得到 117 幅画。这是些各个流派的价值很高的油画，从一开始就确定将来要展出的。波色建议将这些作品“暂时存放在林茨博物馆”，也就是说，作为新博物馆的基本储藏，而不分配给维也纳和奥地利的地方博物馆。加上从慕尼黑挑选的 107 幅画，这样到 1939 年秋天，林茨博物馆应当有 284 幅画[①]。

① 原文如此。似应为 224 幅。—— 译者注

这个时期从维也纳为特别任务收藏挑选来的艺术品，大多数都要波色出钱购买。例如布洛赫 — 鲍尔和罗特希尔德家的收藏都是不能充公的，只能在强迫拍卖中购进。习惯于按法律思考的德国人，只能根据法律规定对人民的敌人实行财产没收，但不能因为艺术品所有人唯一的“过错”—— 犹太信仰，就对其采取这一措施。说这些人有支持敌人的行为又常常缺乏证据，因此，只能运用 1938 年 12 月的规定，这项规定确定了一个帝国中央收购点，可以在那里进行强迫拍卖。而对于出卖艺术品也有一条特别规定：必须卖给帝国经济部。如果确定要给那些被封存的艺术品付款的话，那么数额也少得可怜。从中受益的多数是纳粹的高级官员，他们能够为自己购买犹太人上缴的艺术品，并确保很优惠的价格。

1939 年政治局势的发展也对波色的使命产生了影响。德国进攻波兰之后，1939 年 9 月 1 日，英国和法国对德宣战，希特勒用四周的时间快速进攻并占领了波兰。1939 年 11 月，波色赶到克拉科夫和华沙，去评估在那里没收的艺术品。现在，在建设林茨博物馆和分配维也纳的画品之外，评估掠获的艺术品成了这位博物馆馆长的第三项工作。1939 年 12 月中旬，他向博尔曼递交了他的考察报告，他在这个报告里建议，从著名的蒙尔托里斯基（Czartoryski）私人收藏的拉斐尔、列奥纳多·达芬奇和伦勃朗的作品中各取 1 幅，卖给林茨博物馆。但是，在波兰没收的作品没有 1 幅到了特别任务手中。从 10 月初开始，由帝国的部长赫尔曼·戈林监督检查在波兰没收的艺术品，他把这项任务纳入他作为“四年计划领导人”身份的权限中。四年计划是对波兰实施经济掠夺的计划，由以前维也纳的国务秘书米尔曼执行。米尔曼在被占领的波兰还同时领导“科学和教育”，由此，又为他打开了一个新的行动领域。米尔曼在 10 月中旬把在波兰挑选出来的作品送到柏林弗里德里希皇帝博物馆，那里也处在作为普鲁士州州长的戈林治下。后来，戈林和被占领的波兰的领导人、总督汉斯·弗兰克（Hans Frank）之间发生了争执，起因是为了争占3幅画。在接下来的几年里，只有从侯爵安德列亚斯·卢博米尔斯基家的收藏中没收的两幅波兰作品到了波色手中。

在波兰看过画之后，1939年12月，波色又来到维也纳，继续从在那里没收的艺术品中挑选。1940年2月1日，他在帝国总理府见了希特勒，与他谈进一步建设林茨博物馆的事。希特勒在夺取了波兰之后，由于法国的西线稳定，他就又来“关心”艺术了。他全权委托波色购买油画，还许诺给波色一笔100万帝国马克的专用资金。第二天，波色用一个半小时巡视了已经为总理府购买的油画，这些油画多数是阿尔贝特·施佩尔买来的，但却没有纳入林茨博物馆的收藏。

波色现在能买画了。由于他只对希特勒负责，因此有一个广阔的行动空间。帝国总理府的部长拉默斯为他准备好了钱，这些钱来自希特勒的一个所谓“感恩捐赠基金”，是由许多德国工业捐款汇合成的。此外，帝国邮电部部长威廉·奥内佐格（Wilhelm Ohnesorge）还定期向基金会投入高额资金，他的这些钱来自特种邮票的出售。外国人，其中包括美国人，也向基金会投资。进款如此之丰，以至于希特勒仅在1940年4月到1941年6月间，就拿出180万帝国马克来购买艺术品。此外，购买画品也从“E. K.”账户支付，这个账户上的钱是出售“堕落艺术品”所得。波色不需要操心这期间交易上的细节，购画的账单送到帝国总理府，在那里结账。在波色开始购画的时候，从没收的画品中挑选的工作也在继续。1940年3月初，波色又一次在维也纳那些没收的和封存的画品中挑选作品。4月9日，正在德国侵入丹麦和挪威的过程中，他在帝国总理府用了不到20分钟时间向希特勒报告了上述工作的情况。

尽管各个方面对这位博物馆馆长都给予了支持，但希特勒此时对他还有保留，只有这个原因才能解释以下事实：1940 年 4 月，柏林总统府拒绝在即将到来的“元首生日”前授予波色教授头衔。在 2 月份就提出这一建议的博尔曼，应该听到了来自柏林的说法：希特勒下达过一条禁令，战争期间禁止颁发这种荣誉性头衔，以避免“站在前线野地上”的人有失落感。林茨项目继续进行的过程中也显示出，希特勒和波色在一些地方意见不同。

5 月中旬，波色递交了第一份精心研究过的处理维也纳没收艺术品的方案，等待希特勒批准，希特勒则要求更改分到林茨的油画名单。波色收到退回的名单，只好把给维也纳博物馆的一些画品划掉。7 月初，希特勒批准了修改过的关于分配维也纳没收艺术品的计划。

6 月初，波色又一次来到柏林，到弗里德里希皇帝博物馆审看从波兰没收的艺术珍宝。同一个月，在西部也出现了购置艺术品的机会。德国占领了法国和荷兰、比利时、卢森堡，打开了这些国家的艺术品市场。6 月 26 日，波色第一次来到海牙，在荷兰购画。他可以动用一个外汇账户为这次购画付款，那是帝国总理府专为在外国买画设立的。他又一次直接向希特勒汇报这次出差的成果。自从 5 月 15 日荷兰投降这天起，凯・米尔曼也一直逗留在海牙，他在帝国派驻占领国荷兰的特派员行政机构里，设立了一个办事处，帝国的特派员将是他的老“党友”塞斯一因夸特。米尔曼在荷兰如同此前在波兰一样，寻找艺术品，同时他也因其调查工作而成了波色最重要的情报人员。不过，米尔曼不仅仅提供重要的私人收藏信息，同时也向林茨特别任务出售艺术品。

7 月，博尔曼向波色传达希特勒的愿望：重新给为林茨挑选的画品造一个总的名册。波色根据希特勒的这一愿望，修改出一个为新博物馆收集的艺术品的最新目录册。按照希特勒的惯例，又叫他拿回去继续修改。那时，希特勒刚刚结束了对法国的胜利进军。8 月 7 日，波色送上截至 7 月 31 日购画情况的名册，共包括 324 幅画。从希特勒过去的收藏中也有多幅标示为“维也纳购入”的画品被归入林茨收藏。此外，还有 37 幅列在“新购入”栏目内，那是波色在占领荷兰不久后购入的画品。希特勒这时又一次干预波色的工作和名册的编制，他让人告诉波色，他要放进林茨博物馆的慕尼黑学派画家的作品，例如格吕茨纳的，不是“个别”的作品，而是“完整的陈列室”。他催逼波色从 19 世纪的艺术品中选择更多作品放入林茨收藏，而他也再次遭遇到对抗的态度。希特勒的偏爱和波色的专业精神相互对立，矛盾以相互妥协得以解决：波色计划中的博物馆收进了更多的作品，超出了他 1939 年 10 月作分配计划时的考虑；但在 1940 年圣诞节后展示给希特勒的为林茨博物馆挑选的作品的相册中，波色也抽掉了希特勒偏爱的很多作品。另一方面，希特勒自 1940 年夏天开始计划为 19 世纪的艺术再建一个博物馆，到了 1942 年 4 月还强调他的意图，宣称要在柏林为这一时期的艺术品建一座特别的画廊，但他没有推翻波色在林茨筹建博物馆的方案，而是让它继续作为购画的基础发挥作用。

## 在法国的劫掠和“元首优先权”

在 1940 年，波色并不是唯一的在占领区为希特勒搜罗艺术品的人。从 1938 年起，希特勒多年的追随者阿尔弗雷德·罗森贝格就根据希特勒的指示，开始组建一所所谓的“高级学校”，这是纳粹党的党校，专门对政敌进行研究。1940 年 7 月初，大独裁者授予罗森贝格全权，没收在法国的共济会财产，为正在组建中的党校收集图书和其他直观教具，后来他又将这一委托权的使用范围扩展到无主的犹太人财产。为此，罗森贝格成立了一个所谓“帝国领导人罗森贝格特别行动指挥部”（ERR），由它来实施没收行动。

当罗森贝格开始工作的时候，没收行动的第一个浪潮已经过去很长时间了。从 1940 年 6 月开始，德国公使奥托·阿贝茨就在战地警察的协助下，在巴黎违反国际法没收了犹太人的收藏。阿贝茨在这期间搜集的艺术品都存放在德国大使馆内。到 1940 年 10 月，阿贝茨只好把这些物品的大部分交给罗森贝格的特别行动指挥部，罗森贝格的手下将这些艺术品和他们自己从法国私人收藏中没收来的艺术品一起，送到巴黎卢浮宫附近的网球馆展览大楼里。这些搜集到一起的艺术品引起了波色博士的兴趣，他根据照片在其中为林茨收藏挑选艺术品。在法国没收的油画并没有被收入 1940 年夏季做的卷宗名册里，波色支配这些画很有困难。7 月中旬的时候，他在特别行动指挥部的领导人罗伯特·绍尔茨那里抱怨说，他的挑选没有落实。几天以后他得到答复：在这期间，帝国元帅戈林挑选了一次画品。

这一答复其实也不突然。1940 年初夏占领法国，引起了德国各机关争夺法国财产的真正角逐。除希特勒之外，收藏艺术品的戈林也想抓住这一搜寻法国艺术品的机会，依靠德意志外汇保护指挥部，他掌握着一支很有战斗力的部队，这支部队隶属于他负责的四年计划任务，当时正在法国的银行搜寻外汇和其他贵重物品。希特勒和戈林之间的竞争，在波兰已经表现出来，现在在法国又发生了。不过，这位元帅并不是唯一的参与搜掠的人，还有外交部部长约阿吉姆·里宾特洛普，也通过金斯贝格（Künsberg）特别指挥部指挥着自己的部队进行没收行动。此外，帝国宣传和民众启蒙部也在法国积极行动，寻找着拿破仑战争期间被掠到邻国的“德国财物”，要把它们弄回德国。林茨特别任务在法国的行动，虽然直接与希特勒本人的意愿联系在一起，但也只是众多机构中的一个。

波色的愿望没有实现，他所挑选的没收来的画品没有被送到慕尼黑。这一点让人清楚地看到纳粹国家机构中的问题，即希特勒在德意志帝国的行政管理中容忍政出多门的现象，在法国进行没收行动这件事就是一个典型的例子。希特勒将类似的任务同时委派给多个机构去做，致使因为权力的交叉而出现许多矛盾。1940 年夏天，当希特勒本人在艺术领域从一个观察人、审核人变成具体的行动者时，这种统治方法上的失败就很明显了。为了在艺术领域贯彻他的意愿，采取补充措施很重要，这一任务现在只好由帝国总理府来完成。

1940 年初夏，由于到那时为止一系列规定造成的“元首优先权”效率不够，帝国总理府的官员就开始努力解决这一问题。这期间在奥地利，为了剥夺艺术品的所有权，希特勒的“优先权”甚至被作为当然的法律手段来运用。帝国总理府曾在一项公文的批示中指出，这一“优先权”只可以在已经充公的艺术品中运用，而从 1940 年 10 月起，“元首优先权”也在所谓“老帝国”生效了。这一点是 5 月中波色向博尔曼建议的，之后博尔曼征得了希特勒的相应指示，于是像在奥地利一样，已经上缴给财政部的艺术品都要通报给波色博士。

1940 年秋，波色收到关于在东方没收艺术品的报告。党卫军“先祖遗产”协会的秘书长和负责东方德国财产保障的总托管人沃尔弗拉姆·西弗斯（Wolfram Sievers）通报了他没收的画品，请求将这些画品运到德累斯顿鉴定收藏。党卫军恪守着帝国总理府确定的管理程序。尽管有证据表明波色曾从波兰将 1 幅提香的画运到了德累斯顿，但是至今不能证明在林茨特别收藏中有来自波兰的没收艺术品中的任何一幅画。在以后的几年里，当有来自波兰或者“下施蒂利亚”（南斯拉夫）的艺术品需要鉴定的时候，波色总是一再与党卫军进行接触。波色这位“将所有艺术品运往大德意志帝国的特别任务负责人”—— 后来人们这样概括其工作，也参与了将德国文化艺术品从意大利运回德国的行动。不过，这一行动并没有使林茨收藏的数量增加。

在波色与其他那些同样为希特勒搜掠没收艺术品的纳粹机构之间的竞争，1940 年 10 月得到了一次澄清。当时波色获悉，在荷兰封存了去世的犹太银行家弗里茨・曼海姆（Fritz Mannheimer）的收藏，珍贵的收藏品将要被拍卖。博尔曼想要阻止竞拍人角逐，因为还有另外的收藏人对此感兴趣，而希特勒应当作为第一人得到这些艺术品。因此，博尔曼在 1940 年 10 月中旬要求，将大独裁者的“优先权”扩展到所有的被占领区。

一项决断势在必行，因为戈林也没有袖手旁观，他想独自处理在法国劫掠的战利品。1940 年 11 月 3 日，戈林在巴黎的网球馆展览大楼审看了被罗森贝格特别行动指挥部没收的作品。两天以后，他口头指示国防军艺术保护人员赫尔曼・邦耶斯（Hermann Bunjes），将应当得到这些作品的人员和机构按等级造一个名册。他提出第一名是希特勒，第二名是他自己，然后依次是帝国领导人罗森贝格的特别行动指挥部，德国的博物馆，法国的博物馆和艺术交易行。11 月 14 日，他将这个分配计划呈送给希特勒，希特勒当天就批准了，并交代他“尽快”将挑选出来的作品送到德国。表面上看来，似乎戈林让他的领导优先了，事实上总理府能得到哪些艺术品是他独自决定的。希特勒如果想在以后遏制戈林的这种个人专断行为，他就必须采取行动。

于是，11 月 18 日，拉默斯起草了一个通函，函中将“元首优先权”延伸到德国军队或机构在占领区没收的艺术品。与此相反，在帝国的领域里，这一原则继续被克制着。在占领区，每1件零星的艺术品都处于“元首优先权”之下，而在德意志帝国境内，它只针对“完整的”艺术收藏。有了这一扩展的“元首优先权”，戈林的独断专行就行不通了，这位帝国元帅只能根据希特勒的“优先权”的明确同意才能挑选没收的艺术品。

戈林还试图在“元首优先权”划定的界限内推行没收行动。1940年11月21日，他向罗森贝格提出合作，这位帝国元帅想通过行贿和安排法国侦探及刑侦人员的手段，调查出隐藏的珍贵艺术品，然后将这些艺术品转到在法国的特别行动指挥部名下，由罗森贝格掌握并起获这些东西。同时，戈林也具体地告知罗森贝格，他自己需要“早期北欧”的艺术品（哥特风格、荷兰画派、佛兰德画派，以及德国画家）。

希特勒得以第一个挑选。但是因为慕尼黑没有地方能放下所有没收的作品，他指挥戈林将战利品划分一下。1941年2月5日，戈林又一次来到巴黎网球馆展览大楼。他观察了一番然后决定，哪些根据“元首优先权”留给希特勒，哪些留给他个人收藏。他为希特勒挑选出的作品，立即让人用火车运回德国。戈林想在对法战争之后让希特勒对没收行动作最后仲裁。根据他的报告，大独裁者决定哪些作品该没收，剩下的油画戈林让人“拍卖”了。但是，令人生疑的是，这位帝国元帅通过他的外汇保护指挥部，对这个过程实施了行政技术方面的领导，以便避开他个人的责任。事实上他没有为在法国没收的艺术品付出一分钱。

波色在官员们角逐艺术品的过程中只是一个边缘角色。在没有他协助的情况下，从法国没收的53幅作品被送到慕尼黑的“元首大楼”，在那里，接着又为林茨特别收藏的选择而拍下照片并登记造册。来自法国的这些画品大部分出自巴黎的罗特希尔德收藏和泽利希曼（Seligmann）收藏。波色作出一副接收者的样子，但对戈林的选择很不满意。还在戈林为希特勒挑选之前，波色曾向慕尼黑的纳粹党办公厅建议：最好将罗森贝格特别行动指挥部没收的全部作品安置在一个什么地方。他向博尔曼建议，维也纳的新霍夫堡皇宫，也就是他通过维也纳文物保护局监管的地方，是最合适的地方，但是他的建议希特勒没有采纳。根据戈林的挑选，属于罗森贝格特别行动指挥部的那批在巴黎没收来的艺术品，整整装了25个火车皮，被运到巴伐利亚的新天鹅岩堡和赫伦基姆湖的宫堡里，在那里登记造册。对此波色无能为力，只能表达一个愿望——“根据元首在林茨建博物馆的需要看一看这些物品”。那些不属于希特勒、戈林和罗森贝格的作品接着被拍卖，被画商和收藏人买走了。这一切据称得到了当时法国维希政府的支持。

## 画商供货

从没收的艺术品中攫取仅仅是特别任务的一种手段，波色还靠从画商手中购画来组建林茨收藏。从1940年7月开始，他一个月去一次慕尼黑，到那里看德国画商从荷兰买来提供给希特勒的画。这种供货方式是按以下程序进行的：画商首先将画品的照片寄到帝国总理府，假使希特勒接受了提供的作品，就会要求将画送到慕尼黑的“元首大楼”，波色先审看一番，然后再向他的主人介绍。这些选画的洽谈据猜测是在大楼三层的画廊进行的，多数情况下洽谈时摄影师霍夫曼都在场。因为波色作为被委任的负责人不征求希特勒的意见也可以自行购买，所以有时波色让人把画送到德累斯顿，让那里的专业修复人员先评审一下，如果确定购买，就将账单和照片寄给在柏林的帝国总理府，在那儿完成归档手续。由于这种购买和付款分别进行，所以特别任务在柏林和德累斯顿各有一份档案资料。这种双轨制是与“第三帝国”政出多门的政策相应的。

希特勒关注着所有的购画情况，每幅画在收进特别任务之前，他都要亲自审视一番，同时，他督促波色尽可能多购入。对林茨博物馆不合适的东西，就交给东部小地方的博物馆。波色——像他夫人后来回忆的那样——拒绝这种大批量购画的政策，他在这件事上秉持着他自己的抱负：只购进一流的东西，对于希特勒建议购进的低档作品，他“不想标上自己的名字”。而希特勒不受他这位专业主管的影响，自己在慕尼黑之外继续购进。

除波色之外，希特勒还听从另外一个专业人士的建议，那就是恩斯特·布希纳。布希纳是巴伐利亚美术馆的馆长，常常被叫到慕尼黑纳粹党总部鉴定新购进的画品。自 1932 年起，布希纳就领导着巴伐利亚国立美术馆，一年以后，他成了纳粹党的追随者，但还不是狂热分子。他的专业知识让他很快就进入了希特勒身边的圈子。当他 1937 年鉴定出希特勒从霍夫曼手中购得的 1 幅施皮茨韦格的画作是赝品时，他获得了希特勒的信赖。希特勒从此对布希纳的学识留下了很深的印象，他指示下面的人，以后在购画中遇到疑难问题就找布希纳。希特勒在“元首大楼”鉴定新画的许多时日，布希纳都在场给希特勒提建议。布希纳把自己对计划购买的作品的评价写给在柏林的帝国总理府。有时，画品直接送到布希纳的博物馆让他鉴定。此外，他还留心替希特勒从巴伐利亚美术馆为林茨挑选作品。

1941 年，波色加紧了他的行动。3 月份，他出差去了意大利。他了解这个国家，做学生的时候他每年都去一次。他在菲利普·冯·黑森（Philipp von Hessen）王子的陪同下，为购画寻找画商和私人收藏。黑森王子因为和意大利公主玛法尔达（Mafalda）联姻，与很多意大利高级贵族保持着联系，波色从跟这些人的广泛接触中得到很多帮助。

在波色到意大利购画的同时，希特勒在忙于确定他关于林茨的最终计划。1941 年 3 月 13 日，他和戈培尔参观了多瑙河畔的这座城市，并宣布在那里建一座新的文化中心，这样，这座城市就将成为与维也纳对峙的一个“对极”。根据这个规划，戈培尔还要在这个城市建一座电影制片厂。希特勒在这一年里不断地把他的意图升级：林茨应当成为“多瑙河畔最美的城市”；这座“德国的布达佩斯”在戈培尔看来已发展成为“元首最心仪的理想”。尽管大家对这一计划都欢欣鼓舞，但是希特勒并没有忘掉政治的现实。林茨作为文化城市将起到与维也纳竞争的作用，同时也会影响大都会柏林的地位。

在奥地利合并到德意志帝国后不久，在林茨建造被称为尼伯龙根大桥的工程就开始了。希特勒有力地介入了鲍姆加滕教授设计话剧院的工作。戈培尔因此在他的日记里表现得异常高兴，他在记载林茨规划时写道：“这些就是元首的大事。”新建的文化中心应该是个美术馆。在施佩尔的监督下，慕尼黑的建筑师罗德里希·菲克在 1939 年至 1941 年间，遵照大独裁者希特勒原来的意向设计了该楼。整个建筑被构想为一座 90 米长 16 米宽、带有廊柱门厅的平顶大楼。1940 年秋，希特勒又委派以前设计过慕尼黑新建筑的赫尔曼·吉斯勒（Hermann Giesler），让他作为“建筑总长”接手林茨的新形象设计。吉斯勒对菲克的设计进行了修改，将计划中的博物馆门面墙的雕饰从新巴洛克风格改为新古典主义风格。在 1940 年希特勒就决定，如果这座博物馆建筑太狭小的话，就继续建第二个大楼，这座建筑以后还要把计划中的雕塑品收藏也容纳进去。所有关于改造林茨这座城市的举措，按希特勒的意愿将在 1950 年完成。

## 没收行动的扩大

1941 年 5 月，德国的行政管理部门简化了希特勒攫取没收艺术品的程序，帝国总理府公布了关于收缴“帝国敌人”财产的规定的新版本。这个程序是：帝国警察的领导部门将充公的财产送到财政部，然后财政部将可能收藏的艺术品的情况通报纳粹党的地方长官，再由地方长官报到纳粹党办公厅。收缴来的艺术品常常接着就在宣传部下属的美术办公室的监督下被拍卖掉，由美术办公室指定的主管人员给物品估价，宣传部也可以直接在现场参与拍卖，或者阻止拍卖有文化历史价值的珍品。诚然，这样的参与和干涉看上去从未给希特勒带来益处，其实最珍贵的物品可能在此之前就根据“元首优先”的原则已经挑选出去了。帝国宣传部在 1941 年 4 月指示行政管理部门，“如果没收了一家艺术收藏，就通报波色知晓”。

1941 年 6 月，林茨特别任务已经拥有很多油画，以至于慕尼黑的“元首大楼”的存放空间紧张起来，于是波色建议将画品转移。博尔曼让人将“元首已经熟知的作品”于 1941 年 8 月开始运往奥地利上奥州的克雷姆斯闵斯特。那里的修道院安排并整理好了“帝国艺术品仓库”，准备存放林茨特别任务从维也纳没收的那些艺术品中征购的部分作品。尽管在慕尼黑出现存放空间紧张的问题，但是购画一直没有停止。

“第三帝国”疯狂的战争行动不久促成了“元首优先权”的又一次新扩展。希特勒最初没有在被占领的南斯拉夫实行没收行动，“那里的任何艺术品都不要没收”，在东部则完全是另一种情况。首先，帝国总理府将“元首优先权”扩展运用到被占领的捷克。在进攻苏联以后，希特勒就将他的优先权即头一个挑选没收艺术品的权力，扩展运用到被德国军队占领的俄罗斯领土上。1941 年 7 月，帝国总理府在进攻苏联几周后将这一情况通知了波色。

不过，这时出现了一个问题：应该由谁在东部实施没收行动呢？10 月 16 日，罗森贝格在一封信里向希特勒建议，让他的特别行动指挥部来进行这项工作。八天以后，10 月 24 日，在希特勒位于东普鲁士的总指挥部里，波色跟罗森贝格在希特勒那里的联系人维尔纳・克彭（Werner Koeppen）会了面，两人达成协议：德累斯顿博物馆馆长波色此后要将根据希特勒的愿望为林茨博物馆考虑的文化财产，列在帝国领导人罗森贝格特别行动指挥部的名下。此外，双方还同意起用艺术史学家尼尔斯・冯・霍尔斯特（Niels von Holst），这位研究人员在战争爆发之前就已经发现了苏联的博物馆，期待着它们可能成为德国的战利品。在元首总司令部进行的会谈中，波色心甘情愿地同意——正如克彭向罗森贝格汇报的那样，“只能在我们特别行动指挥部的领域内工作”。罗森贝格于 1942 年 3 月终于获得了最后的全权委托，也在被占领的东方实施没收行动。波色努力不参与真正的没收行动，但可明显地看出他因此而受益。然而，从特别任务的角度看 1941 年 10 月波色与克彭的协议却没证实有什么成果，一直到战争结束，在林茨特别任务的收获里只有 1 幅来自苏联的画。

和在东方一样，波色在德国境内继续为林茨特别任务从没收的艺术品中搜罗藏品。1941 年 12 月，他正忙于从 1938 年 11 月慕尼黑大屠杀中没收的艺术品当中挑选作品。那些艺术品 1939 年曾经短期在国家艺术馆存放过，后来转移到慕尼黑雅利安化的伯恩海默艺术品交易行，该艺术品交易行此时由一个纳粹社团“艺术家兄弟会”经营，社团的头头就是 1938 年组织进行大没收行动的纳粹党地方党部的头目阿道夫・瓦格纳。希特勒的目的，就是在没收的物品中为他的收藏挑选艺术品，因为他没有时间，无法亲自来做，于是，波色直到 1942 年 3 月不得不反复多次来这里执行任务。

在慕尼黑的情况和维也纳类似，由希特勒本人决定这些作品未来的命运。首先由波色挑选，然后慕尼黑的公共博物馆得到没收财产中的油画，剩下的部分将由巴伐利亚政府支配。在处理这些没收的油画时出现了一个情况：当时被没收财产的 60 家犹太人还有 20 家生活在慕尼黑，也就是说，这些人还没有被遣送，当时还是帝国的公民，不能根据 11 月关于帝国公民的财产法规剥夺他们的财产，实施这一法规的先决条件不存在。但是尽管如此，财政部以蔑视的口吻安抚博尔曼并指示：等着吧，这些人的财产终将会“使帝国受益”的。的确，这些没收的财产中有 21 幅画后来被送到了“元首大楼”。

1942 年秋天，波色要从波兰的兰科龙斯基（Lanckoronski）伯爵的私人收藏中选购艺术品，这就使得“元首优先权”又一次得到进一步的扩展，扩展至被占领的波兰。而在这一时间里，戈林通过他的四年计划机构下的“东部总托管”（HTO）对波兰的“总督省”进行搜寻。于是，围绕兰科龙斯基伯爵的私人收藏，希特勒和戈林这两个“艺术爱好者”又出现了竞争和矛盾。与 1939 年希特勒让帝国元帅戈林监督在波兰实施没收行动相反，波色这一次坚持了林茨特别任务的利益。“根据馆长波色博士的主张”，博尔曼在给拉默斯的报告中写道，东部总托管承认了希特勒的“优先权”。像在 1940 年法国的没收行动中那样，由法律形式确定的“元首优先权”，成了迫使戈林的机构向帝国总理府交出被选中物品的一个手段。

10 月初，当总督府机关收到一份相应的指示时，波色的活动早已超越了它的顶峰。1942 年 4 月，波色由于癌症晚期被送进医院。从 8 月份开始，他躺在床上的时间越来越多，9 月 26 日以后他停止了记日记。在此之前，1942 年 2 月，他最后一次争取和希特勒见面未果，希特勒没有时间和这位馆长谈话，但一如既往地关注着购画的事情。1942 年 10 月，他还赠给波色 3 万帝国马克，因为波色成功地为计划中的博物馆购得好几幅伦勃朗的画作。

1942 年 12 月 8 日，波色死在柏林的夏尔特医院。当晚，希特勒就和他的宣传部部长通电话，指示他准备为去世的博物馆馆长致悼词。两天以后，在德累斯顿举行了国葬，希特勒也参加了。戈培尔在"展览宫"的大厅里发表了讲话，在他的讲话中，第一次公开提到了委派波色领导组建一座美术馆的事。戈培尔在他的日记中写着，"致了一个极为暖心的和友善的悼词"。这应当算是一个抚慰，因为波色在穆赤曼的领导下"不是特别轻松"。此外，戈培尔将他的悼词手稿原件给了波色的遗孀，希特勒也向她表示了感谢。直到"第三帝国"结束，波色的遗孀每月都从帝国总理府的特别经费中得到 600 帝国马克。

波色的死让特别任务公之于众了。差不多与此同时，《艺术为大众》杂志的 12 月号刊登了莫利茨 · 冯 · 施温德（Moritz von Schwind）的摄影作品"灰姑娘系列"，同时提到将在林茨建的"新画廊"。戈培尔在 12 月的日记中写道，希特勒的博物馆馆长的使命"大部分"完成了，但这只是戈培尔未经证实的一个估计。艺术史学者奥古斯特 · 措勒尔（August Zöhrer）在他的悼词中评论说，这位收藏负责人所做的超出了对他的预期，他为林茨博物馆征得了 1200 幅油画。事实上，特别任务收藏截至 1942 年底已经有 2470 幅画，其中包括了希特勒从法国没收的和在奥地利的强迫拍卖中搞来的。因此，林茨收藏的规模其实比民众知道的要大得多。

时至今日，人们在谈到波色为希特勒工作的全部成果时，还会提出一个疑问：他为什么会接受组建和领导林茨收藏的任务？人们很容易想到的是，他对希特勒心怀感激，感激希特勒为他甄别，让他恢复德累斯顿博物馆馆长的职务。这只是理由之一，此外，可能观念上与纳粹主义接近也起了一定的作用。几年以前曾经发现证据可以证明，虽然波色不是纳粹党党员，但是他递交过申请书。在这些理由之外，还有纯艺术史的和收藏方针上的原因，促使波色涉足没收和强行收购艺术品的系列行动。另外，使维也纳的收藏能够方便公众，这也许对波色是很重要的。罗伯特·厄特尔（Robert Oertel）在其给上司的悼词中首次提及波色的这种态度。厄特尔说，“以前只是服务于……个别兴趣”的，现在，波色甚至提出没收在捷克霍恩福特修道院（Kloster Hohenfurt）里的祭坛画，他说，应该把这幅作品从对“公众”来说偏僻的地方取走。这位着了魔的博物馆馆长将个人收藏的艺术品展示给公众的信条，压倒了对公民正义的考虑，从而把自己置于德国艺术劫掠行径的中心。

# 五、赫尔曼·福斯年代
# ——“元首”的主管

## 方向变更和新的贪欲

汉斯·波色死后，在特别任务和德累斯顿美术馆的领导位置上出现了空缺，必须找到一个接班人。在这一段时间里，戈特弗里德·赖默尔（Gottfried Reimer）博士是特别任务组建博物馆的骨干人物。赖默尔1911年2月18日生于萨克森州德波尔恩（Döbeln）一个富有的家庭里，因此他能够无忧无虑地在维尔茨堡和维也纳学习。从1939年6月1日起，他作为实习生在德累斯顿美术馆馆长波色手下工作。当希特勒设立了特别任务办公室后，赖默尔博士也从特别经费的账户中得到了一份工资。随着时间的推移，赖默尔不断发展自己，直到成为波色之下的第二把手。赖默尔开始自主安排购置艺术品，在他身边协助他的是年长些的罗伯特·厄特尔。厄特尔是艺术史学者，生于1907年10月30日，在柏林上的大学，自1939年6月初开始作为管理员在德累斯顿油画廊工作，他的任务是编制为林茨购买艺术品的数据卡片。波色死后，厄特尔在首次发表的文章中描述了他的前领导为特别任务而作的努力，并公布了购进的艺术品的照片。他后来的上司赫尔曼·福斯（Hermann Voss）—— 厄特尔还在佛罗伦萨德国艺术史研究所工作时就与其相识了 —— 称他为“严格的纳粹”。除此之外，在德累斯顿的政府行政部门里的一小拨人，也支持特别任务的这位科研人员。

波色的死迫使希特勒为他最上心的项目寻找一个新的主管。这当中的困难在于，所找的这个人的专业水准必须像死去的博物馆馆长波色那样令人信服。希特勒用了三个月的时间寻找合适的接班人。1943 年 3 月 22 日，他任命赫尔曼·福斯教授担任德累斯顿美术馆馆长和林茨特别任务的领导，此前福斯担任威斯巴登艺术博物馆馆长。关于这一任命的背景很长时间令人费解。福斯生于 1884 年 7 月 30 日，曾在海德堡和柏林学习。他是威廉·冯·博德（Wilhelm von Bode）和马克斯·弗里德伦德尔（Max Friedländer）的学生，因此是很合适的专业人员。在福斯被推荐给希特勒时提到，他在威斯巴登短短的几年里，收藏了丰富的此前博物馆一直没有的 19 世纪的作品，此外，他还因研究所谓“多瑙河派油画”而颇具名气。因此可以相信，他能够将波色开始的规划继续落实下去。但是，反对福斯的人也说，他不隐瞒对纳粹主义的反对态度，在德国占领了巴黎之后，甚至还用法文发表了一首批评诗。

纳粹的官员向希特勒推荐并促请希特勒任命福斯，有着各种不同的理由。首先是宣传部部长约瑟夫·戈培尔，根据他自己的说法，他曾受到“元首”的委托，为死去的博物馆馆长寻找一位继承人。这并不奇怪，因为美术馆也在他的分管范围内。戈培尔在 1943 年 2 月 3 日会见了福斯，对他有“一个很好的印象”。五天以后，他在一次与希特勒促膝交谈时夸奖了福斯，希特勒随即指示，“任命福斯就职德累斯顿”。福斯与纳粹观念意识的公开距离对戈培尔来说并不是短处，也许他希望通过一个软弱的博物馆馆长可以更多地对林茨项目施加他的影响，因为一直以来他都无法插手其间。

福斯还有别的推荐人。波色在奄奄一息时也推荐他作为自己的接班人，说这位威斯巴登博物馆的领导人具有关于德国和意大利绘画的广博学识。还有海因里希·霍夫曼，他因为画商哈伯施托克的努力，明显地被从元首身边的艺术专家的角色中排挤出来，而福斯是哈伯施托克的对头，所以他力挺威斯巴登的博物馆馆长福斯，支持威斯巴登美术馆的馆长福斯也就是巩固霍夫曼自己的地位。博尔曼也同样表现出是福斯的支持者，在他 1943 年 2 月 16 日的日记里写道："M. B.（马丁·博尔曼）向希特勒介绍福斯教授。"博尔曼自 1941 年 6 月起就在纳粹党办公厅任主任，他一直抱着一个目的，就是设法削弱其他人对希特勒的影响。在这样的权术运作中，任命福斯对他来说无疑是称心如意的。有了福斯，哈伯施托克对希特勒的影响将会减少。人们都知道，福斯曾经因为过高的佣金要求回绝过哈伯施托克。

不过福斯与波色相比，得到的授权很少。他虽然得到了对油画收藏的审核权，以及对波色年代就与林茨收藏并列进行的其他收藏的监督权，但是，其他收藏的领导权都还掌握在波色任命的独立的负责人手中，如林茨的硬币收藏由来自维也纳的弗里茨·德沃夏克博士领导，兵器收藏继续由利奥波德·鲁普雷希特（Leopold Ruprecht）博士负责。以上两处的监管人是博尔曼手下的赫尔穆特·冯·胡梅尔（Helmut von Hummel），他在 1942 年取代汉森博士做了博尔曼的私人秘书。规模庞大的艺术图书馆则由弗里德里希·沃尔夫哈特（Friedrich Wolffhardt）博士领导。代替波色个人独自掌管的做法，现在的原则是"分而治之"。新的任务分担有利于博尔曼监督检查特别任务的所有工作人员。

这位新的博物馆馆长也不得不接受，在购画事宜上他的权力很有限。如果说波色当年还能想买什么就买什么，想花多少钱就花多少钱的话，到了福斯这里马上就有了限制：如果要动用3万帝国马克，他必须事先得到希特勒的批准。估计是由于这种严格的控制，使得福斯与波色相反，他很少出差，而是尽量将购画集中在德累斯顿进行。也就是说，对他来说有可能购入的画品，要首先送到德累斯顿来，然后再送到慕尼黑作最后的决定。1944年11月，博尔曼又一次加大了控制的力度。福斯现在购画只要动用1万帝国马克以上，就要得到希特勒的批准，就像办公室的职员一样没有自主权。此外还有在波色年代就已经存在的情况，那就是某些采购必须直接通过慕尼黑进行。

尽管有这些限制，与波色时代比较，福斯还是有进步，比如，他领导下的德累斯顿工作人员增多了。博尔曼特别卖力气，他为福斯与画商打交道进行协调，让福斯能够集中精力选购艺术品。还在波色年代，希特勒对艺术品的需求就造成一种局面：多个被委派的人和机构为得到同一幅画而竞争，导致抬高价钱。在慕尼黑的纳粹党的办公厅里，博尔曼监管着特别任务活动的负责人。1943年5月曾记载，越来越紧张的外汇使得必须制定一个计划充分的措施。

1943年3月9日，走马上任的福斯必须首先结束他前任留下的工作任务，其中包括在戈林和希特勒之间围绕兰科龙斯基家的收藏而进行的一贯的争执。1943年4月1日，帝国部长拉默斯致函戈林的下属组织东部总托管（该组织负责对波兰实施剥削，并且也负责处理波兰伯爵兰科龙斯基收藏的艺术品），通知他们将伯爵的收藏封好交给福斯馆长，他还要求戈林将已经取走的波提切利（Botticelli）和鲁道夫·冯·阿尔特（Rudolf von Alt）的几幅画都退回来。后来，个别的画作确实也回到了维也纳文物局被管起来。戈林在斯大林格勒战役时没能兑现他从空中为被包围的第六军团提供给养和弹药的承诺，这场战役后他在政治上变弱，以至于似乎希特勒这时才能贯彻自己的意愿。

在随后的时间里，希特勒和他所委派的人的优先权继续扩张，帝国总理府可以作为第一家在没收的艺术品中挑选。帝国总理府在1943年将优先权延伸到硬币和证章方面，以充实林茨的硬币收藏。值得一提的是，“为元首决断做准备工作的负责人”是福斯教授，而不是硬币收藏的负责人德沃夏克博士。对外，福斯还一直是林茨部分收藏的监管人。

希特勒对艺术品的贪求几乎没有界限。1943年5月底，博尔曼要求拉默斯，“元首优先权”不仅适用于油画，也适用于林茨特别任务收藏范畴内“其他种类的艺术品”。不过他也承认，以后这一点并非仅仅为了林茨收藏，也为了充实“其他城市一系列博物馆和画廊”的收藏。据戈培尔记载，希特勒以没收的艺术品充实东部地方博物馆的意图，从此在行政管理的层面上也清晰地显现出来了。尽管有了这样的加强东部“文化堡垒”的计划，但是在林茨建博物馆依然是中心任务。

## “元首优先权”的扩展和“福斯办法”

随着建设林茨博物馆的计划越来越具体，希特勒用来完成博物馆筹建而获取艺术品的“元首优先权”，也被帝国的有关机构进一步扩展。还在1941年希特勒就决定，对“通常居住在外国的”犹太人，“剥夺其德国国籍，宣布收缴他们的财产归帝国所有”，这一决定再次明确地强调了“帝国公民法第11条法令”。此前，对于被剥夺了德国国籍的民众的财产，特别任务没有取用的特权。

出于这方面的原因，还在新馆长到德累斯顿上任之前，赖默尔博士就通知在维也纳的文物保护中心说，特别任务目前可以通过两条途径获得收缴的艺术品：被疏散到国外或占领区波兰的犹太人的财产收归帝国，可以由特别任务按“估价”购买；被遣送到帝国国内或保护区波希米亚和摩拉维亚的犹太人的财产，通过“充公”给帝国也就失去了所有权，这些财产根据“元首优先”的原则自然而然地处于“无偿分配”的状态。这些人被遣往的地点决定着特别任务是无偿占有还是花钱选购其艺术品，这一法律上的不平等状况，对特别任务收藏意味着额外的支出。为此，赖默尔博士对维也纳的同事许诺，他将在柏林争取让“元首优先”随时无偿获取任何 1 件珍贵的艺术品。

但是，直到 1944 年 3 月，赖默尔博士才又一次提起这个问题。他提请帝国总理府注意，“元首优先权”对那些“没收来的艺术品”还是无效。“没收来的艺术品”是指以前的物主失去德国国籍后被收归帝国所有的财产。赖默尔指出了德意志帝国迫害犹太人在法律上的一个漏洞：到那时为止，“元首优先权”只适用于被遣送到国内一个营地监督起来的犹太国民，而还不适用于被剥夺了国籍的犹太人，因此，特别任务当时还不能以同样的方式方法从所有被收缴的艺术品中受益。从被剥夺了国籍的犹太人的财产中选购艺术品，如特别任务的干事赖默尔所写的那样，那时还只有得到各级财政主管的协助才有可能实行。帝国财政部听取了建议之后，拉默斯于 1944 年 7 月规定，元首的“优先权”也延伸至被剥夺了国籍者的财产。拉默斯将此通知了赖默尔，并说：“我猜想，您 1944 年在信中表达的愿望，这里已经考虑到了。”凡是第一眼看上去纯粹的行政管理手段，它的意义就只有在整个历史环境中才能全部体现出来。

在 1933 年关于将帝国的敌人的财产充公和 1938 年关于强迫出售的法规之外，1941 年的根据帝国公民权“没收”财产的法律，是保证希特勒攫取艺术品的第三条行政管理途径。通过这一行政手段，造成居住在国外的犹太人丢掉国籍，而这一政策与屠杀德国犹太人有特别密切的关联。这一措施不仅仅针对逃到国外的人，而且还针对大量从 1941 年 11 月开始被当局遣送到东部占领区的德国犹太公民。剥夺他们的德国国籍，使他们根据纳粹法律没有了国籍，这是实施谋害的一个法律上的预备阶段，然后收缴被剥夺国籍的和被杀害的国民的财产，只不过是后续的一个行政步骤而已。赖默尔博士要求，让这一份财产对特别任务也敞开大门，这使得林茨博物馆的组建者终于从纳粹压迫制度的受益者变成了执刑人。

特别任务的工作人员也切切实实在攫获被遣送的德国犹太人的财产。赖默尔博士有一次从德累斯顿去卡塞尔，评估被当地财政部门没收的银质工艺品，他想通过自己的眼睛判断一下，它们究竟在多大程度上适合林茨收藏。1943 年和 1944 年，在被占领的法国还有没收的东西继续报上来。被罗森贝格特别行动指挥部和戈林的外汇保护司令部发现的艺术品，继续被送到巴黎的网球馆中心收藏点。戈林给希特勒送去关于艺术品的介绍和照片，以决定它们的去留，希特勒把最珍贵的东西都留给他自己的收藏。1943 年，特别任务得到从法国来的 6 幅画，那是罗森贝格特别任务指挥部在法国开展工作之前，由驻巴黎的德国大使馆在 1940 年就没收了的，波色很早就努力想得到它们，直到三年后才被送过来。

从没收的艺术品中选购的花费数额，在 1942 年和 1943 年的交替时期是个例外。绝大部分艺术品都是希特勒的博物馆筹建人依赖画商购进的，通过他们为特别任务选购艺术品。与那位热心于东奔西走为林茨特别任务寻找艺术品的波色相反，福斯更乐于过一种安宁的学者式的生活，他把特别任务的主要活动都交给了他的助手赖默尔和厄特尔。大多数从国外的选购，都是通过维也纳的国家多罗台姆（Dorotheum）拍卖行和德国的古利特、阿尔玛斯（Gurlitt und Almas）艺术品贸易公司成交的。

与此同时，那些艺术品经纪人也发挥着越来越大的作用，他们周游于被占领的西欧国家为福斯工作，并希望成交。当年汉斯·波色在任期间，这一任务几乎都交给了凯·米尔曼一个人，现在在福斯领导下，有了整整一批这类经纪人，其中特别热心的，如在巴黎有特奥·赫尔姆森（Theo Hermsen），在荷兰有埃哈德·格佩尔（Erhard Göpel）博士。当年在特别情况下，波色让犹太艺术品经纪人卡茨（Katz）供货，福斯现在又向前迈了一步，他也需要占领区的德国流亡人员协助为特别任务购画，其中，在荷兰有犹太人艺术史学者马克斯·弗里德伦德尔和H·韦茨拉（H. Wetzlar），在法国有维克托·莫德泽耶夫斯基（Viktor Modrzejewski）。

所有这一切都让博尔曼如愿以偿。虽然还在战争爆发之前，海因里希·霍夫曼和画商哈伯施托克就跟希特勒建立了非同一般的信赖关系，但是现在他们两人原来靠前的位置退后了。同样，现在格尔蒂·特鲁斯特卖给希特勒的画也显著减少了。与波色在任时期相反，购画的事现在分摊到更多的人头上。不过，因为福斯每一项较大的支出都必须得到纳粹党办公厅的特别批准，所以特别任务明显地处于希特勒的全能秘书长的控制之下。

福斯同样也继承了与帝国领导人罗森贝格特别行动指挥部机构之间的竞争。当年波色想要接管罗森贝格特别行动指挥部在巴黎的艺术珍宝，但他的愿望没有实现。罗森贝格反而也争取走与特别任务同样的道路，独自将艺术品呈献给希特勒供其挑选。同福斯一样，罗森贝格也定期将没收的油画和其他艺术品拍下照片呈报给希特勒，甚至希特勒本人还参观过特别行动指挥部的存画仓库。在特别行动指挥部的艺术品中，希特勒应该进行过个人挑选，并让人把油画送到了慕尼黑。罗森贝格特别行动指挥部扮演了搜罗艺术品的独立自主的主管机构，这种做法导致特别任务在1943年春天与其发生了冲突。

1943年4月20日，大概是为了祝贺希特勒的生日，罗森贝格给希特勒呈送了其特别行动指挥部没收的艺术品的第一份情况报告和第一本相册。一天以后，博尔曼肯定察觉到了罗森贝格的这一行动中存在的邀功意图，他要求罗森贝格将“所有掌握的艺术品”移交，由“元首的主管”即福斯教授以及其他的收藏任务负责人掌管。罗森贝格拒绝了，并且提出了两点理由。首先，在两万件没收的艺术品中，只有9455件登记入档，也就是说，这一工作还没有结束，所以不可能按规定移交；其次，因为此前他曾与纳粹党的帝国司库弗朗茨·克萨韦尔·施瓦茨（Franz Xaver Schwarz）有过协定，根据协定凡不是确定留给特别任务的艺术品，都要移交给党的机关用做布置和装饰，因此，他们不能将艺术品统统都交给特别任务。

特别任务和罗森贝格特别行动指挥部之间的矛盾，于1943年5月20日得到平息，因为在早期总指挥部的一次会谈中帝国领导人罗森贝格获得了胜利。此后罗森贝格的特别行动指挥部继续登记造册，并宣布继续向希特勒报送关于劫掠的艺术品的相册，而特别任务没有得到对其攫获的艺术品的审核权。

## 毁灭前的挽救

在德国，日益增强的空袭带来了新的问题，这个问题在波色年代还不那么突出，而现在，大批购得的艺术品必须安置到防空袭的安全地点。德累斯顿的茨文格宫和慕尼黑的“元首大楼”中心藏品库放置的艺术品，在不断的轰炸下无疑会很快遭到破坏。当初波色在任的时候，人们已经意识到这点，并且已经把特别任务收藏的部分艺术品分送到一些偏远的宫堡和修道院，但是，那些地方也同样只能提供有限的不充分的防空保护。

1943 年 6 月，维也纳的文物保护所准备将位于下奥州的土伦塔尔王宫（Schloss Thürntal）整理好，作为从维也纳收缴的犹太人财产的存放处。这座宫堡将划分给林茨所在的上多瑙河州，特别任务最初想自己接收这座宫堡实施管理，但这一企图失败了。根据柏林帝国财政部提出的异议，特别任务不是帝国政府的一个公务机构，不可以自主管理房地产。对大楼作了必要的修缮后，就开始往里搬东西了。第一批运进去的是兰科龙斯基家的收藏，这批收藏自此最终摆脱了戈林的掌握。后来，特别任务的大幅油画以及家具和工艺品都运进了这座宫堡。除了土伦塔尔和克雷姆斯闵斯特两处之外，捷克境内霍恩福特的弗西·布鲁特（Vyšší Brod）修道院也是特别任务的一个藏品库，那里存放的同样有大幅油画，还有青铜器和大理石雕塑。

鉴于空袭巨大的摧毁能力，维也纳文物保护所所长赫伯特·赛贝尔（Herbert Seiberl）提议寻找一个更为安全的隐藏地点。1943 年夏天，他选择了当时属于奥地利施蒂利亚州的阿尔套斯湖畔的一处盐矿井，要在地下存放艺术品。由于盐矿井特别干燥，最适合存放艺术品。在同一时间里，特别任务的工作人员也在寻找防轰炸的存放地点，鉴于阿尔套斯湖的良好条件，德累斯顿博物馆于 1943 年 12 月决定，也将利用矿井作为藏品库。年底，第一件没收的作品《霍恩福特祭坛画》就被送到了那里。1944 年 1 月，希特勒再次强调同意将这个地点作为他的收藏品存放地。

但是选择阿尔套斯湖畔的盐矿井，却带来了大量的物流问题。首先，地下设施中必须添置不可缺少的安放藏品的架子；其次，将藏品从慕尼黑和其他存放点运到矿井来，必须走一条狭窄的山路，而这条路在冬天很难通行。直到 1944 年 5 月 21 日，装载特别任务画品的卡车才第一次从慕尼黑开到阿尔套斯湖区。

1944 年 2 月，希特勒下令，将罗森贝格特别行动指挥部存放在巴伐利亚新天鹅堡和赫伦基姆湖上王宫的藏品，都运到阿尔套斯湖的地下存放点。除了罗森贝格特别行动指挥部的以外，还有党卫军冲锋队的艺术品也被送到了矿井里。同样，德国空军抢掠的艺术品，也从意大利的蒙特·卡西诺修道院（Kloster Monte Cassino）送到了这儿的矿井里。那些画原本是准备作为礼物送给戈林的，但是，戈林被吓坏了，不敢接收。直到战争快要结束的时候，驻波兰的纳粹总督汉斯·弗兰克还企图把他从克拉科夫劫获的艺术品送到阿尔套斯湖。

1943 年，福斯教授在新天鹅岩堡看到了罗森贝格特别行动指挥部没收的艺术品。那段时间，特别任务的工作人员正在那里考察储藏条件，他们的领导人抓住这个机会，想弄清罗森贝格的组织掌握的艺术品的情况。陪同福斯去的赖默尔把当初波色收到的一文件夹的画品照片，交还给了罗森贝格特别行动指挥部的一个工作人员。从问话中赖默尔才知道，罗森贝格后来又给希特勒送去 3 册没收艺术品的影集，还有 24 册正在制作。福斯对这位争夺艺术品的对手怒不可遏，但又不得不接受这个现实。

存放在阿尔套斯湖的物品，有些并不属于特别任务的收藏，只有盖世太保领导机关根据“元首优先”的规定交给特别任务的作品，才处于德累斯顿博物馆人员的控制之下，并且被登记造册。尽管大家都参与了纳粹的不义行径，但并列存在的双重机构产生的政出多门现象，使得福斯不能染指所有的国家强迫买卖。

1944 年底呈现出来的德国败局影响了特别任务的活动，伴随着战争经济衰退，为希特勒购画的特别基金会的钱也在软化。最后的一批作品——威廉·冯·科贝尔（Wilhelm von Kobell）的素描，在1945年4月被送到德累斯顿。1945年持续不断的轰炸，使得疏散存放在德累斯顿和慕尼黑的剩余画品变得越来越迫切，尽管采取了一切措施，但是在1945年2月13日至14日的轰炸中，特别任务在德累斯顿的珍藏还是遭受了损失。在易北河岸边的布吕尔高台上，一辆装载着准备疏散的画品的卡车被炸起火。但是虽然经过猛烈的轰炸，特别任务的档案却没有被炸毁。赖默尔于是将总部迁往皮尔纳市的威森施泰因城堡，此前那儿已经安全地存放了一些美术馆的艺术品，特别任务的档案和版画也送到了那里。赖默尔博士最后一次试图将特别任务的艺术品和档案文件送往阿尔套斯湖，但没有成功，因为德累斯顿遭到了轰炸，缺乏必要的车辆；当地纳粹党部的头目穆赤曼也拒绝将萨克森的艺术品疏散出去。

这个时候，希特勒已经钻进帝国总理府附近的地堡很久了，他在那里指挥夺得“最后的胜利”。就是在地下迷宫度过的阴暗时日里，他也没有放弃要改建他的故乡林茨市和在那里建造一座博物馆的梦想。1945年2月9日，负责多瑙河畔这座城市改建的建筑师吉斯勒教授，把受命设计制作的大都会新建筑模型送到柏林的地堡里。当天夜里，希特勒在模型前度过了两个小时。当他的“第三帝国”崩溃成为废墟和灰土的时候，希特勒在未来林茨市的模型前沉浸在一个梦幻世界里。1945年3月，他在地堡里将党卫军的头目恩斯特·卡尔滕布伦纳（Ernst Kaltenbrunner）引到纸板做的风景前，对他说，在林茨，未来的任务期待着他，但是现在这一切都太晚了。

当希特勒在他的地堡里度日的时候，德国的败局已经不可阻挡。根据1945年春天美国军队迅速挺进的情况，德国当局这时相信，德累斯顿不会被苏联红军而会被西方同盟军占领，艺术品因此将会封存起来交给同盟军而不是苏联人。出于这一原因，1945年4

月，萨克森政府在最后绝望的挣扎中还将库存的艺术品转存到易北河左岸。德累斯顿博物馆和林茨特别任务存放在东萨克森的收藏也必须尽快转移，但是，地方纳粹党的头目穆赤曼的这一愿望没能实现。苏军在 5 月 8 日占领了德累斯顿，两天以后，苏联军官第一次察看在威森施泰因城堡存放的艺术品。于是，在德累斯顿和威森施泰因存放的国家博物馆和林茨特别任务的收藏品，就将由苏联占领当局决定其未来的命运了。

同样，在奥地利，在战争结束前的几天里，人们也在慌乱地转移收藏的艺术品。存放在克雷姆斯闵斯特的艺术品被运到了土伦塔尔。1945 年 4 月，为特别任务工作的柏林艺术品修复师卡尔·希贝尔（Karl Sieber）还打算把艺术品运往巴特伊施尔（Bad Ischl），那里已经存放了来自维也纳博物馆的艺术品。因为巨幅的油画不适于存放在矿井里，不得不放在地面上，希贝尔干脆就把画都放到哈尔施塔特湖（Hallstätte See）附近的小镇圣阿加塔的一家客栈里，那里共存放有大约 50 幅油画和两件大理石雕塑，此外，还有 19 件来自大德意志艺术展览的现代艺术品。放在客栈旁边仓库里的 6 幅画和大理石雕塑，在 5 月 7 日至 8 日的轰炸中被烧毁了。

特别任务在慕尼黑的库房，在激烈的炮火中直到战争结束都安然无恙。1945 年年初，在国王广场“元首大楼”的地下室还存放着一些画，因为 1944 年和 1945 年冬天封路，没有能够及时运到阿尔套斯湖。在美国军队开进来之前，4 月 29 日，建筑师雷格——“元首大楼”的最后一名非武装人员——逃跑了，而这时在大楼的地下室还存放着 723 幅画，其中 226 幅来自法国犹太人施洛斯（Schloss）的收藏。雷格将钥匙交给一个德国军官后，带着一部分特别任务的档案文件，乘上一辆汽车向阿尔套斯湖方向驶去。在慕尼黑东边几公里的地方，雷格的车被党卫军没收了，他不得不把车让出来，但他随身带的关于希特勒收藏的文件却保住了。

4 月 30 日中午，美军步兵 222 师的士兵在解放了达豪集中营后，占领了国王广场的大楼。同一天，被称为特遣部队（Task-forces）的三支部队蜂拥而来，占领了几个在慕尼黑具有重大意义的地点，其中之一是国王广场的纳粹党中央办公地。“办公大楼”和“元首大楼”一时间成了掠夺的牺牲品。

1945 年 5 月初，美国和法国的士兵向上萨尔茨贝格地区挺进。在这一带大批的矿井坑道里，存放着希特勒的个人收藏和特别任务攫获的艺术品。还在 4 月底的时候，特别任务在慕尼黑的主管赫尔穆特・冯・胡梅尔就主动采取措施，保护存放在那里的艺术品。4 月 23 日，他用了一个车队把文件和胶片资料运到了博岑，存入这座城市郊外的一个地堡里。在这些文件当中，夹有属于希特勒本人的 20 幅水粉画原件和其他作品。后来意大利的文化部门将这些资料封存。

在同盟国的军队开进上萨尔茨贝格地区前不久，元首警卫队的几个死心塌地的刑侦官员，企图把存放在地堡里的艺术品炸掉。但是希特勒的女秘书克丽斯塔・施罗德（Christa Schröder）对这一计划提出抗议，于是希特勒的另一个秘书的哥哥阿尔贝特・博尔曼决定放弃这一行动。希特勒的私人艺术收藏从上萨尔茨贝格地区运到阿尔套斯湖区储藏起来，在这次行动中，博尔曼让每一个工作人员“带 1 幅油画”。5 月 4 日下午，美军第 3 师、第 101 师和法军第 2 师，在菲利普・勒克莱尔（Philipp Leclerc）将军率领下攻入贝希特斯加顿，占领了上萨尔茨贝格地区。当同盟军占领了这里的庄园和田产后，也进行了劫掠。

阿尔套斯湖地区的仓库，是被占领的最后一个特别任务的窝点。1945 年 4 月底，美军就从战俘口中得知了盐矿的库藏。储藏在 4 万平方米的矿井里的艺术品，曾经使形势一度紧张得扣人心弦。4 月

10日和13日，林茨的地方行政长官、上多瑙河地区的纳粹党头目奥古斯特·艾格鲁贝尔（August Eigruber）命人把空投弹运进矿井，如果这批炸弹爆炸，其威力之大可以毁灭整座矿山。这一行动是为了落实希特勒的指令：无论如何不能让艺术宝藏落入敌人手中。由于在此看管艺术品的博物馆专业人员和盐场场长的努力，这一名为“燃烧的地球”的计划才未能实施，否则将造成大量艺术宝藏的毁灭。艺术品的非军事管理人员拖延着时间，而且得到帝国安全总局局长恩斯特·卡尔滕布伦纳的支持。4月底，博物馆人员将重要的艺术品转移到矿井里偏僻的坑道中，他们想借此避免一旦发生爆炸时被全部毁灭。

5月3日，在美军部队进占之前不久，经过卡尔滕布伦纳同意，盐场的职工将炸弹从矿井里取了出来。在与博物馆人员协商一致后，矿工们将矿井的各个入口炸毁以保护艺术品。急急忙忙赶来的地方纳粹党的头目艾格鲁贝尔无可奈何，无法再实施他的炸矿井的计划了。

5月8日17点40分，美军第80师开进阿尔套斯湖地区，经过紧张的赛跑，他们赶在了从东边过来的苏军前面。士兵首先发现矿井入口被炸毁了。由拉尔夫·皮尔逊（Ralph Pearson）上校率领的美国特遣部队接到一个任务：寻找匈牙利王冠上的宝石。美军士兵通过博物馆人员和矿区职工了解到存放艺术品的详细情况，在不到一昼夜的时间里清理好通往地下设施的入口，并且清点了存放的宝藏。根据美军指挥官的报告，一共找到六千五百多件艺术品，他们认为其中有5350件属于林茨特别收藏。

到5月8日第二次世界大战在欧洲结束的时候，林茨特别任务的所有窝点都被占领了。美军在阿特尔高地区的库格尔王宫（Schloss Kogel）找到了沃尔夫哈特博士办起来的图书馆；在湖畔策尔镇（Zell am See）占领了兵器收藏馆，并逮捕了那里的领导人；此外，美国部队还在离奥地利不远的捷克境内的霍恩福特修道院，把特别任务的油画封存起来。在不到六年的时间里为希特勒搜寻来的数千幅油画和数不清的艺术品，现在落入了同盟国占领军的掌握中。

希特勒接受不了这样的事实：他的收藏品被同盟国夺去了。根据阿尔贝特·施佩尔的建议，他没有逃往靠近他的艺术品的地方上萨尔茨贝格，而是直到4月底都留在柏林。施佩尔提醒希特勒，在“周末房”——这是装备部部长后来回答美国人审讯时用的词——自杀，对他在历史上的名誉、地位是不利的。希特勒接受了建议，随后在4月30日，他自杀之前让人起草了他的个人遗嘱，声明把他的不复存在的党的艺术收藏品留给国家。在生命的最后一天，希特勒还一直想象着在林茨建一座博物馆。他让人在他的遗嘱中写道：实现这一点，是他“最贴心的愿望”。同时他还申明，在几年的过程中“购进的收藏品”，完全是为了在他的故乡林茨扩建美术馆。

战争结束的时候，福斯馆长待在威森施泰因。他被苏联人确认为是美术馆的馆长，然后又回到了威斯巴登。福斯于特别任务之外，在威斯巴登一直领导着州立博物馆，他的博物馆在这期间成了美国收集从柏林博物馆转移出来的艺术品的地点。福斯找到收集站经理，要求给他一个职务，但他立即被当做战犯逮捕了。后来，福斯为他在特别任务工作的理由辩白时说，他的目的是想多收购些艺术品，将它们从战火中拯救出来，交给同盟国。在被从美国的看守所放出来之后，他写了一本书，在书里试图掩盖自己的所作所为，并为自己的行为辩解。福斯后来作为艺术史学者在联邦德国工作，并为巴伐利亚州政府购画做参谋。在他1966年过80岁生日的时候，出了一本纪念文集以作庆祝，文集是由他早年的交易伙伴、犹太艺术史学者和艺术收藏人维塔尔·布洛赫（Vitale Bloch）出版的。三年之后福斯就死了。

特别任务的主管赖默尔博士，战后在苏联的军事管制营被监管了不长的时间，他拒绝承担一切罪名，因为民主德国的检查人员没有西方的文件，不能证实他参与了大规模的罪恶机制的运行。后来赖默尔在民主德国国家安全部门的监视下，一直做私人教师，直到 1993 年死于萨克森州。特别任务的工作人员罗伯特・厄特尔战后生活在联邦德国，后来升任西柏林油画馆馆长。

# 六、同盟国对艺术品的管理

## 对战后德国的规划

早在 1942 年，德国占领机构掠夺艺术品就遭到了法国的反抗。1942 年 2 月，在负责监管两国之间停火协议的德法委员会上，法国维希政府的代表第一次将这个问题提到了议事日程上。在此期间，法国人在两封抗议照会中，也指责罗森贝格的特别行动指挥部收缴巴黎罗特希尔德家族的收藏。海牙陆战法是不允许这类没收私人财产的行为的。如果仅仅是为了军事目的，可以允许暂时的没收，而德国的占领机构也不得不承认，这些艺术品的军事意义并不那么明显，所以他们答应追究这一违背占领法的行为。据一个内部的会议记录记载，德国军事管理当局决定，将这一“特别损伤德国的世界威望的占领措施”记录在案，抓捕“德国公务机关里的责任人”。

德国方面进一步调查的结果是，罗森贝格和戈林应对没收行为负责，而且他们的行动是根据“元首”的指令进行的。“因为对犹太文化财产进行没收的指令对法国政府要继续保密，所以，切实讨论法国的照会……是不适宜的”—— 主管的军官这样结束他的报告文件。这样，在停火委员会里德国方面再也没有讨论过这个问题。这里显然存在着帝国触犯国际法的行为。

当时，没收财产致使别人失去产权的行为是被国际法禁止的，但是却允许在被占领国的自由市场上购买艺术品。第二次世界大战初期，只有像奥地利1918年立的禁止出境法那类国家法，才不允许向外国出售珍贵的而且对民族遗产有重大意义的文化物品。国家的文物保护当时还不是战争法规的内容，这一点德国的对手也都知道。1943年1月，在伦敦举行的一次同盟国会议上，所有对德意志帝国作战的国家都一致同意下列基本原则：在占领区与德国占领者所进行的买卖和交易，战后都将宣布无效。这一点自然也适用于特别任务以及戈林和其他纳粹机构购买的，或者将要购买的许多艺术品。

同年，美国也厕身于欧洲来关注艺术品。1943年8月20日，根据美国国务卿科德尔·霍尔（Cordell Hull）的提议，在高级法院法官欧文·J·罗伯茨（Owen J. Roberts）名下成立了“罗伯茨委员会”，该委员会里有许多美国知名的艺术史学者和文化科研人士，其任务首先是列出美国部队在欧洲作战中需要保护的珍贵文物和建筑物的名单，同时也要收集敌国的曾经支持掠夺艺术品的专业人员的情况。为了在战争地区落实这些措施，1944年秋天，针对欧洲战场又成立了一个处理博物馆、美术和档案事宜的特别军官小组（MFA&A），小组中军官应当在部队指挥的层面上负责保护文化财产。

罗伯茨委员会只在美国方面工作。为了清除纳粹文化搜刮者通过购买和没收造成的后果，必须所有的同盟国共同行动。为此，1944年4月，同盟国又成立了一个特别委员会，专门抓艺术品。这个同盟国内部的致力于保护和归还文化物品的委员会，由法国的艺术史学者沃谢担任领导，同样以其领导人的名字命名为沃谢委员会（Vaucher-Kommission）。沃谢委员会设在伦敦，负责起草关于如何处理掠夺艺术品的具体建议。1944年7月，参战国公布了一项他们事先在布雷顿森林（Bretton Woods）会议上达成一致的决议。

在德国投降后处理被其掠夺的艺术品时，将适用三项原则。首先应当查证核实不是公平合理地购买的艺术品，然后将其退还给物主。为此同盟国方面必须有一个对此负责的代理处，以澄清法律方面的争议。

同盟国的艺术品保护者们在1944年就计划，打赢战争之后建立一个中心收集点，将纳粹分子抢劫的或在占领国购买的艺术品集中到一起。更具体的办法规定在第52号军事法中，该法于1944年9月通过，专门针对未来被占领的德国。第52号军事法规定，在德意志帝国内发现的艺术品仓库不得移动，应尽可能冻结，以便将来进行归还工作；抢劫或不公平购得的艺术品如果毁坏，应以等值的物品替代归还。在这一时期，同盟国成员对实物归还（Restitution in kind）的原则态度并不统一：美国只同意在一些案例上运用这样的补偿归还，而法国人则愿意对被毁掉的艺术品给予慷慨的归还。这种立场上的矛盾直到战争结束还总是常常出现，没有最终得到解决。

这些国家只不过在第一个步骤上达成了一致。1944年10月，当同盟军第一次在亚琛登上德国的领土时，他们已经设计好了登录被劫掠的艺术品的表格。在这份被称为“财产登记卡”（Property cards）的表格上，要登记每一件不公平购得的艺术品所有能找到的数据，例如大小、材料以及准确的来源，等等。1944年11月，处理博物馆、美术和档案事宜的特别军官小组的人马，跟未来占领区的行政管理机构合并在一起，因此它实际上的任务除了在战争地区保护艺术品之外，还负责未来的归还工作。

尽管沃谢委员会为以后归还被抢劫的文化财产做了广泛的准备工作，但是仍然存在着悬而未决的问题。归还艺术品的方案过于倾向个别的物品，很典型地体现了委员会的艺术史学工作者们的兴趣。对于将这些文化财产运到德国的行动，委员会开始没有深究。存放这些劫掠艺术品的地点尚不清楚，美国的罗伯茨委员会正在寻找秘密仓库，不过只能在很有限的范围内进行，因为他们得不到来自敌国的情报。为了弥补这个空白并揭示德国收罗艺术品的背景，美国的“战略服务局”（Office for Strategic Services，OSS）开展了重要的工作。

战略服务局美国的一家国外秘密情报机构，从其 1942 年 6 月成立起，就持续不断地收集关于德国和其他轴心国的情报资料，此外，它也利用美国科研联合会的资料。自从“二战”爆发，华盛顿的国家图书馆就建立了一个收集国外文献的部际委员会（Interdepartmental committee for the acquisition of foreign publications），致力于追踪轴心国发表的科研文章。在战争期间，该委员会发展成了关于德国问题的一个民间的科研和文化信息交易所，国家所有重要的科研机构和部委都把他们所了解的有关情况汇集到这里来。美军攻入法国之后，从 1944 年夏天起，该委员会开始收集美军审问德国战俘所得到的消息。委员会每周都会收到关于作战技术和科研方面个别事例的简短报告，然后将这些报告转给国内有兴趣的团体。这当中始终都有战略服务局，他们秘密地资助这个委员会，并且对那里的情报有选择地利用。

委员会收到的简短报告也提到文化事件。这样，民间的和军事的文化保护者们（比如罗伯茨委员会和处理博物馆、美术和档案事宜的特别军官小组）在 1944 年就获悉，德国有关当局在轰炸之前，用心将珍贵的艺术品隐藏到了萨尔茨贝格的矿井和其他偏僻的地方。关于德国这方面行动的信息相当广泛，距离德国战败越近，德军俘虏的供词越多。美国的艺术保护者们通过各种方式了解了被搜寻走的艺术品的存放情况。从 1944 年年初开始，战略服务局通过中间人，向罗伯茨委员会更多地提供从秘密渠道得到的关于德国劫掠艺术品的情况，与此同时，在伦敦的沃谢委员会，也从为他们服务的军事渠道获悉了秘密库藏的情况。通过上述这些渠道和方式获得的方方面面的情报，都直接进入了特遣部队的行动计划中。盟军最高司令部的军官们每隔一个固定的时段就核对一次手中的表格，表格上标注了目标的有情报价值和文化价值的信息。

不过，对秘密库藏的发现只是一个方面的功劳。迄今为止，在审讯劫掠艺术品的负责人和帮凶时，所有的方法都不起作用。这没什么可奇怪的，因为纳粹党的办公厅让人将艺术品运送到阿尔套斯湖矿区时，是在严格保密的状态下进行的，只有少数知情人知道这些行动。因此，1944 年 11 月，战略服务局决定组建一个关于艺术品劫掠的特别调查小组，该小组隶属于反间谍 X2 处，代号 Orion。

Orion 的行动计划将以反间谍的方法实行。战略服务局担心，在被占领的欧洲帮助德国人购画的那些艺术品贩子，可能会是间谍，因而，领导这一行动计划的是一个被驱逐出境的情报专家詹姆斯·普劳特（James Plaut）。普劳特在剑桥学过艺术史，从海军转到陆军，从 1942 年起就是战略服务局的军官。他的身边还有多位艺术史学者加以协助，如特奥多尔·鲁索（Theodore Rousseau）和莱恩·费森（Lane Faison），这两人和平时期曾在华盛顿和纽约博物馆工作，对艺术品交易的方式方法很内行。此外还有三个艺术史工作者，他们同时还受到情报技术方面的培训。这个行动计划小组一共由八个审讯人员和分析人员组成。

行动计划小组成立后才两个月，鲁索就报告说，他的人员送来一份八百多人的名单，这些人都被怀疑参与了德国公务机关非法劫掠艺术品的活动。直到德国投降以后，最大量的工作才落到艺术品劫掠特别调查小组头上。1945 年 5 月，鲁索和他的工作人员在阿尔套斯湖建立了一个审讯中心，在被称为“71 号楼”的审讯中心里，战略服务局审讯了戈林和罗森贝格，以及所有在“二战”期间参与搜查和抢掠艺术品的希特勒的帮凶。处理博物馆、美术和档案事宜的特别军官小组的军官们，常常把嫌疑犯直接带到阿尔套斯湖来审讯。赫尔曼·福斯也不得不被审讯过一次。审讯的结果被编辑成大量的报告文件：“审讯综合报告”（Consolidate interrogation reports，C. I. R）和“审讯局部报告”（Detailed interrogation reports，D. I. R）。这当中有一份报告，准确地记录了美国情报军官了解到的关于在林茨建造博物馆的计划，以及为希特勒组建这一收藏的几乎所有人员的情况。

在寻找纳粹劫掠艺术品的幕后人员的同时，对于盟军在地下库藏中找到的艺术品的合法主人，美国和英国的军事管理部门也开始进行研究。为此，他们在策勒、马尔堡、威斯巴登、奥芬巴赫、慕尼黑和柏林都设立了“收集站”（Collecting points）。在这些站点中，最大的是慕尼黑站，该站于1945年6月成立，站址就设在以前纳粹党的“行政大楼”和“元首大楼”里，也就是希特勒曾经存放收藏品的地方。1945年6月17日，慕尼黑的中央收集站（Central Colleting point，CCP）收到来自阿尔套斯湖的第一批上交物品。在大部分林茨收藏之外，希特勒的私人收藏、戈林的私人收藏，以及罗森贝格特别行动指挥部存放在许多地方的物品，也都被送到慕尼黑来。沃谢委员会和罗伯茨委员会的前期工作现在也有了成果。

慕尼黑中央收集站的工作人员开始系统地进入艺术品的归还工作。在每一个送来的箱子上，他们都贴上一个到货卡（Arrival Card），先注明找到它的地点，然后给所有从同一个地方来的箱子都编一个顺序号，同时给箱子里的物品也编一个后续号。初步登记之后，工作人员就给这些艺术品量尺寸、拍照片，一件一件地将艺术品的来源查明。这些工作人员中除了盟军军官之外，还包括那些干挑万选来的德国艺术史学者。这样得到的数据再记录在财产登记卡上。与此同时，工作人员还给每件艺术品编一个新的第二号码，即所谓的“慕尼黑号码”，也将其登记在财产登记卡上。这种双号码形式是处理博物馆、美术和档案事宜的特别军官小组的克雷格·史密斯（Craig Smyth）想出来的，一直运用到收集站解散为止。

## 归还和赔偿

在慕尼黑收集站开始工作的时候，战胜国还在继续围绕着被劫掠艺术品的归还原则进行争论。1945 年 7 月波茨坦会议期间，美国在德国的副军事总督卢修斯·D·克莱（Lucius D. Klay）将军起草了一份备忘录，内容是关于如何对待在德国找到的艺术品。之后，收集站的工作人员把送来的艺术品分成三个部分：（1）德国从被占领国家偷盗来的艺术品；（2）在被占领国家购买的艺术品；（3）购自德国本土并确信来源无可疑之处的艺术品。然后再次努力查明每件艺术品的来源。第一和第二部分物品，按美国的想法应当归还给本国。第三部分物品将来怎么办，美国人却想让它悬而待定。

第一次归还是在 1945 年 8 月 20 日进行的，那是 1 件德国占领军抢劫来的艺术品。美国军官将凡·爱克（Van Eyck）兄弟著名的根特圣坛画《圣洁的羔羊》还给了比利时政府，由一架专机把它从慕尼黑运到布鲁塞尔。这一归还行动完全出于纯政治的理由，正如美国驻布鲁塞尔大使表示的那样：美国希望借此让自己的形象闪亮起来，因为自战争结束以来，美国在那里的声望持续下降。油画《圣洁的羔羊》是德国占领军从法国南部偷走的，而此前是比利时政府出于安全的考虑把它转移到法国南部去的，德国偷走后将它送到阿尔套斯湖的矿井里。不过这幅画没有被确定给林茨博物馆。

但是，归还这幅画却没有国际法或同盟国方面的法律根据。在占领德国之前，四个战胜国没有能够组建一个统一的委员会，由其负责处理艺术品的归还。为此，它们自1945年6月起在莫斯科商讨这个问题，要找到一个规章，这一规章适用于归还德国劫掠的艺术品和赔偿战争损失，并且在德国和奥地利所有占领区都有效。关于归还和赔偿问题的商讨在9月份波茨坦会议之后继续进行。但是，各种不同的兴趣很快便相互冲突起来。苏联政府拒绝加入同盟国的机构来解释偿还方面的问题，莫斯科不愿意让其管辖的东部德国置于别人的监督之下。

因为解决把劫掠来的艺术品归还以前被占领国家的问题日益迫切，华盛顿在1945年9月决定独自行动。副国务卿迪安·艾奇逊（Dean Acheson）宣布，美国将在它的占领区单独实施自己的计划。按照他们的想法，战争期间被劫掠来的联合国成员国的财产应当归还，同时要求其他联合国成员国派代表来报告它们的要求。根据华盛顿政府的解释，它单方面行动的根据是1944年联合国布雷顿森林会议通过的决议。

1945年11月，同盟国在巴黎召开关于赔偿问题的会议，这些从前联合在一起的国家好不容易达成了一项一致的规则。大国之间的冷战开始了。苏联再次反对对于其占领区事务的任何干涉；美国无力组织一条与莫斯科对抗的统一阵线；法国和小一些的欧洲国家，不仅要求完全归还被劫的艺术品，而且还要求对那些被劫到德国但战后找不到的艺术品予以等值赔偿。美国则拒绝以等价物赔偿。卢修斯·D·克莱将军解释了将文化财产留在德国的必要性，他认为如果要在德国成功地培植一个民主进步的社会制度的话，就必须这样做。出于这种面向未来的政策倾向，他拒绝用德国的艺术财产满足其他国家的要求。

11 月 27 日，在同盟国对德监督委员会的协调委员会会议上，这位美军驻德副总督提出了一个妥协性的建议。根据这个建议，所有明确是德国通过暴力夺取的艺术品都应该归还。随后于 12 月 12 日，有关国家在莫斯科一致同意，采取与美国在慕尼黑的归还政策相应的措施：原则上根据来源即作品原属进行归还。通过这个建议，美国人也成功地和苏联人达成了一项一致，1946 年 1 月 26 日，四个占领国在同盟国协调委员会的会议上再次确认了这个一致的意见。而法国人没能实现他们的愿望，即广泛地用等价物进行赔偿，同盟国代表的决议与法国的愿望相反：遗失的艺术品只能在很狭窄的限制范围内用德国的物品补偿，而且实施这一决议必须听命于四个同盟国占领区的最高司令部。因此，事实上存在着四种偿还的方法。

在接下来的时间里，苏联领导人拒绝公开他们在东部德国占领区采取的措施。这一点并不奇怪，红军的占领机关感兴趣的不是归还而是占有这些战利品。特别军事单位即所谓战利品委员会，扫荡了德国易北河和奥德河之间的地域，卷走了所有对苏联有价值的东西，其中包括工业设备，也包括文化产品。苏联第 5 近卫军第 164 营进入德累斯顿后接到命令：寻找隐藏起来的艺术品。于是，从美术馆远远地分散到各地的藏品，从茨文格地堡、威森施泰因城堡、鲍考—冷格费尔德（Pockau-Lengefeld）矿井以及萨克森的其他地方，都被运到了设在皮尔尼茨王府（Schloss Pillnitz）的中心收集站。一支战利品收集部队还没收了威森施泰因城堡的油画和德累斯顿版画馆的素描作品。

1945 年 6 月，莫斯科最高国防委员会发出命令，将德累斯顿博物馆的珍贵油画、古董及其他陈列品运往莫斯科。这项由约瑟夫·斯大林签发的命令很快得到执行，1945 年 7 月 31 日，苏联开始将德累斯顿的珍品运往东方。他们解释这样做的理由，是因为在被占德国存在着出现“法西斯团伙”的危险。在这些艺术品当中，不仅有美术馆的藏品，而且有林茨特别任务没有来得及从威森施泰因运到德国南部的艺术品。美国人非常认真地把从德累斯顿运走的这些艺术品记录下来。

不过，美国占领者在大量艺术品的诱惑面前，也不是完全免疫的。克莱将军在波茨坦会议上提交的备忘录中已经预先拟定，美国将把第三部分艺术品，即把认为是德国的国家财产，“真心诚意地”移交给一个托管机构，这个机构的有效期到德国重新有权收回艺术品的时候。1945 年 8 月 1 日，美国外交部把已经更加明了的美国方面的意图，通报给伦敦和莫斯科的同盟国政府。华盛顿告知，美国将把艺术品从德国运往美国。9 月 26 日，美国政府在一个正式通知中宣布，将把它在战争结束时找到的公用博物馆中数千件艺术品里最珍贵的作品运走，越过大西洋，保护和封存起来。

克莱将军采取这一措施是出于两个原因：他想以此避免将柏林博物馆的珍贵油画移交给这个城市中由苏联管辖的区域；此外，他对所涉及的艺术品的数量根本不清楚，以为将要被封存起来的艺术品也就几百件。美国军事当局提出了一个包括 245 件艺术品的清单，这一清单是由一个流亡的德国人汇集的。1945 年 11 月，一位在将要存放这些艺术品的华盛顿国家美术馆工作的人，把它交给了在德国的占领军管理机构。

美国人运用过去纳粹掩饰艺术品掠夺的言辞，以及现在苏联战利品部队还在使用的同样词汇，企图使华盛顿的打算合法化，但遭到联盟国家有力的反抗。伦敦指出，对于这种运走艺术品的行动不曾有过决议，而且它会损害同盟国在德国的威望。此外，英国政府还看到可能出现的危险：这种外运活动可能导致其他相关国家也采取同样的行动，以偿还弥补自己的文化损失。莫斯科也提出异议，要求华盛顿陈述理由。

英国政府在其照会里暗示，1945 年秋天刚刚平息与苏联之间关于文化赔偿的争执，美国的这一行动将会制造出另一个令人担忧的先例。但是，美国无视这些危险和反对意见，1945 年 11 月底，美国国务卿詹姆斯·伯恩斯（James Byrnes）当着他的英国同事欧内斯特·贝文（Ernest Bevin）的面，表示坚持华盛顿的计划，他保证，艺术品只是暂时运到美国。在巴黎偿还会议上，克莱拒绝文化损失以等值艺术品赔偿的态度，可以看做是再一次努力，想尽可能多地将艺术品在运往东方之前抢救出来。12 月，位于美因兹河畔法兰克福的美国军事政府宣告，地下库藏中德国博物馆的艺术品将运往美国。

1945 年 12 月 6 日，柏林腓德烈皇帝博物馆和其他德国博物馆的 202 幅油画被运到了纽约。针对这种抢劫艺术品的行为，处理博物馆、美术和档案事宜的特别军官小组的军官瓦尔特·法默（Walter Farmer）组织了反抗。法默是存放柏林博物馆艺术珍品的威斯巴登收集站的负责人，他对美国这种“系统掠夺”的做法感到特别震惊。1945 年 11 月 7 日，法默带头发起了所谓“威斯巴登呼吁”，24 名美国艺术保护军官联名抗议运走艺术品。罗伯茨委员会——这一机构同样也是为保护战争地带的艺术品而成立的——中的成员后来也参加了抗议。美国军事管制机构内部的这一行动被美国的媒体披露，根据美国报纸关于从德国运走艺术品的报道，美国艺术联合学院（College art association of America）于 1946 年 1 月率先抗议这一计划；5 月份，95 名美国知名的艺术史学者也联名抗议这一行动。于是，美国政府不得不更改计划，答应归还艺术品。来自德国博物馆的画品，有一部分大师级作品在美国各城市进行了巡回展出，之后又回到了欧洲。

归还艺术品的国际法问题，直到1954年才得以解决。由于在德国占领区采取行动而导致的大国之间关于海牙战争法的明显分歧，现在终于消除了。根据决定，对于在被占领国掠夺艺术品和文化遗产的人必须实施严厉的法规，这些法规措施在艺术品直接受到损害时加以运用，以确保艺术品的安全，其中也包括运输转移。从此，关于德国劫掠的艺术品的国际法问题解决了，当然，细节问题不是那么容易消除的。

## 从收集站归还

尽管同盟国在偿还工作上还没有一致的行动，1945年10月底，慕尼黑的收集站已经开始进行归还工作了。为了直接表达自己的要求，从前被德国占领的国家都纷纷派出代表前往慕尼黑，保持与美国收集站的联系。如果发现一件艺术品是在某个国家被占领后被德军运到德国的，就归还给那个国家的政府，然后再由这个国家的政府归还给国民或某个机构。这种各个国家根据自己的法规交付艺术品的做法，符合1943年同盟国的共同声明精神。

这个时期，在柏林的同盟国监督委员会里，关于归还原则的争论仍在继续。在协调委员会的会议上，法国直到1946年还坚持，找不到的被劫掠艺术品用类似的物品抵偿。但华盛顿一如既往地拒绝这种偿还方式，认为只能有很少的情况允许这样做，而在收集站的实际操作中则根本没有这样做的实例。关于这个问题的长时间争论延续到1947年2月，最终以达成同盟国在偿还问题上的一项统一意见而告结束。对于因战争被分散开的德国公益博物馆的艺术品，苏联拒绝进行交换，还拒绝将无主的犹太人财产移交给以色列国家。对此，西方三国单另执行它们的归还政策。

归还被德国劫掠的艺术品，也引来了企图顺手牵羊的政治活动，土耳其政府就想这样碰碰它的运气。土耳其在 1946 年 3 月要求美国代表交出尼菲蒂蒂头像。这尊头像是柏林博物馆里埃及收藏部分的藏品，战争期间被藏在德国中部的一个矿井里，后来被美国人找到。美国拒绝了这一要求，并且指出，头像不是被纳粹劫掠或移走的物品，所以不属于归还的范围。

华盛顿归还艺术品，所依据的是联合国的方针，但归还方法却根据其的政治立场作了更动。战后，美国军政府一直坚持着这样的路线：只从收集点把德意志帝国在占领国搜寻的艺术品归还回去。这一原则对于意大利来说，涉及的范围只是 1943 年 10 月意大利站在同盟国一边参战后，被弄到德国的物品，而在此之前，这个国家是德意志帝国的一个密切盟友，而不是被占领国家。根据有关劫掠艺术品的普遍原则，波色 1941 年在亚平宁半岛为希特勒购买的艺术品，不应予以归还。

但在处理对意大利的归还问题上，美国政府却违背了自己的原则。还在 1945 年 10 月，艾森豪威尔将军就已经说过，来自意大利的所有艺术品都将归还。当 1948 年意大利共和国提出要求，要收回战争期间德国画商从意大利购去的所有艺术品时，克莱将军答应满足这一愿望，他安排将意大利的所有艺术品都送回意大利去。意大利的文化部部长鲁道夫·西维耶罗（Rodolfo Siviero），在幕后为归还的事下了很大工夫，他在国内特别热心地研究了被劫掠的艺术品。慕尼黑收集站的德国工作人员则强烈反对全部归还的决定。慕尼黑收集站当时的领导人斯图尔特·莱昂纳德（Stewart Leonard），拒绝这一执行命令。抗议行动促使达成了一个妥协：只向意大利寄出了 25 件艺术品。尽管如此，莱昂纳德还是辞退了他的职位。西维耶罗不死心，后来还向联邦德国施压，要求把来自意大利的所有油画都归还意大利。阿登纳政府在很长时间里一直拒绝向这一要求让步，直到艺术家们公开抗议后，意大利才在 1953 年得到剩下的那些物品。

陆续送到慕尼黑收集站的有 5 万件艺术品，为了准确地找出它们的来源，收集站的工作人员利用了纳粹年代的原始文件。1945 年 9 月同盟国决定，将所有劫掠艺术品的德文文件系统地收拢到慕尼黑的一个文件中心。例如在 1945 年，那里的工作人员就得到了波色和福斯送给希特勒的，为林茨博物馆挑选的画品的摄影相册。这样的文件将交给军事和通讯单位使用，于是，战略服务局和处理博物馆、美术和档案事宜的军官小组的工作人员，就把文件提供给美军第 7 军团。这两个机构还提供了他们从艺术品归还委员会和法国的对手组织那里得到的文件资料。所谓法国的对手组织是巴黎的情报机构调查研究总局（Direction Génerale de l'enseignement Et de la Re'cherche，DGER），这家法国新闻通讯机构的调查工作在其抵抗运动期间就开始了。相反，民间团体要组成他们的团队却一直很困难，直到 1944 年 11 月，法国的艺术品归还委员会才成立，而且随即处于法国外交部的监管之下。

追寻非法从法国运走的艺术品的法国机构，长时间以来一直回避与其他的同盟伙伴合作，直到 1945 年 4 月，美军占领了麦尔克斯（Merkers）和本特路德（Benterode）盐矿井，掌握了那里的库藏。在那之后，法国机构才同美军联系，自然他们是要仰仗美军指挥员的好意了。5 月 12 日，法国的侦缉人员第一次得到允许，在美军占领区寻找罗森贝格特别行动指挥部从法国掠走的艺术品的存放处。1945 年 9 月，美军高级指挥官德怀特·艾森豪威尔将军同意了法国方面的要求，将罗森贝格特别行动指挥部存放在新天鹅岩堡的藏品，不必经过在慕尼黑的收集站而直接运回法国。

在清查纳粹劫掠的艺术品方面，法国和美国情报部门的合作关系发展很慢。从 1945 年 10 月到 1946 年 2 月，Orion 小组的军官多次到法国和瑞士出差，进行扩展调查，在那里对参与过艺术品劫掠的人进行讯问。其间，情报人员鲁索发现，法国的情报机构调查研究总局里与 Orion 担负同样任务的部门——“文化研究”，组织得很糟糕，他们几乎没有开展什么调查工作，因此无法向美国人提供任何关于德国艺术强盗在巴黎的帮凶的新情况。

不过，美国人也不只是和法国人合作。尽管跟苏联在政治上有很多对抗，但为了查明林茨特别任务的行动，他们还是和苏联方面保持着联系。1946 年初，美国的艺术品保护军官与苏军方面还有书信往来，还收到苏联红军在威森施泰因缴获的关于希特勒艺术品的文件资料。这些资料有 2.3 万页，在 1946 年夏季被拍成 59 卷胶片。这些胶片后来被送到慕尼黑的收集站。

在这期间，南部德国和奥地利继续抢救被劫掠的艺术品。除了直接运往法国的那些罗森贝格特别行动指挥部藏在新天鹅岩堡的物品，还有一些其他的物品没有被送到慕尼黑的收集站，于是有大批最初打算留给林茨博物馆的艺术品被留在了奥地利。仅从阿尔套斯湖的矿井里取出的，就有 60 幅油画没有运往慕尼黑，而是在美国军政府的监视下送到了林茨。同样，在战争的最后几天，从克雷姆斯闵斯特转移到土伦塔尔的特别任务收藏，其中的那些巨幅画品也留在那里，处于维也纳文物局——在复活的奥地利共和国被称为联邦文物局——的监管之下。

在哈尔施塔特湖附近圣阿加塔镇上的一家客栈，也是一个藏品库，所存放的艺术品都没有被送到慕尼黑去，其中包括希特勒的藏品。那里曾经存放过 49 幅画，战争最后的几天里没有来得及运到阿尔套斯湖地区去。一名艺术品修复人员 5 月份找到它们，并报告了根据存放在那里的卷宗资料查到的损失情况：一次空袭使客栈旁的仓库烧毁，艺术品中的腓德烈大帝头像毁于大火。美国军队直到6月份才知道这一处存放的艺术品，把它们保护起来。

在奥地利找到的艺术品，只要是在美国的占领区域之内，就都处于美国驻奥地利军事政府的管理之下。在奥地利也像在德国一样，战争胜利者控制着被劫掠艺术品的归还工作。恰恰在奥地利这个德国扩张的第一个牺牲地，1948年，围绕着那些归还之后剩余的艺术品，发生了激烈的争执。那一年夏季，收集站的工作已经很有成绩，大多数艺术品，包括被纳粹机关和团体在国外没收的、在德意志帝国领域内征购的，或者直接从犹太人家产中查抄充公的都已经归还给所属的国家、活着的物主或犹太救助组织。在所谓“外部归还”结束之后，还剩下一些艺术品当时还不清楚如何处理，经各方面确认，那些艺术品是在德国和奥地利境内自由艺术市场上购买的。

美国驻奥地利的军事政府，要求将希特勒收藏的那些艺术品——不仅是1938年至1945年在“东部边区”没收的，而且还包括来自奥地利艺术市场的艺术品——交还给奥地利当局。美国委派在维也纳处理归还和赔偿事务的官员伊夫林·塔克（Evelyn Tucker）女士，对此特别用心，她要求也要把那些希特勒的人花了钱购买的作品运回维也纳。根据这个政策，无视当时购买的条例而将艺术品退还给奥地利，就把奥地利提高到与其他曾被德国占领的国家同样的地位了，这在慕尼黑的收集站激起强烈的反抗。

慕尼黑收集站的美国主任斯图尔特·莱昂纳德坚持这样的立场：既然这些艺术品是用德意志帝国的钱购买的，当然必须留在德国。塔克女士则强硬地认为，很多这样的艺术品是不公平不合理地从奥地利弄到德国去的，所以应当归还。塔克甚至将奥地利方面的要求提升到这样的地步：所有奥地利艺术家创作的但来源不清楚的作品，都应当归还。两个占领机构之间的争执，在 1948 年 9 月升级了。莱昂纳德主任出于对塔克女士归还建议的抗议，辞去了他的职务。看来两个军事机构之间无法达成一致意见。

对于美国的行政管理来说，艺术专员之间的争执是很不合时宜的。美国政府长时间努力争取从收集站撤出身来。在 1948 年，华盛顿和伦敦遵循着一条政治方针：要把美国和英国的占领区建设成独立的、有生存能力的政体，然后将经济管理方面的任务移交给它。出于这个原因，1948 年 8 月 31 日，美国军事政府将收集站的艺术品信托管理权交给了巴伐利亚州州长，由他领导完成在“第三帝国”时期不公平不合理地购置的艺术品的归还工作，美国管理当局加以督促，因为美国人要对归还负责。战争结束三年了，调查劫掠艺术品的罪责的工作也已经结束很久了，1946 年 9 月 1 日，民间的罗伯茨委员会和它们情报工作方面的对应组织——关于艺术品劫掠的特别调查小组，停止了工作，并将文件移交给了外交部。

但是，事情的进展却没有像美国军事政府希望的那样快。在德国和奥地利的占领管理机关必须在原则上达成一致：所有未要求归还的作品应当留在德国。奥地利派驻收集站的代表不可以参加决策，不可以审阅制成微缩胶卷的林茨特别任务的原始文件。塔克女士在 1949 年 1 月离开了她的单位。事实上直到 1949 年 12 月，巴伐利亚州州长才真正得到在收集站管理剩余艺术品的权力。美国军事政府当时只办理有归还要求的艺术品事宜，但这项工作越来越难做。直到 1951 年 6 月，慕尼黑收集站还存放着 4600 件艺术品，对其没有提出归还的要求，而且还有一些不知来源。

同年，以前美国战略服务局的官员、艺术史工作者费森又回到了慕尼黑，被任命为慕尼黑收集站主任，负责处理查不清来源、但德国和奥地利都想要的奥地利画家的作品。费森决定，把 960 幅画（其中包括303幅特别任务的收藏）移交给在维也纳和林茨的奥地利文化保护部门照管，1750件希特勒收藏的艺术品则留在慕尼黑。费森这样做的原则是什么，过去和现在都不清楚。美国人1946年拍摄的林茨特别任务原始文件的微缩胶卷原件，后来去向不明，它们自那年以后再也没有出现过。

在联邦德国1952年5月取得部分主权之前不久，所有无法找到原物主的艺术品都已交给波恩的政府管理。1952年3月7日，新成立的隶属于外交部的文化财产托管局接收了艺术品。慕尼黑方面继续指挥进行归还工作。但是到1955年，当联邦德国取得全面主权后，美国对其外部归还工作还持有决定权。

# 七、美国大兵是艺术品劫匪吗？

本书前面提到苏联红军在德国的行为，将德国的博物馆藏品运往苏联，而美国在这一方面又是怎样的呢？几年以前，红军从德国攫获并运走文化财产的责任已经公开了，与之相反，关于美国方面可能的侵犯却很少为人所知。在苏联占领区，战利品都是由所谓“战利品纵队”运走的。正如前面提到的，美国没有参加这样系统的艺术抢劫，这是瓦尔特·法默尔的功劳。不过在美军中，能够在战时接触艺术品的军事单位，并不只是艺术保护部队。

最先穿越敌国领土到达德国市镇的，是美军的作战部队。在挺进的过程中，特遣部队一路随行。特遣部队是根据不同的战略战术观念，从各个连队抽调人员组成的队伍，这支特别行动部队很典型的任务，就是占据和封管有情报价值和文化价值的目标。特遣部队在作战部队的火线之后，由 20 个不同的连队组成，除了作战的步兵之外，还包括工兵和部分来自中央情报局的调查部队，也就是美国的联邦刑警局；在很多情况下，反谍报部队（Counter intelligence corps，CIC）也参加行动，这个组织是美国的军事情报机关。在特遣部队的队伍之后，才是处理博物馆、美术和档案事宜的军官小组。

与战略服务局在德国的任务——寻找德国间谍、调查情报目标——不同，反谍报部队负责战地行动的安全保障，也负责抓捕重要的敌人，这是美军在刚刚占领的地区针对敌人破坏行动设置的屏障。与战略服务局相比，反谍报部队给人更多军事印象而很少文化倾向。到欧洲战场战争结束时为止，反谍报部队还一直缺少有足够德语能力的军官；到 1945 年 3 月，还有差不多 85% 的军官位置空着，这种状况改善得很慢。尽管如此，反谍报部队还是取得了重要的成绩：它在上巴伐利亚成功地抓捕了德意志帝国的重要领导人物。

战争结束之后在德国进行活动的，除了战略服务局和军事安全人员外，还有美国的情报人员，他们在那里寻找和掌握在精神和物质上都很重要的目标。例如美军的信息部队，就在努力搜寻德国有利用价值的科学发明。能够首先与德意志帝国的高级领导人物接触，使反谍报部队与其他美国机构和设置相比，取得了情报上的优势。这支小部队也很知道对此加以利用，因此也就不奇怪，反谍报部队的人常常会在负有保护责任的军官之前，搜查到存放着艺术品和其他珍贵物品的地下仓库。例如，1945 年 6 月底，负责收集德意志帝国部级机关文件的美国政府收集中心，在一份报告里描绘了贝伦堡、舍恩巴赫和施特拉斯福特的矿井地下库藏情况，同时提到，这些地方存放着国家档案和普鲁士国家秘密档案的卷宗。报告强调指出，在他们检查和审视的过程中，发现很多文件箱已经被反谍报部队的军官打开过了。要想准确统计德国机关存放在这里的所有文件，是很困难的，因为德国经办人所做的清单，有一些已经被反谍报部队拿走了。

反谍报部队的这种侵扰并非个别现象，在其他地方，这支部队的成员也缺乏对法规和军事法则的遵守。由于对德国民众的侵犯行为，在解放后不久，反谍报部队就得到了“美国的盖世太保”的称号。这支部队霸道的行径、腐败的作风以及肆无忌惮的逮捕，甚至引起了华盛顿议会的重视。在 1947 年给华盛顿市政府的一份报告中，占领军军官马克斯·莱茵施泰因（Max Rheinstein）公开谴责美国军事政府在德国的这个部门。

在掌握艺术品的问题上，反谍报部队和艺术保护军官小组之间存在明显的竞争。反谍报部队的军官在施利尔湖逮捕了前驻波兰总督汉斯·弗兰克，在此之后，处理博物馆、美术和档案事宜的军官小组才组成一个特遣部队，到施利尔湖寻找弗兰克从波兰运到巴伐利亚的油画。而迄今为止，还没有找到弗兰克在克拉科夫霸占的波兰蒙尔托里斯基收藏中的那些有名的作品。反谍报部队还扰乱了美国艺术保护军官卡尔·豪（Carr Howe）和拉蒙特·穆尔（Lamont Moore）对弗里茨·根纳特（Fritz Gönnert）将军的审讯。弗里茨·根纳特是戈林指挥一处的头目，负责为戈林搜罗艺术品。出于可信的理由，卡尔·豪和拉蒙特·穆尔猜测，在根纳特位于上巴伐利亚的家中一定有劫掠来的艺术品。但当他们第一次来到根纳特的家时，发现整座楼在他们毫不知情的情况下已经被反谍报部队搜查过，并且已经将画品拿走了。

对于此类军事战利品劫掠行为，美国的领导层不会不知道。1945年3月，战略服务局就从欧洲战场的总司令部发回报告，通报不断增多的掠夺行动。1945年4月25日，在同盟军总司令部的会议上，人们同样公开地谈到发生在“被占领德国地区的掠夺事件的惊人数字”。两天以后，处理博物馆、美术和档案事宜的军官小组又一次抱怨，他们的最大问题不是找不到艺术品库藏地，而是它的安全。因为美军部队缺乏纪律，文化财产处于危机之中。

艺术保护军官们不得不一次又一次地在指挥机关抱怨，对夺得的艺术品缺乏重视。例如1945年8月，一个驻在慕尼黑的美军艺术品保护连队抱怨说，军事政府没有对艺术品和战利品采取相应的保护措施。著名的奎德琳堡（Quedlinburger）大教堂发生了珍宝盗窃案，这并没有逃过美军司令部指挥官的眼睛。这次盗窃案件，一个美军军官在解放哈尔茨市的过程中，偷走了珍贵的德国皇帝海因里希四世的遗骨。艺术保护军官马上断定，守护珍宝的人应对这一失窃负责。直到1991年这个案子才告破，珍贵的文物又回到了德国。外国解放者在德国寻找艺术品的过程中，漫不经心和犯罪行为不断发生。这种现象也发生在林茨特别任务存放艺术品的地方，特别是慕尼黑的“元首大楼”。

如前面提到过的，1945年4月30日凌晨，美军攻进慕尼黑市。美军的三个师（第3师、第42师和第45师）分别从北、西、南三个方向冲进市区。第42师的222团占领了国王广场的纳粹党总部各大楼，其中包括存放着艺术品的“元首大楼”。自从1945年1月开始，美军的侦察人员就打探到，在这些房子里有地下室。17点钟，战斗结束，美国人站在了伊萨河岸。美军的师团史上记述这一天，慕尼黑人欢天喜地地庆祝他们的解放，疯野地满街奔跑去抢劫。但报告并没有记载有人对纳粹党党部各大楼进行劫掠，美军士兵在希特勒办公室拍的照片也显示，房子都完好无损。

但是，这支部队不是当天进入大楼的唯一部队。当天上午，随着美军军团攻进慕尼黑的，还有三个将要占领情报目标的特遣部队。在42师占领区的是“亚历山大”特遣部队，这支部队要占领的目标除了城市的电台，就是纳粹党部的各个大楼，其中纳粹党党员的资料对美国人来说，具有不可估量的价值。关于在“行政大楼”和“元首大楼”的特别行动过程，以及参与行动的部队的情况，外界一点儿也不知道。后来，有一个参加过特遣部队的美军上尉，向新闻界出示了他收藏的希特勒的银咖啡具和茶具，那是他当年作为“纪念品”抄来的。

在美军士兵之外，4月30日还有其他队伍涌进这些大楼。根据美军艺术保护军官罗瑞莫思（Rorimers）的描述，波兰和俄国的苦工到大楼里搜寻生活用品，也有德国人在房间里抢劫。这里的疑问是，这些抢劫准确地说是什么时候发生的？有猜测说发生在美军进占之前，但这是不太可能的，从其他被解放的地区的经验来看，德国民众开始这类行动，都是在美军把希特勒的国防军和党卫军冲锋队从市里打跑之后。因此更可能的是，慕尼黑的这些抢劫行为是在美军占领之后开始的，美军士兵也参与了抢劫行动。后来美军艺术保护军官克雷格·休·史密斯也确认了这一点。

抢劫造成了恶劣的后果。“元首大楼”里有303件珍贵的艺术品丢失了，其中包括施洛斯收藏里的艺术品。尽管后来的几个月乃至几年中，有一些画出现在黑市上，被艺术保护军官没收了，但至今还有大约200幅作品不知去向。这种损失绝不可能都是在解放慕尼黑那短短的几个小时里发生的。解放之后的好几周，“元首大楼”一直没有认真地看守。因为这座大楼被确定的级别低，没有被看做情报目标。在这一段时间里，人们完全可能通过楼北面无人把守的入口进去，偷走希特勒的个人物品。

在从前的纳粹党党部大楼被作为中央收集站期间，也一再发生艺术品被窃事件。小幅的、可以放进任何一个文件夹的画品，在这一时期是特别危险的。从中央收集站第一个德国主任列出的报表中可以看出，这类盗窃事件直到1949年还在发生。它们就发生在美军守卫人员的鼻子底下，有一个守卫人员被确认卷入了盗窃案。从1945年秋天到1948年，共有90幅作品被窃。

被盗的作品，有一些后来出现在交易市场上，另外一些在美国被找到。现在可知一些被偷窃作品的下落，例如理查德·瓦格纳写的关于歌剧的《唐豪斯》，现今存放在纽约的图书馆里；在劫乱中丢失的杰拉德·杜（Gerard Dou）的1幅静物写生，现在存放在洛杉矶；霍弗特·弗林克（Govert Flinck）的1幅肖像画，后来在加拿大找到，1996 年还给了荷兰政府；施洛斯收藏中扬·范德卡佩洛（Jan van de Capelle）的 1 幅油画，也是从慕尼黑被窃走的，后来又被它原来的主人买了回来。在慕尼黑发生的盗窃案不是唯一的，特别任务的收藏在其他存放地点也同样遭受了损失。

另一个地方是希特勒在上萨尔茨贝格地区的贝希特斯加登庄园。在盟国部队竞争占领贝希特斯加登的房舍时，与占领慕尼黑时美军的行动经过协调不同，这里似乎从一开始就计划好了胡作非为。

1945 年 5 月 4 日，美军 101 空降师的两个营，从罗森海姆方向向着贝希特斯加登挺进，在因泽尔附近，他们遇上了菲利普·勒克莱尔将军率领的法国第 2 军团的部队，他们同样也是在前往贝希特斯加登的途中，并且驾驶着 33 辆装甲车。根据盟军的协议，法国人先行，但装甲车却给他们带来了麻烦，笨重的装甲车没有办法通过茵河上被炸毁的桥梁，为此法军不得不请求美国人帮助。美军 101 空降师的工兵用了很长时间修复过河通道。美国人这时候看到了机会，可以赶在法国人前面夺得上萨尔茨贝格地区了。美军指挥官科洛内尔·辛克（Colonel Sink）上校命令 101 空降师的部队，从北部高速公路穿过巴特赖兴哈尔（Bad Reichenhall），向东推进。

但是，美国的空降兵遇到了他们始料不及的不可逾越的障碍，美军第 3 师挡在他们前面。第 3 师从北方慕尼黑过来，也在向着贝希特斯加登推进。该师的指挥官奥丹尼尔（O'Daniel）将军，直截了当地拒绝了 101 空降师从他们的防区通过的要求，因为他早就打算好了，独自进占上萨尔茨贝格地区。

在贝希特斯加登，从 1945 年 4 月 25 日开始，就出现了一片混乱状态。25 日这天，盟军的飞机大面积地轰炸了上萨尔茨贝格地区。两天以后，在这一地区修建地堡的强制苦工都被解散，同时，上萨尔茨贝格地区党卫军冲锋队的指挥官伯恩哈德·弗兰克（Bernhard

Frank）许诺，撤离希特勒庄园特别区。当地居民利用这种动荡的形势开始抢劫。5 月 3 日，即将撤退的党卫军冲锋队部队，点火烧毁希特勒庄园的废墟和另外一座大楼，当美军进占时，大火还在燃烧。

5 月 4 日 17 时 20 分，法国人在美军第 3 师之后进入城区；当晚 20 时，在法国人后面，美军 101 空降师的部队也开了进来。一个小时以后，美军第 3 师第 7 步兵团发出求助信号，21 时 15 分，他们又向军事警察提出求援，因为法国士兵的抢掠有“失控”的危险。同时美军还向检查特遣部队目标的有关人士也发出了请求。

法国人的大规模抢掠行为一直持续到 5 月 5 日，那一天 101 空降师最后到达贝希特斯加登，并且在第二天 12 时与第 3 师的部队一起升起星条旗庆贺。遭到特别严重劫掠的是许多档案文件，其中包括“元首档案”，它们存放在地堡里，没有能够转移到阿尔套斯湖区去。法国军队有足够的机会翻腾和运走地堡里的东西，一个法国情报机关的工作人员搬走了立在那里的希特勒的保险柜。当美国的艺术保护军官卡尔文·哈撒韦（Calvin Hathaway）5 月 8 日来到庄园的时候，劫掠还一直在进行。他的同事詹姆斯·罗瑞莫思在回忆文章中写道，每一个法国士兵都力求“解放”一件能够移动的东西。

当 101 空降师登上山冈时，与一支不愿投降的党卫军冲锋队的爆炸小队发生了小规模交火，这场小战斗结束之后，美国人缴获了希特勒和戈林的座车。车子后来被运到美国，被美国宣传部门用来作为对战争公债的表彰：这两辆停放在华盛顿商场里，美国的半裸体广告模特坐在车上让记者拍照，随后美军 101 空降师的士兵驾驶着希特勒的 Mercedes 和戈林的 Horch 在美国各省巡游，让人们欣赏他们和他们的战利品。

在上萨尔茨贝格，当地居民跟在盟军掠夺者身后，也涌进了迷宫般的地堡，主要是抢夺那里存放的食品。他们常年生活在为保卫希特勒而制定的严厉措施之下，自由受到极大的限制，长期积累的仇恨在抢劫中发泄出来。直到 5 月 12 日以后，美国军政府在贝希特斯加登行使权力制止山区的混乱，才使骚乱平息下来。

在抢劫进行的那一周时间里，除了希特勒私人财产中的画品之外，估计还有很多所谓“元首相册”丢失，挂在上萨尔茨贝格的一些照片至今不见踪影。美国的艺术保护军官哈撒韦和罗瑞莫思，从被抢劫过的房间里仅仅抢救出一件希特勒的个人财产，那是一个卢卡·德拉·罗比亚（Luca Della Robbia）的陶人，而且这是不顾当时正在活动的反谍报部队军官的强烈抗议办成的。罗瑞莫思曾说，美国士兵被制止参与抢掠，看来在这样的背景下是很不可信的。

慕尼黑和贝希特斯加登的抢劫，给军事领导机关敲响了警钟。5 月 7 日，在巴黎的盟国远征军最高统帅部，告诫在德国挺进的美国军队，应作出最大限度的努力，保护情报方面的珍贵物品和设施不再受流民的劫掠；美军部队应当准备好足够的卡车，将珍贵的物品在被抢劫之前运走。告诫令末尾说：“速度是很重要的。”高级领导部门的干预也是必要的。在慕尼黑和贝希特斯加登的劫掠发生后，特别仟务在阿尔套斯湖的库藏处于极为危险的境地。

因此，在皮尔逊上校报告了阿尔套斯湖和依什尔的库藏状况后，美国军队勒紧了缰绳，这毫不足怪。5 月 9 日，也就是皮尔逊率领他的 318 步兵团打开了库藏入口的这一天，第 6 军团“在流民有机会发现和抢掠之前”，部署好了这一带的严格防护。不过，也完全可以肯定，这里所谓“流民”指的就是美国士兵。

美军第 3 军团艺术保护军官罗伯特·K·波西（Robert K. Posey）上尉作为第一个专家，在 5 月 12 日到达阿尔套斯湖。他在 5 月 14 日视察了存放在那里的希特勒私人信件、金锭和珠宝，紧接着美军就将矿井周围定为临时禁区。14 日当天，他们开始将存放在阿尔套斯湖的“金子”装车运走，三天以后各个入口打开，才能往外运送艺术品。

5月17日，美军第80师的一个正规连队接受了特遣部队的任务，在接下来的时间里，在阿尔套斯湖矿井和巴特伊施尔担任守卫任务的连队，进行了多次更换。他们设立了特别警戒区，美军的普通士兵也不得入内。这一点在此刻非常必要，因为这期间苏联士兵也进入了这一地带。

尽管美国的军事领导机关成功地避免了在阿尔套斯湖发生抢掠，但是仍然存在其他问题。这一回，是艺术保护军官抗拒不了藏在矿井中的众多艺术品的诱惑了。1945年8月，波西上尉报告说：美军第7军团的处理博物馆、美术和档案事宜的特别军官弗雷德里克·施雷迪（Frederik Shrady），在矿井中进行偷窃，被他当场抓获。当时施雷迪正在往自己的行李中装1幅阿尔布雷特·丢勒的版画，这幅版画来自荷兰古特曼家的收藏，存放在阿尔套斯湖。很长时间以来，波西就怀疑施雷迪从阿尔套斯湖盗窃物品，现在终于抓了个正着。施雷迪被迫交出了版画，并因此丢了他矿井监督的职务。对他没有采取进一步的措施。

虽然有波西的警觉，但在阿尔套斯湖和巴特伊施尔还是发生过重大的艺术品丢失事件，这些只能是守护人员造成的。所丢失的艺术品中，有来自罗特希尔德家收藏的阿尔布雷特·丢勒的3幅作品，其中包括《亚当和夏娃》。在巴特伊施尔，卢本斯的1幅女人画像、凡·代克的1幅贵人画像和基督像丢失。对这些损失，可能没有进行过任何正式的追查。对于在奥地利的美国占领军来说，将被封存和看管的艺术品据为己有并不罕见。美国负责艺术品归还工作的官员伊夫林·塔克女士，曾在奥地利用心地追查丢失的作品。她在驻奥美军司令部的住所里，发现了来自萨尔茨堡官邸的物品；在维也纳一个美国军官的办公室，她还发现挂着1幅来自匈牙利的作品。但是，尽管塔克女士目光警觉，她也没能查明在阿尔套斯湖发生的失窃案。

但是另一方面，这位奔劳不息的女士找到了那些在德意志帝国走向毁灭时，为自己争取机遇的投机商的线索。她在恩泽格王宫（Schloss Ennsegg）找到36幅巨幅画像，它们是从土伦塔尔转移到圣阿加塔的，在客栈被轰炸后，这些画品又被转移到恩泽格。当塔克女士发现它们的时候，这些作品还没有登记在任何盟国的清单上。对于这些艺术品从苏联人手里转到美国占领区的背景情况，塔克女士无法查明，但她却能确认，这些艺术品是属于特别任务的财产，其中一部分来自维也纳被没收的罗特希尔德收藏、哈斯收藏和邦迪收藏。塔克女士在追查过程中表现出来的固执，激怒了军事领导，导致她1945年1月被开除公职。

将德国的文化财产运走的事实，加深了人们对美国占领德国的了解。在很长时间里，美国领导层都成功地维护着一个神话，说美国战后只得到德国很少的赔偿。20世纪末科学研究的结果却证实，“二战”之后，美国政府的机构——如战地情报局技术部（Field information agency，technical，FIAT）或者华盛顿商务部的技术服务局（Office of technical service，OTS）——在广泛的领域中将德国的专利和科学发明从德国弄到了美国。这种并非心甘情愿转让的知识，其价值至今也无法准确地计算。林茨特别收藏仓库的命运，以及对其有目的的占领、掠夺，都充分说明，在文化领域也和在科技领域一样，存在着向美国持续不断的“转让”。

苏联战利品纵队掠夺文化战利品的行动是受莫斯科的操纵，与其相反，美国机构战地情报局技术部和商务部技术服务局的行为，以及从德国运走文化财产，看上去没有受中央领导机关的指挥。美国攫取特别任务和在安哈尔特的帝国档案室的物品，更多的是取决于一些军官和连队头目的态度，士兵们从慕尼黑和贝希特斯加登的特别任务收藏中拿取东西，多是出于个人的动机。直到这些事件发生后，才唤起了更高一层军事负责人的警觉，决定对战场上的艺术品进行保护。阿尔套斯湖矿井里的藏品终于成功地避免了抢掠。

这种拿取作风之所以能够在美国士兵中蔓延开来，是因为常常有美国政府作为后盾。1944 年 8 月，富兰克林 · D · 罗斯福总统下令，允许没收“战利品”。属于这一类战利品的，就有从上萨尔茨贝格缴获的希特勒和戈林的两辆车。清单上还有赫尔曼 · 戈林元帅的权杖，那是 1945 年 10 月上交给华盛顿财政部的，后来同样被用来宣传战争公债。还有 1914 年参加了坦嫩贝格（Tannenberg）战役的普鲁士军团的战旗，也属于这类正式的战利品，海牙战争法允许他们拿取。美国军队还找到了奔特路德竖井中腓德烈大帝和兴登堡夫妇的棺材，以及皇帝年代的军旗，军旗后来到了西点军事科学院。1947 年 1 月，欧洲的美军总司令部 G－2 处，在给外交部计划司司长乔治 · F · 凯南（George F. Kennan）的一份备忘录中，终于欣然同意，让公务机关从奥芬巴赫的盟军收集站取走有情报价值的物件。这件事情也没有记录在案。

另一方面，华盛顿政府在战后努力制止抢掠行为。1945 年，美国在德国的占领政府在一个报告中，明确地批评军事政府方面，对于艺术品存放地点没能采取足够的保护措施。在 50 年代，美国外交部艺术保护处处长阿德利亚 · R · 霍尔（Ardelia R. Hall）女士强调，要在美国士兵中追查文化财产盗窃案件。她指示美国海关和博物馆部门，防止艺术品非法入境和交易。不过，霍尔女士没有坚持不懈地追踪嫌疑人线索。有一个例证：一个在德国的美国海军军官，用非法手段弄到希特勒赏识的作曲家理查德·瓦格纳的指挥棒，霍尔女士把关于这件事的报告放入文件夹，而“没有进一步采取措施”。在这个和其他许多个案例中，1945 年落入美国人手中并且消失了的艺术品的痕迹，被永远地抹掉了。

# 八、林茨特别任务的收藏

## 档案资料的遗存

由于建筑师雷格的审慎和美国占领机关的努力，“二战”之后，大量关于林茨特别任务的文件被抢救出来。这些文件可分为三组：林茨特别任务工作人员的来往信函，林茨收藏物品的名录，以及所有艺术品的照片。后两组文件清楚地说明了收藏规模和每件艺术品的来源。

能够在希特勒收藏的艺术品清单中占据等级位置的文件，首先是许多胶片底片。到2004年，在联邦财政部还保存着17卷黑白小照片，拍的是油画。底片质量很差，所拍摄的油画，有一部分是当年保存在慕尼黑“元首大楼”里的作品。底片的摄影时间能够准确地确定。有一张底片拍摄的情景是，意大利工业部部长费卢齐奥·兰提尼正进入“元首大楼”。有据可查，兰提尼1938年曾在慕尼黑逗留，在这次逗留期间，他和希特勒一道出席了在德意志艺术大厦举办的“第二届德国建筑和工艺品展览会”开幕式，在“元首大楼”拍摄的照片应当与他的这次访问有关。

对于摄影胶片在1938年底和1939年初开始拍摄的日期，还有其他进一步的考察说明。战后，关于每件艺术品的来源，中央收集站的工作人员询问过建筑师雷格，他直至1945年4月都在慕尼黑“元首大楼”看管希特勒的艺术品收藏。据雷格当时讲，他从1938年7月开始，将慕尼黑大楼地下室存放的油画登记造册。他开始执行任务——把希特勒到那时为止搜罗的画品系统地登记造册——的时间，正好和照片底片拍摄的时间段相吻合。底片上的艺术品标号1—571也证实了这一登记，同时证实了底片登记号码也是从1938年和1939年之交开始的。据此，我们可以将这一文件称为“雷格登记表”。

这些小幅照片底片有一个目录，同样是建筑师雷格做的。这是打印机打印的一个登记表，编号与拍摄这些小幅照片的时间相对应。所登记的画品送来的时间超出了1939年，登记表在以后的时间里不间断地延续。可是原本有四本的登记表现在只存有三本了，这三本登记表是美国艺术保护军官在1945年移交给慕尼黑收集站的，现存在科布伦茨联邦档案馆。

“雷格登记表”这一文件，不能被看做组建林茨特别任务博物馆的文件，它应当被理解为到1938年和1939年之交为止，希特勒所搜罗的艺术品的一个系统的统计。雷格在战后说，那里存放的艺术品原来是准备用来装饰办公场所的，在“雷格登记表”上的所有艺术品，都是有待进一步挑选的资源。1940年8月，波色就是从这些作品中挑选了一些他认为合适的作品，放入了特别任务第一批目录中的。波色在油画上看到的标号，正是小幅照片底片上的编号，他在标号前面加上一个“F”，表示它的存放地点是“元首大楼”。①到战争结束为止，这一编号因此被称为“元首大楼登记号”。

雷格1938年开始作的系统登记，后来随着时间的延续不断扩展。另外一组也载有登记号的文件证实了这一点，那就是直到2004年存放在联邦财政部的3935张卡片，上面有手写的关于油画、版画

---

① 德文单词“元首”的第一个字母是F。——译者注

和雕塑作品的数据。这些卡片登记了1945年5月8日以前存放在慕尼黑国王广场纳粹党总部大楼的艺术品。在多数卡片上印有绿色的“元首大楼”印章，卡片编号从1到3935，其中有几个补充编号如176a、209a等。最后的46张卡片是打字机打印的。有43张卡片看上去是战后补做的，它们的尺寸明显比其他卡片小，纸张质量差，而且手写字体也与前面不同。每一张卡片上都记录1幅作品的创作者的姓名、出生年月，以及作品的题目、尺寸、材质和登记号；此外，还记录了哪个摄影师在什么时间给这幅作品拍了照片。卡片原来是四套，按编号排列、按艺术家姓名字母顺序排列、按作品来源排列的各一套，还有一套索引卡片排列方式不详。这四套卡片现在只存留有按编号和按艺术家姓名排列的两套。存留的两套索引卡片因其上有“元首大楼”的印章，可以称之为“元首大楼索引”。

属于这些索引的还有大约3900件摄影，它们分别是玻璃板底片和纸质照片。玻璃板底片是1940年至1944年间在慕尼黑拍摄的，如今存在华盛顿美国国家档案馆。尽管这些资料在美国已经被科研人员描述过，但是在最近的欧洲研究报告中却没有人提及。纸质的照片一律都是18厘米×24厘米大小，背面写着照片上作品的作者姓名和一个登记编号，这个编号与索引卡片的顺序号一致，而且是由同一个人写的。从照片登记编号1054之后，改用号码机打号。照片就是索引里登录的作品的摄影图片。黑白照片本来也是一式四份，同索引卡上登录的一样，它们是1940年至1944年间，由摄影师鲁道夫·辛普斯尔（Rudolf Himpsl）和汉斯·威利·舍恩巴赫制作的。生活在慕尼黑的辛普斯尔和来自德累斯顿的舍恩巴赫为特别任务工作，这有据可查。

这些照片同索引卡片一样，现在在柏林存有一套按编号和按艺术家姓名排列的。在美国保存的玻璃板底片不全，缺少很多，而在柏林保存的照片则是完整的。不过，从3236号开始，照片的材质有所变化，最后约700幅照片的相纸比较软，照片的尺寸也不一致。照片的这种变化是由1944年在慕尼黑的一场轰炸造成的。当时在辛普斯尔的洗像室里，尺寸较大的相纸都被烧毁了，从这个时候开始，就改用了另外的相纸。

照片和文字的索引卡片，是在慕尼黑为希特勒存放的艺术品编制的一份目录，它们的编号与已知的一份林茨特别任务的目录一致。京特·哈泽曾发表过一份特别任务所收藏油画的名录，是按字母顺序排列的，资料来源是美国。与之不同的是，来自“元首大楼”的索引很少有重要的缺漏。

手写的卡片和照片运用的编号与小幅照片底片上的相同，底片与照片一致。当然从玻璃板底片上洗印出来的照片质量明显好得多。照片和索引卡片上的登录号，也与汉斯·波色1940年选中的作品目录中提到的号码相符。小幅照片的底片很可能是建筑师雷格自己拍摄的。

1940年，索引卡片和照片首次被人们提到。它们的产生，估计与希特勒和波色为林茨博物馆的未来形象制定的计划密切相关。波色提供选中的艺术品目录，其结果是希特勒决定为19世纪的艺术品增建一座博物馆。为此，希特勒需要对于到那时为止所搜罗来的艺术品的详尽统计，内容要超出建筑师雷格登录的范围。很可能出于这个原因，1940年8月，博尔曼指示艺术史工作者格奥尔格·豪斯曼（Georg Hausmann）博士，把到那时为止“元首”购买的、存放在慕尼黑的所有艺术品拍照，并且将目录更新。建筑师雷格也参与了这项统计工作。与“雷格登记表”不同，新的数据文件使用了专业人员制作的照片。在照片索引中，还把存放在维也纳的艺术品的照片收了进来。1940年12月，豪斯曼给波色寄去第一批700个号码的新数据卡片（见图1），他将之题名为“卡片索引”。

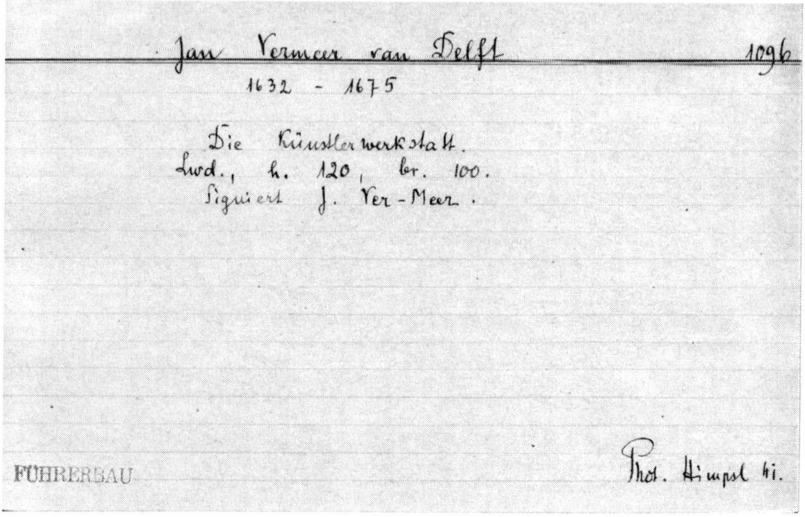


**图 1** 慕尼黑“元首大楼索引”卡片。左上方清楚地看到编号。左下角绿色的“元首大楼”印章指明在慕尼黑的存放地点。扬·维梅尔的这幅画现存维也纳艺术史博物馆。后来这幅作品被置于编号“1096a”下。

来源：柏林 OFD，联邦文化财产。

回应慕尼黑的这份卡片索引，德累斯顿特别任务的领导拿出了另外一份财产目录。这份所谓“德累斯顿目录”大概是 1940 年在美术馆制成的，用打字机在 A4 纸上打印的，内容是关于艺术家、作品名称、尺寸、艺术手法、前物主姓名、购买时间、价钱等的确定数据。这个目录转用了所有的对于德累斯顿工作人员来说都熟悉的“元首大楼”登记号。但是，通过德累斯顿提交的作品没有这样的号码，因为个别作品到了慕尼黑之后才能得到号码。保存下来的单据证实，这个目录还复印了三份，一份复印本送往了慕尼黑。整个目录我们称之为“德累斯顿目录”，这份“德累斯顿目录”和手写的“元首大楼索引”卡片分别使用。据猜测，“德累斯顿目录”的第二份复印本送到了柏林帝国总理府，目录的原始件和第三份复印本留在了德累斯顿。这个目录的一部分现今作为“打字稿文件”存放在德累斯顿的萨克森总档案馆，保存下来的这部分与慕尼黑那份“德累斯顿目录”中相应的页面一致（见图2和图3）。因此可以推断，现今存放在科布伦茨联邦档案馆的“德累斯顿目录”和慕尼黑的那份复印本，就是一件原始文稿的两份复印本。

这种“元首大楼索引”和“德累斯顿目录”并行的登记制度，被特别任务的工作人员一直坚持到战争结束。慕尼黑的索引卡片和德累斯顿的目录纸页用的是同一个号码。在德累斯顿的特别任务工作人员罗伯特·厄特尔，负责编制并列的两个目录，他定期得到“元首大楼”的号码，这样，他编制的德累斯顿的目录总是处在最新状态。

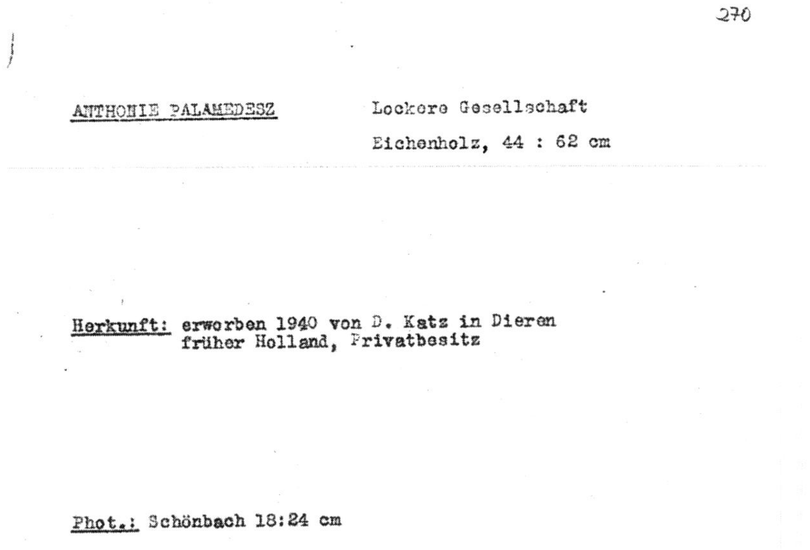
270

ANTHONIE PALAMEDESZ    Lockere Gesellschaft
Eichenholz, 44 : 62 cm

Herkunft: erworben 1940 von D. Katz in Dieren
früher Holland, Privatbesitz

Phot.: Schönbach 18:24 cm

**图2** 德累斯顿打印卡。这里是林茨1510号作品，Palamedes 的《轻松的聚会》，经德累斯顿购进。在目录卡上还没有“元首大楼”号码，那要等慕尼黑分配。

来源：德累斯顿萨克森总档案馆，13458，德累斯顿国家艺术收藏，林茨“元首”委派，20号，270页。

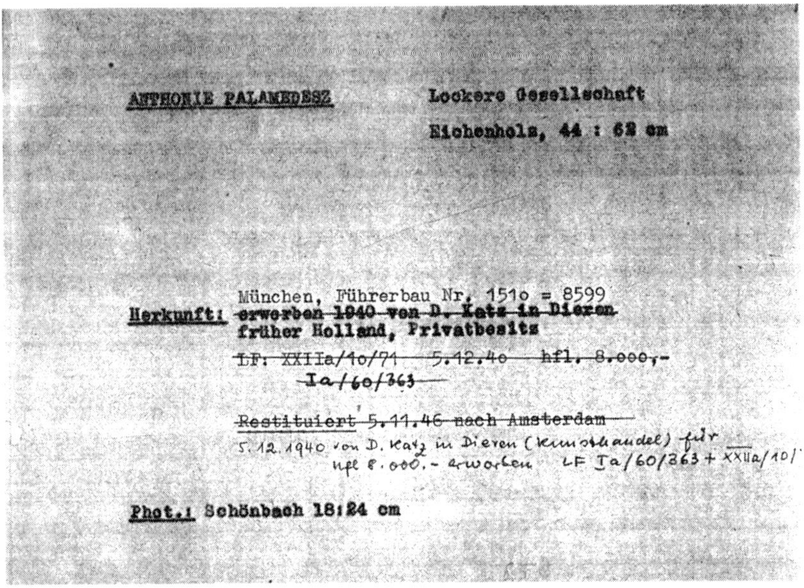

ANTHONIE PALAMEDESZ　Lockere Gesellschaft

Eichenholz, 44 : 62 cm

München, Führerbau Nr. 151o = 8599

Herkunft: ~~erwerben 1940 von D. Katz in Dieren~~
früher Holland, Privatbesitz
~~LF: XXIIa/40/71　5.12.40　hfl. 8.000,-~~
~~Ia/60/363~~

~~Restituiert 5.11.46 nach Amsterdam~~
5.12.1940 von D. Katz in Dieren (Kunsthandel) für hfl 8.000.- erworben　LF Ia/60/363 + XXIIa/40/

Phot.: Schönbach 18:24 cm

**图 3**　来自联邦档案馆的“德累斯顿目录”。与德累斯顿打印卡相比较，可以明显看出，“Holland”和“Schoenbach”两个词不齐整，字母“a”总是跳出行。两页卡片都是同一个原文稿的复印件。“元首大楼”的和慕尼黑的号码都是战后用另一台打字机补上的。

来源：科布伦茨 B 323，47，1510 页。

厄特尔在德累斯顿为特别任务编制的目录现存在莫斯科。赖默尔博士战后在民主德国国家安全部的一次受审中，明确地谈到双份目录留存的情况，在慕尼黑的“德累斯顿目录”是在德累斯顿整理的目录中的第二份。弗里茨·韦德曼——他到 1945 年一直为特别任务工作，后来是德累斯顿的政府工作人员——在 1951 年的报告里也说，“大索引的第二份送往了慕尼黑”。

小幅照片的底片、手写的“元首大楼索引”卡片和“德累斯顿目录”，运用的是发展和延续到 1945 年的直线编号法。此外，科布伦茨联邦档案馆还存有另一种登记卡，这是一种像邮政明信片一半大小的绿色索引卡。以前这种索引卡片——正如它的背面说明的那样——是用来登记纳粹党成员的数据资料的。这种“小卡片”或称“绿色卡片”，用和“德累斯顿目录”类似的方式，记录着特别任务的购置，同时对这些购置注有柏林帝国总理府相应档案的标志；这些资料的日期完全空白。这些卡片原来是纳粹党员登记卡的事实，表明登记是战后才建起来的。

此外，特别任务还有一种统计资料，但它们的下落至今没有查明。在慕尼黑曾有一种所谓“老索引”或“大索引”，编号前有字母“K”。这个编号曾出现在克雷姆斯闵斯特和土伦塔尔仓库的库藏清单中。“K”打头的编号纸页也曾复印三份，搜罗来的艺术品在上面是按艺术流派分类排列的。另外，在这些纸页上，注明了所有已知的前物主和展出过该作品的展览。据猜测，资料上的“K”来自于克雷姆斯闵斯特库藏。这份“K”索引至今下落不明。

更全面的资料当然是总资料，它以字母“G”编号，包括了所有供希特勒支配的艺术品，也包括仅仅打算作为装饰的油画。据猜测，这是博尔曼根据希特勒的指示于1943年让人编制的。“德累斯顿目录”不包含这类“G”编号。核实的结果证实，“德累斯顿目录”不是希特勒搜罗的艺术品的完整统计，而是为林茨博物馆初选的画品目录。

1952年的时候，“德累斯顿目录”又被重新抄写了一遍。在这份更新的目录中，德国文化财产信托管理局的工作人员，为这里的3935件艺术品的老档案补充了大量的数据，是关于每件艺术品来源方面的新资料，以及该作品到那时为止在艺术史文献中的描述。这些资料是1949年以后，中央收集站的德国工作人员在慕尼黑对收藏的艺术品进行了一次深入研究的成果。在这期间，他们还研究了所谓林茨胶片的原始版，还向原来参与组建特别任务收藏的画商们进行了调查询问，也研究过赖默尔博士的书面供词。因此，德国的这项研究，比起直到 1946 年才动用林茨胶片的美国艺术保护军官的研究，更为系统和深入。综上所述，“德累斯顿目录”的第二稿，是关于特别任务搜罗的艺术品的主要文献。

在 1952 年的“德累斯顿目录”中，指明了所统计的作品在 1945 年之后的去向。因为这份目录的登记号也同“元首大楼索引”和 1940 年的照片一致，因而提供了希特勒搜罗的艺术品的全面的文字和图片资料。这一源泉性的资料，包括关于希特勒所搜罗艺术品的文字描述、准确的照片、对其来源的详尽说明，以及其确切的去向。

1952 年，德国文化财产信托管理局的工作人员还在“德累斯顿目录”中补充了另外一项内容——建筑师雷格在“元首大楼索引”和“德累斯顿目录”中都没有登记的特别任务的艺术品。雷格没登记这些艺术品，应该有多方面的原因：因为 1944 年底的战况，一部分艺术品没有来得及测量和拍照，或者它们像赖默尔博士 1945 年 2 月所说的那样，直接从德累斯顿运往了阿尔套斯湖。也有一种可能：在这些艺术品当中，还有一些希特勒尚未决定是否放入林茨收藏的初选作品。1952 年，这些没有登记的作品按照作者名字的字母顺序，登录在所谓“林茨附录”中。

“林茨附录”中 1945 年在慕尼黑或阿尔套斯湖的作品，像林茨特别任务所有其他被收到收集站的作品一样，得到一个“Mü”编号。在美国人的监督下，收集站的工作人员约翰内斯·费尔贝迈尔（Johannes Felbermeyer）陆续登记了这些艺术品。到 2004 年，慕尼黑收集站接近完全的摄影资料同样保存在联邦财政部。这份资料的另外一部分存放在华盛顿国家美术馆档案室。

在 1940 年手写的数据资料和德累斯顿两个版本的目录之外，还有另外一个统计收录了为希特勒收藏的艺术品，就是所谓“韦德曼统计表”。那是一份手写的资料，登录的是 1942 年 12 月至 1945 年 4 月间，人们从德累斯顿为特别任务征购来的艺术品。估计它是赖默尔博士让人编制的，为了避免由于拖沓的登记工作和在慕尼黑的“德累斯顿目录”复印稿慢慢退色，从而造成关于购置艺术品资料的丢失。这份统计表上写着政府官员弗里茨·韦德曼的名字，他当时在特别任务的德累斯顿总部负责财会工作。他的统计，与“德累斯顿目录”和战后为了编制“林茨附录”而提出的帝国总理府的收据文件，基本上一致。“韦德曼统计表”比“德累斯顿目录”内容更丰富，比如它还登记了书籍的购置。对于特别任务购置的个别的但没有正规登记的作品，“韦德曼统计表”补充提供了情况。

研究档案资料得出的结论是，林茨特别任务共有五种统计目录，即：1938 年和 1939 年之交的莱卡胶片、“元首大楼索引”及 1940 年的照片、“德累斯顿目录”、1952 年的“林茨附录”，以及 1945 年的“韦德曼统计表”。

## “元首相册”

所谓“元首相册”，是特别任务征集艺术品的全面的原始资料部分。“元首相册”就是从波色和福斯二人购置的艺术品中，为林茨博物馆选出的作品拍成的照片。在 1940 年圣诞节至 1944 年 11 月间，两个博物馆馆长共提供了 31 本相册，每册 50 页。希特勒每六个月在特别的节庆日如圣诞节、生日或 11 月 9 日，都会收到几本相册。波色领导特别任务的时候，给希特勒寄送过第 1 — 第 22 册相册。在他的继承人福斯时期，又接着做了 9 本。这 31 本相册，到 2004 年联邦财政部还保存有 19 本（1 — 8，20 — 28，30 — 31），其余的去向不明。通过 1943 年印制的内容提要，可以了解到丢失的第 9 — 第 19 册的内容，而第29册的内容和照片不详。相册共有大约1600幅照片。

“元首相册”起到了样板作用，罗森贝格1943年4月寄给希特勒的40本相册，就是照着它们做的。阿尔贝特·施佩尔说，他在上萨尔茨贝格见到过罗森贝格的相册，战后他在纽伦堡法庭又见到它们，那是被用来作为起诉罗森贝格和戈林的证据的。

在波色和福斯给希特勒做的相册里，他们将作品按所谓“流派”分类。比如在第11册中，只有19世纪德国和奥地利流派的作品，而第17册则只有法国和意大利大师的画作；战时被部分损坏了的第20册中，只是雕塑作品。相册不是计划中的林茨博物馆的馆藏目录，只是初选作品中的“重要作品”。此外还有照片资料夹，那是希特勒选定的画品的照片，而那些作品没有经过德累斯顿就进入了特别任务的收藏。希特勒选定这些作品的过程是根据赖默尔博士的建议进行的，因为这样可以免掉博物馆馆长在慕尼黑旷日持久的鉴定工作，于是这些经由希特勒挑选的画品在相册中被注明“特选”。因为后来证实，这批照片资料夹大多数是直接寄到贝希特斯加登的，因此可以猜想，它们于1945年5月在那里丢失了。丢失的照片资料夹的下落至今不明。

把“元首大楼”的照片索引和现存“元首相册”中的照片进行比较，可以看出，相册中的照片和索引中的照片常常一致。波色和福斯的工作人员甚至使用了部分同样的照片放进相册里。通过这种一致性，可以推断出相册中所有照片的来源。不仅可以推断现存的照片，也可以推断出那些非常可能丢失了但内容简介还存在的照片。不过，相册中的照片也超出“元首大楼索引”的范围，在相册中同样找到了来自“林茨附录”文件的照片。因为这部分照片是1945年以后才有的，因此可以确定，它们是在慕尼黑拍摄的。通过收集站所整理的照片上标的“Mü”编号，可以找到关于每幅作品来源和去向的提示。

相册当中也有一部分作品，是波色从在维也纳没收的艺术品中挑选出来，然后存放在奥地利库房中的。这些作品从来没有载入慕尼黑和德累斯顿的索引中。通过现在存放在维也纳的奥地利联邦文物局的登记表和照片资料，可以明确无误地核实相册中的这些作品。

但是，把那些丢失的相册上的照片与1945年前后拍摄的照片进行这样的比较分析，是不可能的。确定画品要依靠纯粹的数据核对，即通过艺术品的大小、画家的姓名和画品的内容来确定。把“元首相册”中照片、“元首大楼索引”的照片和收集站的档案进行比较，可以得出结论，现存的和丢失的相册中的照片，只有前面提到的三处来源：“元首大楼索引”和“德累斯顿目录”，维也纳的没收品，以及“林茨附录”。

我们总结一下：波色和福斯为了制作相册，从“德累斯顿目录”、维也纳没收的艺术品以及“林茨附录”中选择拍照。由此可以得出结论，这三部分的数目就是特别任务收藏的规模。相册因此给出了一个关于为希特勒购置的和希特勒本人选定的艺术品数量的提示。

## 收藏的规模

为了准确地确定特别任务的规模，即希特勒的收藏和为计划中的林茨博物馆搜罗的艺术品的数量，我们必须首先将慕尼黑的“元首大楼索引”提出来。“元首大楼索引”中列有3935条，这个数字与“德累斯顿目录”一致，不过其中有9条被撤销了。手写的“撤销”字样看上去似乎与索引的年头相当。被撤销的几个号码大多数至今既没有卡片也没有照片，在“德累斯顿目录”上也没有更多的记录。这几个号码所代表的艺术品，看来在1945年5月之前就被取走了。可以确定是出于几种不同的理由，造成这些还存有原始卡片的物品后来不见了。有这种现象：希特勒出于个人的目的，从存放在“元首大楼”的藏品中取出画品，放入他的私人收藏，他把它们放在他慕尼黑的住宅或者上萨尔茨贝格的庄园里。希特勒还曾经两次从特别任务的收藏中各取走1幅画，赠送给海军上将埃里希·雷德（Erich Raeder）和陆军元帅格尔德·冯·伦德施泰特（Gerd von Rundstedt）。

仅仅核查完整的“元首大楼索引”及“德累斯顿目录”，得出的结论是，迄今所知艺术品的准确总数是3948件。这个数字高于雷格提供的数目，它不仅包括油画，也包括所有种类的艺术品，比如各种材料的雕塑艺术品、家具、壁毯、瓷器、古典金属工艺品、礼拜仪式用的器物以及首饰等，都在核查的目录中。在慕尼黑登记造册的人，常常把好几件小的物品或者一夹板画品归并在一个编号里，这样一来，艺术品实际的数量还要多。

在“元首大楼索引”和“德累斯顿目录”的3948件艺术品之外，还必须把“林茨附录”中为希特勒购置的油画和大壁毯计算在内，它们的数目是整整540件，加上“德累斯顿目录”的数目，希特勒收藏的总数至少是4488件。

同样，“林茨附录”中也包括为希特勒搜罗的版画和素描；根据保守的估计，它们应当多于1000件。在赫尔曼·福斯1943年接任了特别任务的领导职务之后，组建了一个单独的版画展室。像计划中的武器收藏、硬币收藏和图书馆一样，这是一个独立的单位，尽管没有为之任命一位自己的领导，但是德累斯顿的铜版陈列室的领导在事实上负责该任务的完成。素描和印刷品的状况，与希特勒独自购买并让人送到“元首大楼”的私人收藏相似，只有个别的艺术品进入“德累斯顿目录”。因此，没有在“德累斯顿目录”中明确登记的版画和素描作品，在本项关于特别任务收藏规模的研究中就没有加以考虑。

还有一些只能通过“元首相册”核实的艺术品，是属于为林茨美术馆初选范围的，那是179件油画和雕塑，它们绝大多数来自1938年在维也纳没收的犹太人的艺术品收藏，诸如掠自罗特希尔德、哈斯、邦迪以及其他一些被迫害人家的收藏。

从维也纳没收后又选为林茨收藏的艺术品，实际数量超过“元首相册”中记载的179件，它的真正规模，可以从波色1940年给当时的维也纳文物保护研究所的一封信中看出来。因为维也纳当局当时应当继续保存没收的艺术品，所以波色要求提供确定给计划中的林茨博物馆的艺术品照片，共有18件艺术品是属于林茨博物馆初选的。此外，还有27幅油画只在“韦德曼统计表”里被提到。将以上这些和已经核对过并证明是由希特勒和特别任务初选给林茨博物馆的艺术品加在一起，一共是4712件。

“德累斯顿目录”的登记号码战后被称为“林茨编号”，这个称谓其实并不准确。“德累斯顿目录”和“林茨附录”，虽然记录了为希特勒征集的艺术品，但是却不能视同计划中的博物馆收藏。核查过的四千七百多件艺术品，更多的是为了林茨美术馆和其他博物馆建立的储备和所作的初选。例如博尔曼1942年在一封信中，提到希特勒“为林茨和其他美术馆期待的”艺术品；1944年，博尔曼在给海因里希·希姆莱的信中也使用了这一提法，他说没收艺术品是为了“林茨的新的美术馆”和其他“公益博物馆”。他的话与戈培尔的日记说法一致，戈培尔的日记写道，没收艺术品的目的是为了加强东部地区的博物馆。为希特勒计划中的博物馆初选而动用的艺术品，在四千七百多件艺术品中占了相当大的部分。帝国总理府的国务秘书克里青格尔，在战后向美国情报局交代时说，希特勒搜寻的艺术品“大多数”是为新博物馆准备的。

关于林茨博物馆真实的状况以及它实际上选取的艺术品，不可能有一个最终的说法。在“元首相册”上的艺术品，只不过是波色和福斯以及主管赖默尔博士的选择而已，它们无论如何都不能被看做是林茨收藏的规模。1941年10月，波色馆长在一项关于林茨美术馆画品的统计中称，一共有980件。这个数字也包括了奥托·兰茨的全部藏品，而他从中只选了很少的几件放入了相册中。赖默尔博士的最后一任女秘书也说过，给博物馆遴选油画“还没有最后完成”。战后在收集站工作的德国人员伯恩哈德·霍夫曼博士，曾经通过询问特别任务的许多人员证实了上述的判断。根据他的说法，相册中的作品还只是为未来博物馆作的“推荐”。

1943年，罗伯特·厄特尔在一篇怀念他已故的上司波色的文章中说，波色为林茨博物馆收集了1200幅油画。这个数字完全证实了德累斯顿美术馆馆长从德累斯顿方面购入的成果。波色曾在一封信中说，相册中的图片是“现有的为艺术博物馆业已选定的作品”。不过至今没有书面的证据证实，波色和福斯最后购入和选取的结果如何。1943年，赖默尔博士写道：还看不出来，究竟特别任务的哪些画应当送到林茨，哪些送到其他的博物馆。建筑师雷格和赖默尔博士的说法却从另一方面证实，希特勒审视过送到慕尼黑“元首大楼”的每件艺术品。1945年以前，雷格曾专门写道，“德累斯顿目录”上的藏品也只是“元首的收藏”。由此可见，所有收录在“元首大楼索引”和“德累斯顿目录”中的作品，毫无疑问最终都属于希特勒让人购置的那些作品，是根据他以后可能安排在林茨博物馆中的意向而购置的。但与之相反，由两位主管本人选进相册中的作品却不一定属于后来的林茨美术馆。

这是希特勒的典型做法。他不顾他的主管人的规划，自己让人继续直接向慕尼黑提供艺术品，其中包括他特别推崇的19世纪的作品。从“韦德曼名单”可看出福斯领导特别任务的阶段，在慕尼黑进行的这一并行的购置活动达到了怎样的程度。与“德累斯顿目录”作一比较可以看出，在1943年到1945年间，只有57%的油画和水粉画是通过德累斯顿途径购入特别任务的。赖默尔曾写信给雷格称，“几乎全部新购置……都经过了德累斯顿”，这绝不符合事实，而只是面对慕尼黑中央力图强调自己对于林茨项目的资格而已。

在德累斯顿提供的相册里，福斯也收入了183幅画，它们虽然被登录在“元首大楼索引”中，却不包括在“韦德曼名单”里。福斯选取的这些作品，从来没有经过德累斯顿，而是被直接送到慕尼黑的。这一点又证实了，所有在“元首大楼索引”和“德累斯顿目录”中的作品，都必须计算在特别任务收藏和为林茨博物馆初选的收藏中。因此，在“元首相册”中的“特别选取”，无论如何不等于林茨美术馆的全部。

特别任务收藏的双重性，即一方面是主管人员的收购，另一方面，希特勒作为绘画爱好者的收藏，通过另一现象看得很清楚。1939年底波色认为，已经登录在“元首大楼索引”和“德累斯顿目录”中的一些作品，并不适合进入收藏。把1938年和1939年之交的莱卡胶片与1940年的“元首大楼索引”和“德累斯顿目录”进行比较，就可以得出这样的结论。尽管波色可以为计划中的博物馆进行选择，却不能清除收藏的登记目录。波色认为不合格的作品依然登载在“元首大楼索引”和“德累斯顿目录”中，这表明希特勒不愿意认可这样的剔出。因此，如果要确定特别任务收藏的规模，“德累斯顿目录”的全部内容都必须考虑进去。

为希特勒搜罗的所有艺术品的规模，肯定超过这里核查过的

4712 件的储备，希特勒个人独自接手的私人收藏说明了这一点。还有前面已经提到的，波色 1940 年用外汇在阿姆斯特丹收购的奥托·兰茨的收藏，也应计算在内。同样，还有在荷兰强制征购的曼海默（Mannheimer）、柯尼希斯（Koenigs）和雅费（Jaffé）几家的收藏品。最后还有一些像法国施洛斯收藏的情况，这一收藏被没收，几乎所有藏品都直接送到“元首大楼”，只有个别的作品给了特别任务登记并拍了照片。而在“德累斯顿目录”中，从兰茨收藏的一百多件藏品里只收进了 7 件，另有 23 件作品则放进了“元首相册”。在曼海默和柯尼希斯的收藏中，购进的与没收的作品的境遇不同，施洛斯收藏中甚至没有一件藏品列入清单。“德累斯顿目录”只是把 226 幅油画收在一个登记号码里。

在这样的背景下，看上去恩斯特·库宾对希特勒收藏实际大小的估计是现实的。他所计算的为希特勒搜罗的藏品是 4353 件，将上述提到的大多数情况包括了进去。此外，乔纳森·彼得罗普洛斯（Jonathan Petropoulos）根据美军艺术保护军官的调查，计算出为希特勒收集的艺术品是 6755 件，埃斯特·弗兰齐尼（Esther Francini）、安雅·霍伊斯（Anja Heuss）和格奥尔格·克赖斯（Georg Kreis）计算的特别任务收藏的规模与之相近，在他们的心目中，一直到战争结束，希特勒收藏的艺术品是 6000 件。如果将全部版画和没收的作品以及“林茨附录”都计算到“德累斯顿目录”中的话，这个数目是合理的。维也纳文物保护所所长赛贝尔博士 1945 年在阿尔套斯湖为美军提供的目录，认为注明为希特勒收集的艺术品是 6577 件，而林恩·尼古拉斯（Lynn Nicholas）提出的数字更高，她认为到 1945 年为止希特勒的艺术品应该有 8000 件。

这么大的数目，只有把所有以希特勒的名义搜寻的艺术品都包括在内，才能达到。特别任务也征集了一些难以尽数的家具、花瓶之类工艺品，并且没有归属到任何一项特别的收藏门类中。另外，在慕尼黑还存放着一个“波森王宫”（Schloss Posen）收藏，那是将要送到波森的王宫作为装饰用的；还有一批当代艺术品，是希特勒从“大德意志艺术展”上买来的。与那些以后在林茨建立独立的博物馆用的兵器收藏、版画收藏和硬币收藏综合起来计算，8000件的数目是完全可以达到的。对于林茨博物馆的核心部分即美术馆来说，这个数目显然过大，而安雅·霍伊斯计算的3935件却又太小，她只注意了“德累斯顿目录”，却忽略了将“林茨附录”和从维也纳没收的艺术品计算在内。

关于为“元首博物馆”考虑的1600件的数目，也没有多少意义。波色努力把林茨展览的规模限制小的想法，导致他确实只为林茨博物馆挑选了1200件左右艺术品，但是，与1939年至1942年间希特勒搜罗的加在一起，数目就高出两倍还多。为新美术馆初选的油画件数更多，这可以从希特勒的一次讲话中得到证实：希特勒在1942年4月有一天炫耀说，他已经购得“1000幅古典大师的油画”。如果希特勒所说的确实是1800年以前的画品，那么这一数目与当时“元首大楼索引”卡所显示的2600幅油画的数目是一致的。

波色主观上作出的选择——正如上面提到的准确数字——并不是最终的，更不是希特勒认同的。此外，他的征购政策即为林茨收集少而精的艺术品的原则，也被他的继承人福斯放弃了。福斯称，在1943年至1945年之间，购入了3000件艺术品。如果将这期间弄来的所有油画和版画页片都计算在内，那么这个数字是很实在的。观察德累斯顿博物馆人员的动机，只能作为推断计划中的林茨博物馆大小的间接依据，它还不可以作为确定博物馆馆藏实际规模的可靠依据。

研究特别任务的整个收藏，首先要依据可靠的资料来源。慕尼黑“元首大楼索引”卡以及“德累斯顿目录”和“元首相册”无疑可以确定林茨收藏的规模。经准确核对的艺术品件数为4712，它是进行进一步研究的可靠基础，在这一基础之上，我们来寻找希特勒掠占艺术品的来源的数据。

# 九、艺术品的来源和提供

## 列表和确定等级的办法

1945年以后在慕尼黑的收集站进行的研究工作，不仅有助于今天人们了解特别任务收藏的规模，也为进一步的研究打下了基础。在为林茨博物馆初选出来的4712件艺术品里，大多数艺术品的前物主也可以准确地确定。“德累斯顿目录”和它的补充即“林茨附录”中对艺术品的详细介绍，提示了这些艺术品的来源。在维也纳没收的那些艺术品的来源，则是通过奥地利来源委员会制作的一个特别目录了解的，其上记录了维也纳没收艺术品的来源。

追寻前物主并非目的本身，至今还有很多在战前和战争期间变换了主人的作品未确定物主，这种情况是由于不合法的行为造成的。今天常常无法区分强购、暴力劫夺和合法收购，而且战争期间两种征购方式之间的界限又常常变动。在对此进一步考察之后，只能将那些没有直接或间接强迫，并且支付了与当时市场相应的价钱的正常交易，确定为“合理合法”。与此相反的都是直接运用了没收、非法剥夺和强行收缴等不同手段的劫掠。

关于4700件艺术品来源的纷繁数据，表面上没有多少说服力，必须加以整理分析。为此我们设立了数据库，将凡是能够收集到的关于特别任务每件藏品历史的资料，都储存进去。第二步，开始为艺术品分类，区分出艺术品的“供货人”和它事实上的“前物主”。“供货人”是指这样的人或机构，他（或它）将1件艺术品交给了慕尼黑“元首大楼”或者德累斯顿美术馆供特别任务进一步处理。这里的关键是，究竟谁是特别任务工作人员或慕尼黑“元首大楼”接受送来的艺术品之前那最后的一个人。在“供货人”的栏目下，也收录了只是将1幅画的交易介绍给特别任务，而本人根本不是物主的人。

确定“前物主”这个概念非常困难。有必要将“德累斯顿目录”中供货人之前的物主找出来，如果找不到这样的前物主，就将供货人视为前物主。而很多将家藏几十年的物品转让或出售的人现在很难确定了。不过，还可以通过荷兰和法国关于艺术品劫掠的数据库找到一些人的数据。

在确定的过程中陆续发现，从外国弄来的艺术品，在供货人之前的物主常常多次变换，这种现象在战争期间被德军占领的区域特别多。为了确定通过没收或强制征购的不合理交易，物主变换的情况就没什么意义，因此必须采取另外一种做法：在考察来自外国的1件艺术品时，首先注意是哪一个外国人最后提供的作品，是谁将作品提供给为希特勒搜罗艺术品的德国画商的。如果原始资料表明，这件艺术品来自私人收藏或者是通过强制手段夺得的，那么上述这个提供人就被录入“前物主”栏下。

要确定1件作品的前物主，有必要首先确定一个时间界限。而对于系统研究希特勒为美术馆搜罗艺术品的方法来说，确定1件艺术品的全部物主并不重要。比如1幅荷兰16世纪的风景画，没必要找到它几百年来所有的物主，况且常常也根本不可能。应该把1938年确定为从外国不公平合理地购进画品的开始年，这一年，奥地利并入德意志帝国，同一年开始了公开强行剥夺犹太人财产。而在德国必须是另一个时间界限：1933 年就开始了被迫出售艺术品，因为纳粹统治而流亡国外的人们，出走之前必须出售他们的全部家产，以便交纳所谓的“帝国出走税”或者其他特别税。因此，关于德国艺术品来源的数据必须如“德累斯顿目录”提供的那样，追溯到更早。

研究工作的第三步，是将数据库中“供货人”和“前物主”栏目下的内容进一步分类和系统编组，在两个栏目下再继续划分“私人”、“艺术交易”、“代理人”、“纳粹机构”、“强制出售”、“没收”、“博物馆”、“银行”、“赠送”、“老收藏”和“希特勒”本人诸类。除了后一类之外，还要进一步确定每件作品来自哪个国家，例如强制出售的作品，要确定是发生在德意志帝国还是荷兰。在这些分类中，“供货人”和“前物主”具有下列各类型：

“私人”指的是直接将艺术品卖给特别任务的工作人员的个人，波色上任不久就开始了从这样的个人收藏中购画。自从戈培尔在波色的葬礼上讲话公开了特别任务的活动之后，德国民众就开始争取直接将他们的收藏卖给希特勒。在特别任务的文件里，存有大量想要出售艺术品的信函和申请；特别任务的工作人员不得不谢绝大多数这类主动的提供，因为它们的质量达不到要求。

在波色和私人物主之间，常常有职业经纪人——他们或是有自己公司的艺术品商人，或是独立的艺术代理人，抑或是律师，向特别任务推荐私人收藏的艺术品。还在战争时期，同盟国就开始致力于掌握所有在占领区买卖艺术品的商人，同盟国的名单上登记了 800 个这样的嫌疑人。在本次研究工作中，为了确定“德累斯顿目录”中提到的许多供货人的情况，这一名单被提出并加以利用。那些通过历史传承下来的资料不能被确定为画商的人，在本次研究的范围内被视做私人出售者。

与荷兰政府所作的战争调查研究相比较，可以看出，战略服务局在制作这份名单时将尺度放得很宽。美国的情报人员将出售他们自己画品的那些人也划入商人的行列，而在荷兰艺术收藏馆的文件中，这些人至今记载为收藏人，例如海牙的收藏人德里德（de Ridder）和阿姆斯特丹的德列德（de Leede），就是将他们自己的藏画卖给特别任务的，他们在美国的名单中则被注为商人。

在艺术商行交易之外，还有如罗森贝格的特别行动指挥部、米尔曼的机构或者在海牙和巴黎的德国外交机构，也处于私人收藏和特别任务之间，成为中介环节。这些机构为了得到艺术品，常常运用强制的手段。凡是他们向希特勒提供这类艺术品的事项，都被列在“没收”或者“纳粹机构”为凯·米尔曼征购的类别中。同样的情况也适用于“合并”之后在维也纳公开剥夺的艺术品，或者在帝国境内财政部门根据“元首优先权”攫获的艺术品。在被迫出售和没收之间，常常没有明显的界线。例如一位律师原计划将维也纳布洛赫—鲍尔收藏中的艺术品转移到外国，但被有关当局将艺术品扣留下来，此后予以出售。这里的出售掩盖了剥夺；实际上，此前就发生了没收行动。通过区分“供货人”（通过作为代理人的律师）和“前物主”（查没行动的受害人），揭露出了事实上的剥夺手段。

唯一的机关团体作为供货人和前物主将公开收藏的艺术品卖给希特勒的例子，是一家银行。艺术品进入收藏的最后一条途径是赠送的形式，这类艺术品多数是党内其他高官赠送给希特勒的。大多数这类礼品的来源在研究工作中都会查清。例如，1939 年 4 月，帝国经济部部长瓦尔特·丰克（Walther Funk）将 1 幅提香的画《维纳斯的化妆室》作为礼物送给了希特勒，他事先让人从柏林的一个画商手里买来这幅油画。在来自希特勒身边的艺术品中，有的是希特勒本人提交给慕尼黑的，这些同样也常常是礼品，只不过希特勒在慕尼黑或在柏林的住所作为中间站而已。其中不同的是所谓“老藏品”，那些都是最初于1938年和1939年之交，雷格在慕尼黑纳粹党总部大楼的地下室里找到并登记下来的画，当时那些画已经不属于希特勒用来装饰他私人生活空间（他的住所、帝国总理府和上萨尔茨贝格的房子）的范围，而那时就有待派其他的用场。

假使1幅画没有找到关于其前物主或者供货人的资料说明，就被注上缩写字母“K. A”（没有说明）。此外还有题注“未确定”——如果1幅作品没能找到在德国或在外国的前物主，就注明“未确定”。比如注明“未确定 NL”的，表示已经明确此艺术品来自荷兰。

根据这里关于“供货人”和“前物主”的把握和进一步的分类，从开头还无定型的数据资料中，导出了很准确的结论。现在能够运用电子数据库准确地确定，国际艺术品交易行在怎样的程度上参与了特别任务收藏的组建。

## 供货渠道

通过对4712件艺术品进行上述的分组和分类，所得出的结果是，特别任务收藏的艺术品，69.1%是由艺术品商人即画商向德累斯顿和慕尼黑提供的（见图4），它们的数字是3257件。一共有来自德国、奥地利、法国、比利时、瑞士、荷兰和意大利的197名画商，直接参与了和希特勒的交易。没有直接和特别任务工作人员接触而只是为供货人找来货物的间接画商，数目甚至更大，但各个画商提供艺术品的数目却很不相同。专业供货的最大部分是930件，由玛利亚·迪特里希在慕尼黑的“阿尔玛斯画廊”提供，此外还有48件作品，

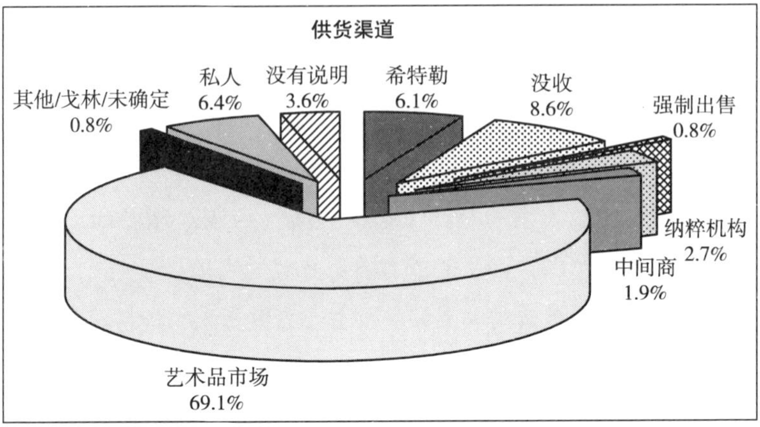


**图4** 林茨特别任务收藏艺术品的供货渠道一览。“希特勒”一栏，包括了他的老收藏、赠品和私人住宅的所有油画。很明显，国内外艺术品商行占很大比例。

是迪特里希和摄影师海因里希·霍夫曼共同卖给希特勒的。排在第二位的是汉斯·赫布斯特（Hans Herbst）领导的在维也纳的奥地利多罗台姆拍卖行，提供了315件。其后是柏林的画商卡尔·哈伯施托克，204件；接下来是在汉堡和德累斯顿有分公司的希尔德布兰特·古利特（Hidebrand Gurlitt），168件；柏林的画商汉斯·W·朗格（Hans W. Lange），80件。

此外，在数量上很重要的，还有慕尼黑的欧根·布吕施维勒（Eugen Brüschwiller），以及希特勒很推崇的慕尼黑建筑师的遗孀格尔蒂·特鲁斯特，两人都分别提供70件以上。德意志帝国的商行在为特别任务提供艺术品上，发挥了统治性的作用，有55%的艺术品曾经过德国和奥地利的艺术品商行之手。

在直接向特别任务供货的外围画商中，荷兰的雅克·古德施蒂克（Jacques Goudstikker）艺术品商行占有特别的位置。受戈林的委派，阿洛伊斯·米德尔（Alois Miedl）出面作为德方代表领导着该公司，他为希特勒从荷兰的商人手中搜罗了101件作品。此外，还有荷兰迪伦的卡茨艺术品商行对特别任务也很重要，它直接向希特勒的艺术品搜集人提供了92件作品。

在供货途径的平面图上，排在艺术品交易之后最重要的就是直接没收，在“德累斯顿目录”及其他收藏部分中，属于这一组的艺术品一共406件，其中最大的部分是没收自奥地利的287件。查抄充公这部分在整个收藏中只占一个很小的比例（8.6%），但是长时间以来一直被看做希特勒的收藏形象。早在战略服务局对林茨收藏进行调查的过程中，就已经错误地认定，从奥地利没收的艺术品是林茨美术馆的奠基石。把从奥地利的罗特希尔德兄弟、邦迪和哈斯以及其他被迫害人家的收藏中不公平合埋地购得的艺术品，作为整个林茨收藏的典型代表，这种猜测还通过“元首相册”更让人信服，因为在现存的相册中的990幅照片里，有293幅（几乎占相册图片的30%）是没收艺术品的照片。还因为这些作品都是非常有名的大师们的重要作品，也容易使人产生这一扭曲的印象。这些作品在30年代末的国际市场上根本买不到，因此，波色很快就把它们列入入选的顶级范围。

在奥地利的第一次没收和封存，是党卫队和维也纳的文物保护中心进行的。根据1938年11月和12月公布的法规，后来由帝国财政部领导查抄犹太人的财产。帝国财政部指示维也纳财政局及其财产变更处，为抵税和充公的犹太人财产估价，估价单送交维也纳文物部门，文物部门再确定哪些可以卖到外国去，哪些可以留在国内。查抄的物品由文物保护研究所封存和保管起来，这时特别任务才有机会从中挑选对他们来说重要的东西。由于帝国公民法的第11条法规，当局获取犹太人的财产才变得容易了。从这时开始，财政部门就直接收缴和支配犹太人的财产。

在“老帝国”没收的艺术品，经过州、市的财政局局长估价后，进入特别任务的收藏。其中柏林—布兰登堡州的财政局局长享有特殊的地位，他通过柏林摩阿比特西区财政局，集中支配流亡的和遣送走的犹太人的财产，由帝国美术文化委员会的专业人员评估充公的艺术品。从1941年4月开始，帝国宣传部的下属部门进一步介入对没收财产的支配和利用。此时，文化委员会的代表可以决定一件被没收的艺术品是卖给一个公务机关或国内的艺术商行，还是卖到外国换外汇。前面提到，共有287件通过迫害手段夺得的艺术品从奥地利进入了特别任务，此外从德国进入的有24件。

对于存放在奥地利的没收来的部分艺术品，维也纳文物保护研究所逐渐失去了职权。1941年和1942年，有17件艺术品从维也纳运到“元首大楼”，在那里登记并给了特别任务；1943年又有25件被送到慕尼黑。这种情况据估计与宣传部部长戈培尔的介入有关：戈培尔于1943年争得了对维也纳文化产业的职权，这一权力原来属于纳粹当地长官巴尔杜尔·冯·席拉赫（Baldur von Schirach）。

在没收的艺术品中，数目第二多的是来自法国（共63件），这其中包括罗森贝格的特别行动指挥部在帝国元帅戈林的帮助下，为希特勒弄到德国去的艺术品；在巴黎的德国艺术史研究所“封存”的作品和德国大使馆送交的艺术品，也都包括在内。此外有驻荷兰的帝国总督从下属威克尔（Wickel）博士手中买来的没收艺术品。在“元首大楼”登记的，有7件艺术品是在荷兰直接剥夺的财产。波色想从在波兰没收的艺术品中多搞到几件，但他的努力没有成功，这反映在“德累斯顿目录”中，只有3件来自波兰和1件来自苏联的艺术品进入了特别任务的收藏。这证明罗森贝格建立自己的库藏而不让特别任务靠近的策略取得了成功。

属于纳粹为希特勒收藏而以暴力掠夺来的，还有海牙和巴黎的米尔曼办事处巧取豪夺的艺术品。凯·米尔曼先是作为“波兰四年计划”的负责人工作了半年，夺取了荷兰之后，他又到西部去搜罗艺术品。在东部他采取直接没收的方式；在荷兰和法国他更多的是强行征购。米尔曼穿着军服搜寻私人收藏，常常只要他出现就能把人吓住；如果人们不愿意出售，他就以“毁灭”相威胁，强迫人以很低的价格把收藏卖给他，然后，他再把买来的艺术品低价出售。与罗森贝格不同，他不利用“元首命令”直接没收，而只通过他个人出面获得成功。他总共给特别任务提供了124幅艺术品。

除了米尔曼以外，那些强买的、直接提供的艺术品在组建的收藏中只占很小的比例。战后收集站的人员在“德累斯顿目录”登记的艺术品中，只找到38件这类作品。

在画商提供和没收这两个途径之后，私人直接出售是第三条途径（302件，占6.4%）。正像德国画商一样，德国私人出售的比重也比较大。排在德国后面的是荷兰和奥地利的私人收藏。荷兰私人提供所占的比重较大，这与波色和福斯从个人收藏中直接购买有关。这些艺术品大多购自荷兰收藏人的遗产，在荷兰当局的眼中至今也不认为是强行购买的。

在私人与特别任务之间，偶尔也出现所谓的艺术品代理人，他们并没有店铺，但能把买家和卖家联络到一起。这些代理人常常是艺术史学者，靠他们对艺术的研究来做生意。这类人一共为特别任务收藏带来91件作品。在这些代理人中最活跃的是埃哈德·格佩尔博士，这个以前曾经是莱比锡博物馆馆长的艺术研究人员，经博尔曼亲自推荐到特别任务后，作为林茨特别任务的正式代表，带着委托书来到荷兰。委托书帮他获得驻荷兰和法国的德国机构的支持，使他的影响圈子扩大。他至少给希特勒介绍了55件艺术品，而他在购画上的比例估计还要高。战略服务局的特务人员估计，格佩尔用没收的艺术品做过生意，因而把他定为战犯，事实上在“德累斯顿目录”中，并没有找到通过格佩尔提供的被没收艺术品的证据。其他 18 个艺术品代理人和律师，都没有发挥过格佩尔这么大的作用，只有科隆的艺术史学者格奥尔格·席林（Georg Schilling）教授比较重要。席林曾为戈林的私人供画商瓦尔特·霍费尔（Walter Hofer）工作，他一共介绍购买了 10 幅作品。

在从艺术商行和私人手中购买、强行征购和纳粹机关提供这几条途径之外，希特勒本人提供的也很突出。收藏中一共有 288 件作品（占 6.1%）算在他本人名下。而在这些作品当中有相当一部分，可以肯定是 1938 年和 1939 年之前购进的。1951 年，雷格在一次交代中确认，这些都是“老收藏”，它们属于波色开始活动之前在慕尼黑已经存在的艺术品。在 1939 年至 1944 年间，希特勒共交给特别任务收藏 22 件礼品，另外留下 15 件给自己派用场。在希特勒 52 岁生日（1941 年）之后几天，他又从他在柏林住所的这 15 幅画中拿出 10 幅，交给慕尼黑的“元首大楼”。据猜测，这些艺术品都是以个人礼物的名目，给林茨未来的美术馆做装饰用的。

向希特勒收藏中供货数量并不大的，还有几家博物馆和两家银行提供的共 23 件艺术品，其中，巴伐利亚国家美术馆提供了 20 幅，数目最大。促成这项买卖的是慕尼黑国家美术馆馆长恩斯特·布希纳，他曾经为希特勒从艺术品商行购买艺术品做过参谋。根据美国方面掌握的情况，布希纳也曾在雅利安化的艺术品商行“艺术家同仁”看过没收来的艺术品。

数目很小的，有 3 件艺术品是希特勒直接从赫尔曼·戈林手中购得的；而他间接地从艺术品战场上他的竞争人手中购得的艺术品数目却相当大，这一点在研究艺术品的来源时还要准确地说明。

在特别任务收藏中有 169 件艺术品（占 3.6%），无法作出关于供货途径和前物主的具体分析，中心收集站的工作人员没能为这些作品找到前物主的资料。这些作品的大多数，在“元首大楼索引”卡上（也即在“德累斯顿目录”卡上）登记的号码在1000以内，这使得收集站的工作人员在50年代猜测，这些作品也应当属于老收藏，而后在30年代被林茨特别任务购进。

## 前 物 主

在对作品的供货人进行分析比较后，我们的目光又首先投向德国的和外国的艺术品商行。最引人注目的现象是，在前物主的层面上，职业的艺术品经营者与其他渠道相比大幅度下降。由画商手中来的作品的数目减少了上千件（现在为1847件，占39.2%）；而此前属于德国和外国私人的作品大幅度上升（现在是1366件，占28.9%）（见图5）。从这个结果可以得出明确的结论：画商为希特勒搜罗艺术品的时候，主要是找私人收藏。在希特勒收藏的艺术品中，证实来自艺术品商行和私人收藏的一共有三分之二（68.1%）以上，这一结果与人们关于希特勒搜寻艺术品的方式方法的通常印象并不一致。这样看来，战略服务局关于特别任务的报告并不确切，它断言，在希特勒的收藏中，虽然有购买的艺术品，但多数都是窃取的。

在人们熟知的一些私人交易中，多数作品来自德国。此外，画商和代理人提供的作品中，数量很多的又是来自法国和荷兰的私人收藏。有一些供货来自纳粹艺术品搜罗人势力所及范围之外的国家：英国和美国的画商及私人的艺术品，在战前卖出去，后来经过荷兰的画商到了希特勒手中。瑞士的私人收藏中也有一些作品，后来通过画商被弄到了慕尼黑。有一个特殊的例子，是买进了在卢塞恩拍卖的1幅作品。

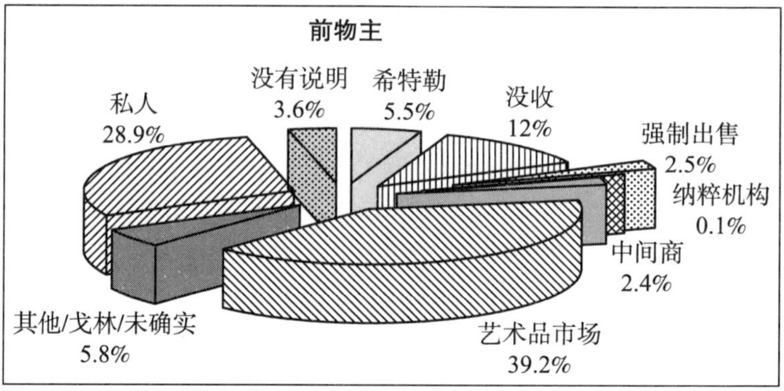


**图 5** 林茨特别任务艺术品前物主分类一览。与前面的供货渠道一览相比较，这里没收和强行购买的部分所占的比例，很明显比供货渠道中的高。商人和纳粹机关为向希特勒提供艺术品，进行不公平的交易。

这是卡尔·布勒兴（Karl Blechen）的1幅小的峭壁风光画。这幅画首先是瑞士的画商亚历山大·冯·弗赖（Alexander von Frey）博士从流亡的犹太人尤利乌斯·弗罗因德（Julius Freund）的遗产中购来的，弗赖后来用它从戈林那里交换了罗森贝格特别行动指挥部没收的几幅作品，戈林又将这幅画送交了希特勒。这幅画在“元首”住所挂了一段时间后，于1942年被送到慕尼黑特别任务的藏品库。作品经过戈林这个中间站的现象并非个别一例，而这只是事情的一方面。大独裁者了解这位帝国元帅在艺术方面的手腕，而戈林由于他的交易政策堪称“黑市之王”。另一方面，希特勒也在同他的这位副手的交易中受益，这一点特别表现在1944年的一次交易中。当时，为了购买扬·维梅尔·范德尔福特（Jan Vermeer van Delft）的赝品，戈林一下子出让了150幅画。其间，希特勒通过一个中间商就从戈林那里买进28幅真品，其中有两幅画是外汇保护指挥部从布鲁塞尔的丹尼尔·安德列斯（Daniel Andriesse）的收藏中为戈林没收来的。1941年至1944年间，希特勒一共购进69幅荷兰派作品，之前曾全部都在这位帝国元帅手里。戈林直到在纽伦堡的监狱中才得知，他购买的维梅尔的画是假的，是上了艺术骗子汉·范梅格列恩（Han van Meegeren）的当。

通过罗森贝格特别行动指挥部的没收行动产生的非法交易，绝不是个别现象。在对艺术品的前物主的分析过程中可以看出，进入林茨收藏的已证实是没收来的艺术品的数目，明显高于在分析供货渠道时的数目，一共有563件（占12%）作品经核查证实是劫掠来的。这些作品中领先的是来自奥地利、德国和法国的艺术品，还必须把施洛斯收藏也包括进来，尽管它的艺术品在“元首大楼”没有登记在目录上。从意大利也有1幅没收的作品进入林茨收藏，那是意大利当局没收的玛卡特的油画《佛罗伦萨的瘟疫》。波色在1940年获悉，多年来他一直很感兴趣的这幅画被没收了，于是他建议博尔曼通过“外交途径”得到它。这幅作品后来作为国家礼品，经墨索里尼之手赠给了希特勒。

从另一方面的核查中也可以证实，希特勒的主管们购买了非法搜罗的艺术品。在艺术品的前物主这个层面上，强制出售的艺术品的数目也提高了。已经核实无误的强制出售的艺术品共117件（占2.5%），主要发生在来自荷兰的艺术品上。一些德国和荷兰的艺术品的主人，为了逃亡或者避免艺术品被没收，被迫将收藏交了出来。例如，德国流亡者M·M·勒斯勒尔（M. M. Rössler），在外汇保护指挥部的人员闯进其荷兰的住宅后，被迫出售了勃鲁盖尔的《圣女卡特琳娜的传说》。又如在荷兰生活的银行家弗里德里希·伯恩哈德·古特曼（Friedrich Bernhard Gutmann），也仓促地出让了他的收藏。

很多被强制出售的艺术品，是通过帝国元帅戈林到了特别任务收藏中的。戈林或是从雅利安化的古德施蒂克艺术品商行的老收藏中购买，或是从米尔曼的办事处购买。搞不清楚希特勒是否知道那些画从哪里来的，因为戈林的这些画品交易中间常常经过两三个画商，对局外人来说，找到前物主不那么容易。米尔曼为希特勒搜寻来的那些艺术品的前物主，同样大多是荷兰画商。不过，在搜求弗里茨·曼海姆和雅各布·波拉克（Jacob Polak）这类大的收藏时，米尔曼才利用画商；在与私人接触和交易时，他一般使用恐吓的办法。

米尔曼买画，也能利用德意志帝国与被占领国家间货币的差价，从中受益。在荷兰、比利时和法国，德国的画商和代理人可以支付所谓“帝国结算券”，这种券不可以自由兑换，它只能在被占领国家的国家银行里换成当地货币，这些国家的国家银行以后再用它与德意志帝国结算。德意志帝国与被占领国家间货币的兑换率，柏林自然会控制在一个对帝国有利的比价上，直到“二战”结束，德国当局从来没有全额兑换过。由于这个原因，美国情报部门把德国用来在外国购买艺术品的钱叫做“纸钱”。

把艺术品的供货渠道和前物主作进一步的分析比较，从购买的画品数量上分析没有更多的差别。能确定有 114 件作品在到画商手里之前，最后是在代理人手中，这 114 件的绝大部分都记在特奥·赫尔姆森在巴黎的账户上。赫尔姆森提供给在维也纳的国营多罗台姆拍卖行，希特勒的人再从那里把它们弄走。此外，德累斯顿的画商佐利特从赫尔姆森手里接过许多艺术品。从博物馆途径来的艺术品增加两幅，1 幅是米尔曼为戈林买来的，出自荷兰奥特罗的克洛勒尔—米勒纳（Kröller-Müller）博物馆，另 1 幅是维也纳的阿尔贝尔替那博物馆早年卖给画商的。

就前物主而言，有不少艺术品弄不清楚它以前的物主是私人还是画商。常常在这些作品上只能找到地域线索，比如“来自德国”。

这种来源不详或不准确的作品，在全部艺术品中占 5%。

通过对供货途径和前物主的研究分析，从表面观察可以看出希特勒及其手下的收集政策。这一表面的分析，使人们的注意力落在画商和其他的职业艺术中介人的行为上，在为希特勒搜罗艺术品的过程中，他们参与的比例大大高于通过迫害手段夺得的部分。因此，德国和外国艺术品的商人在特别任务搜罗艺术品的过程中的行为，需要特别予以关注。

# 十、艺术品商人——帮凶和同谋

## 德国和奥地利

在寻找希特勒组建他的艺术收藏的方法时，我们首先注意到卖给他艺术品最多的人，毫无疑问，就是在慕尼黑开阿尔玛斯艺术品贸易公司的玛利亚·迪特里希。迪特里希在巴伐利亚的首府城市算得上狂热的纳粹分子，是纳粹党员、党卫队成员，与海因里希·霍夫曼有密切的往来。霍夫曼很早就促成她与希特勒接触，并和她一道卖画给希特勒。美军艺术保护军官费森在战争收尾时就认定，她共卖了270幅画给希特勒，但是后来在慕尼黑收集站进一步的调查表明，她实际上卖出的画比这三倍还多。

女画商本来很早就能够摆脱对她从前的提携人的依赖。1937年，摄影师霍夫曼给希特勒带去1幅施皮茨韦克的画，希特勒随后将它转送给了帝国的部长雅尔玛·沙赫特（Hjalmar Schacht）。接着，这幅画被识别出是赝品，霍夫曼因此在大独裁者那里失宠。霍夫曼越来越嗜酒，这使他和希特勒之间的距离不断拉开。从1940年起，迪特里希夫人和霍夫曼一起只出售国外来的画。

后来，迪特里希可以直接将画卖给希特勒，而不需要经过波色或福斯同意。在美国人的眼里，迪特里希夫人的画品交易突出的是数量而不是质量。她之所以能够向希特勒提供如此多的画品，是因为她手中掌握着很多艺术品交易渠道，因此，能够把慕尼黑的同行投入交易的艺术品大批量地购买下来。给她供货的有慕尼黑的埃瑟尔（Eysser）、玛利亚·杰尔豪森（Maria Gillhausen）和尼古劳斯（Nicolaus）等几家画廊，他们通常根本不卖画给希特勒。此外，迪特里希也动用一些其他画廊的存货，比如慕尼黑的画商尤利乌斯·伯勒尔（Julius Böhler）、慕尼黑和威斯巴登的海涅曼（Heinemann）画廊和柏林的汉斯·W·朗格，他们也直接向“元首大楼”供画。另一方面，迪特里希也向她的德国同行供应艺术品，通过他们这些艺术品再到希特勒的手中。根据战略服务局掌握的情况，迪特里希夫人也曾强迫犹太人以低价向她出让艺术品。事实上，慕尼黑收集站的工作人员在她供给希特勒的艺术品中，确实查出了3幅画是此前财政部门从莫根施特恩家的收藏中没收来，随后交给柏林的朗格的。迪特里希夫人也把从奥地利没收的艺术品卖给特别任务，这其中有没收自维也纳的席夫曼家的艺术品，同样也是先经过了艺术品交易行。经核实，在迪特里希提供的艺术品中，一共有15件是在德国和奥地利不公平地购得的。战后她在宣誓具结时，却否认曾以“威胁”和“政治或种族理由强迫”的手段行动过。

此外，迪特里希夫人特别善于在德国的私人收藏中挖掘，比如她曾直接从艺术家弗里德里希—奥古斯特·冯·考尔巴赫（Friedrich August von Kaulbach）、弗朗茨·冯·伦巴赫和弗朗茨·冯·施图克（Franz von Stuck）家里购买油画。在荷兰，她主要是从雅利安化的古德施蒂克艺术品商行购进艺术品，最初还和霍夫曼一道将这些艺术品卖给希特勒。其中的大部分都是此前在阿姆斯特丹的艺术市场上，通过迪伦的卡茨艺术品公司购得的。从卡茨到古德施蒂克再到迪特里希，这一贸易途径提供的画品如此之多，人们甚至说可以考虑设立一个正规的艺术品垄断集团了。此外，迪特里希夫人也直接从荷兰本土的画商，如阿姆斯特丹的扬·小迪克（Jan Dik jr.）手中购买艺术品。

除了意识形态上贴近纳粹主义之外，促使迪特里希夫人向希特勒提供艺术品的，还有对她来说具有决定性意义的其他动机。她与一个住在德国的美籍犹太人生了一个孩子，因而是一个半犹太血统的孩子的母亲，根据纽伦堡法，她不得不担心她的女儿被遣送。她与希特勒接触，不仅关系到她生意上的成就，也关系到她女儿的命运。

许多其他画商跟迪特里希夫人的做法一样——或是直接从当局负责处理被没收艺术品的机构那里，或是从同行手里买来艺术品，然后提供给希特勒，只不过那些画商运作的规模太小。除了迪特里希夫人，希特勒近旁还有一个狂热的女纳粹分子，也为希特勒搜罗过没收的犹太人艺术品，她就是格尔蒂·特鲁斯特。在掌管她过世的丈夫的工作室的同时，特鲁斯特也做艺术品生意，例如，她弄到慕尼黑的布劳恩塔尔家收藏的5件德国浪漫派作品，提供给了希特勒，而这5件作品先是被没收，后来被慕尼黑的画商恩斯特·阿尔德（Ernst Arld）收购。尽管格尔蒂·特鲁斯特本人没有去参与这类收购，但是一共有9件这类艺术品从她那里到了希特勒手中。在格尔蒂·特鲁斯特向希特勒提供的全部艺术品中，被剥夺的私人收藏的艺术品占很高的比例。在福斯教授接过了特别任务的领导权之后，格尔蒂·特鲁斯特就很少向希特勒卖画了。

在美国情报机关的一份报告中，认为柏林的画商卡尔·哈伯施托克是向希特勒供画最多的人，这个估计并不符合详细核查供货途径之后得出的结论。哈伯施托克和迪特里希一样是纳粹分子，与希特勒有直接的联系，他曾利用这种私人关系，在他的朋友波色被令提前退休以后帮助过他。直到1942年底波色死去，他作为供货商都享受着优先的待遇，而他也很善于利用这一点获取经济收益。赖默尔博士战后曾强调说，对于哈伯施托克和霍夫曼，“党部表达过特别的愿望”。哈伯施托克实际上卖的画比美国人估计的还多得多。在所有供画商中，他由于两个原因而突出：他与荷兰、瑞士和法国有关系，利用这些关系为特别任务购画；他还无所顾忌地设法从公共收藏中搞来艺术品，再卖给特别任务。在赫尔曼·福斯领导特别任务之后，他卖画就明显少了。没有证实他是否经营过从德国人手中没收来的艺术品。

希特勒在没收艺术品方面的一个重要同谋，是慕尼黑的艺术品商行“艺术家同仁”。这个商行于1939年接收了伯恩海默艺术品交易行，从这里弄到“元首大楼”23件没收来的艺术品，其中有波色从1938年11月没收的艺术品中挑选出来的作品，也有画廊旧有的存货。在波色挑选出来的油画里，有3幅是老卢卡斯·克拉纳赫的作品。究竟有多少其他的艺术品是没收来之后交给画商，后来又卖给希特勒的，现在已无法核实，在没收艺术品的登记表中说明得太不具体，无法追踪和确定艺术品的来龙去脉。

还有很多没收的艺术品，通过慕尼黑的画商钦克格拉夫（Zinckgraf）和维默尔（Wimmer），以及柏林的朗格公司和莱普克（Lepke）公司，进入特别任务收藏。拍卖商汉斯·W·朗格在1937年将柏林的保罗·格劳佩（Paul Graupe）画廊雅利安化，并开始出售没收来的艺术品。另外73名今天在“德累斯顿目录”上还能查到的画商，他们即使向希特勒提供了在德国没收的艺术品，也只是个别现象。一共有将近四分之一的没收艺术品在到希特勒手里之前，曾经在德国画商的手中。

如果根据“元首优先权”需要直接取得没收的艺术品，特别任务可以依靠帝国的财政部门。有12幅油画就是从柏林、科隆、曼海姆、慕尼黑和德累斯顿的财政部门的财产评估处，直接进入“元首大楼”的。在德累斯顿有一个拍卖商拍卖过没收的布莱特的收藏，估计是受财政部的委托。盖世太保供货的事例在德国是例外，已经查明有7幅画是布拉格的盖世太保直接送到慕尼黑的。上奥州的纳粹地方长官让人没收捷克的霍恩福特修道院的壁龛画，然后送到慕尼黑，这一事例也是个别现象。在“德累斯顿目录”中，没有查到德意志帝国纳粹党的机构供货的事例。

在奥地利和德国一样，有类似的机构参与了提供没收的艺术品，但规模完全不同。奥地利并入德国后不久，维也纳的党卫军冲锋队没收的和维也纳文化局查封的艺术品很多，但维也纳的财政部门向特别任务提供的只是个别的作品，维也纳的盖世太保也只直接给慕尼黑送过一次画。一部分出售事宜是由律师代办的，他们使那些迫不得已出让自己所有的艺术品的人从买卖中摆脱出来。例如维也纳的贝尔塔·莫雷利（Berta Morelli）和费迪南德·布洛赫—鲍尔（Ferdinand Bloch-Bauer）的收藏，就是通过律师埃里希·菲雷尔（Erich Führer）出手转让的。维也纳的律师汉斯·德尚（Hans Dechant）也插手了这类强迫拍卖。

律师的介入，使特别任务购买没收的犹太人艺术品显得像合法的。维也纳的盖世太保直接没收来的许多艺术品，后来又回到了市场上，对此，拍卖行的介入起了作用。维也纳的福格斯塔（Vugesta）拍卖行，是在犹太人迁徙时为其评估财产的一个协会，实际上自1940年9月起就与盖世太保密切合作，拍卖流亡和被驱逐的犹太人的家具、用品和艺术品。从根本上说，“元首优先权”也适用于福格斯塔，后来一共有11幅作品经这个评估协会送到慕尼黑，其中有没收维也纳的亚历山大·魏纳、戈特里布·克劳斯、维克托·布鲁姆和布鲁诺·耶利内克等家收藏的艺术品。

这类作品的一部分在到达慕尼黑之前，也经过维也纳的画商之手。这些画商估计是从维也纳多罗台姆拍卖行搞来的，因为福格斯塔搞到的大多数艺术品都是在那里拍卖的。例如多罗台姆向维也纳的画商诺伊曼出售过恩格尔家收藏的1幅画，诺伊曼又卖给了特别任务，这幅画就来自福格斯塔。维也纳的艺术鉴定人奥托·沙茨克（Otto Schatzker）应该也搞过没收的艺术品，他曾卖给希特勒1幅伦勃朗的油画，同时赠送给希特勒好几封理查德·瓦格纳的书信，都是来自"没有雅利安化的财产"。

此外，据信多罗台姆拍卖行也自行在市场上出售被剥夺的艺术品。有一个事例可以说明，这家公司是怎样从法国购得被没收的艺术品的。从1942年就驻在法国的第559野战团司令部，于1944年提供了1幅16世纪荷兰画派佚名作者的画，这幅画后来在多罗台姆拍卖行拍卖，被特别任务买走。除了特别任务的工作人员，维也纳文物保护研究所也从拍卖行购买艺术品。根据1941年帝国美术委员会主席的一个指令，研究所可以从拍卖的艺术品中，为各个公共博物馆挑选合适的重要作品。研究所还把私人收藏中具有民族意义的艺术品，都列入所谓的"帝国名录"中。

德意志帝国当局没收来的艺术品，都必须经过专门人员的鉴定，看它是否符合希特勒的目的要求。据赖默尔博士透露，他至少去过财政局一次，鉴定那里的一个银碗。但是，没有证据表明，特别任务的工作人员自己到过拍卖犹太人收藏的现场，很可能他们是从拍卖行的负责人那里得到信息，然后根据图录作出购买决定的。

假使特别任务的工作人员进入拍卖行或者画廊，他们就将面对其他出价人的竞价。第二次世界大战的爆发，不仅在德国的占领区也在帝国本土，造成了人们对艺术品的需求日益增长（这种发展趋势被党卫队的情报人员称为“遁入保值”)。到 1940 年 5 月，帝国各地艺术品拍卖的估价就上升了两倍还多。一年以后，党卫队在一个报告中再次抨击艺术品市场上“不健康”的价格增长，使低劣的艺术品在交易中也达到了超高的价位。在专业人员的圈子里也批评博物馆的做法：博物馆到拍卖行去竞相抬价，致使价位达到令人望而生畏的地步。

帝国领导人对这种趋势没有听之任之。戈培尔向“元首”报告了这个弊端，于 1941 年 10 月得到允许，对其采取相应的措施。于是，宣传部禁止电台和报纸报道举行拍卖和拍卖行里价格升高的消息；戈培尔还要求主管的帝国美术委员会在拍卖前给所有的画品估价，在随后的拍卖中，价格不得高过这一估价。随后在 1941 年 12 月 16 日，帝国委员会主席阿道夫·齐格勒也宣布了相应的条例。德国的拍卖行开始担心，在这种状况下将不会再有私人来拍卖自己的艺术品了。柏林的画商朗格特别反对这一限制性规定。当希特勒获知这一条例后，就指示第二天废止。很可能是哈伯施托克劝希特勒这么做的，理由很明显，这样的措施会使希特勒搜罗艺术品的努力落空。

结果艺术品在自由贸易的市场上越来越贵了，党卫队在 1943 年的报告中，又一次记录了再次攀升的价位。在艺术品市场上，也有属于“堕落艺术家”的作品被拍卖，这违背了官方的政治路线。例如德累斯顿的财政局局长从没收的西歇尔收藏中解禁了马克斯·利伯曼的 1 幅油画，并允许拍卖。一个想要购买这幅画的画商询问德累斯顿美术馆的一位主管——据说可能是罗伯特·厄特尔，他是否可以购买这幅犹太画家的被认为是“堕落”的作品，这个画商被告知，这幅油画只能在瑞士出售。于是画商放弃了购买这幅画的想法。这件事在整个艺术品市场上引起了很大的不安：不知道究竟当代的哪些作品可以买卖。这种不安还因为财政部门和美术馆两家国家机构在这个问题上观点不一致而加剧。

在德国的艺术品交易市场上竞拍艺术品，以及从德国没收艺术品，只是特别任务的工作人员搜罗艺术品的渠道之一。战争期间，国外的渠道对于特别任务攫取艺术品越来越重要了。

## 荷兰和比利时

玛利亚·迪特里希与阿姆斯特丹的古德施蒂克艺术品商行密切合作的做法，是把艺术品从被占领的国家弄到特别任务那里去的典型途径。从 1940 年夏天开始，古德施蒂克商行由德国的银行家阿洛伊斯·米德尔领导。米德尔是赫尔曼·戈林的密友，他因为老婆是犹太人而离开了德意志帝国。荷兰被占领之后，帝国元帅戈林给了这个银行家一笔钱，让他把这家艺术品商行买下来。商行原先的老板在德军开进荷兰时流亡英国，途中遇车祸而死，在他死后，他的商行归荷兰银行所有。米德尔征得老板遗孀的同意后买下了商行，不过他只花了 150 万金盾，而这个商行当时的价值是这个数的四倍以上。戈林支持购买这家商行，为的是得到商行老板私人收藏的画品。

戈林的算盘是，米德尔接手之后就把古德施蒂克收藏中的油画卖给他。同样，希特勒也在利用荷兰公司的雅利安化，他 1941 年就通过戈林从这个已故商行老板的旧收藏中获得了 20 幅作品；还有同一收藏中的另外 5 幅作品，他是通过其他的途径得到的 —— 或者是米德尔直接将它们卖给了特别任务，或者是通过其他荷兰画商最后把它们弄到了慕尼黑。古德施蒂克收藏的出售，必须视为强制拍卖。米德尔接管了商行之后，在荷兰艺术市场上购得后来又卖给德国画商玛利亚·迪特里希的那些画，对于特别任务非常重要。从古德施蒂克到了特别任务手中的101幅作品，大部分来自当地的画商。给米德尔供货的最重要的荷兰画商，有彼得·德伯尔（Pieter de Boer）、瓦尔特·佩希（Walter Paech）和宫廷供货人卡茨。除了阿尔玛斯艺术品贸易公司，还有海因里希·霍夫曼、画商魏因米勒（Weinmüller）、朗格，以及维也纳的多罗台姆拍卖行，也是米德尔在德意志帝国的主要顾客。他们随后再把画卖给特别任务。

除了从艺术市场上正常购画，画商米德尔当然也在强制出售中发挥过作用。当流亡的德国银行家弗兰茨·柯尼希斯（Franz Koenigs）经济上处于困境时，米德尔从他的收藏中收购了一部分，其中的7幅作品经过海因里希·霍夫曼之手进入了特别任务的收藏。与古德施蒂克命运相似的还有雅各布·施托德尔（Jacob Stodel）的画行，也处在荷兰的德国占领当局的监管之下，但只有3幅油画从这个画行到了希特勒手中，米德尔在这期间又一次充当了中间商。

从前的德国银行家米德尔在荷兰做德国画商的中心采购人所起的作用与卡茨艺术品商行不分高下。卡茨商行由纳坦（Nathan）和本亚明（Benjamin）兄弟二人领导，他俩直接为特别任务搞了91件作品。此外，还有来自奥托·兰茨收藏的将近100幅中世纪意大利画家的作品，被纳坦·卡茨买来，又转给了特别任务。但是这些艺术品只有少数几件登录在“元首大楼索引”中。通过卡茨商行间接弄到慕尼黑的艺术品，数量还要多得多，卡茨兄弟至少卖给古德施蒂克37件艺术品，还有少量卖给阿姆斯特丹的画商J·G·维格曼（J. G. Wigman）和埃斯特尔·祖赖（Ester Surrey），这些作品同样都到了特别任务的仓库里。

值得提出的是，艺术品商人卡茨是作为犹太人为特别任务的利益尽力，他们成功地取得了买画所需要的出国旅行许可，同时他们也把卖画的收入转存到瑞士去。如赖默尔博士在战后所解释的，卡茨在纳粹党总部申请出国，“没有得到相应的好意”。波色出面帮助纳坦·卡茨办成了去瑞士的许可，纳坦 1941 年去了瑞士，在那里为希特勒购买了“几幅伦勃朗的画”；他的弟弟本亚明 1942 年可以和他同去。除了兄弟两人，这个家庭的其余 24 个成员也终于能够从被占领的荷兰去国外了。

战后，本亚明·卡茨又重开了艺术品商行，他说，他的公司当年不得不向德国当局售画。“德累斯顿目录”中有两个地方特别注明，作品是作为“回报出国许可”交来的。但是，有很多地方至今还让人存有疑问：本亚明·卡茨后来申请归还 25 件作品，据他称是被迫以低得可怜的价钱卖给波色的，他收回了这些画。但是荷兰政府后来核实，其中 5 件不是卖给了波色而是米德尔，这样，这 5 件作品的出售就是出让给荷兰的一家公司，是不应当归还的。人们怀疑本亚明欺骗。本亚明·卡茨接下来的行为也让人生疑，他要求归还 1 幅所谓被劫去的画，但这幅画事实上是他的商行卖给戈林的买画人霍费尔的。此外，他还要求归还了他在瑞士卖掉并换取了外汇的几幅画。这项归还之所以在荷兰引起了一些人的强烈不满，还因为它是未得到荷兰有关委员会的同意办成的。此外，美国情报机关还怀疑，在德军侵入后，迪伦的这个艺术品商人没有任何法律依据地接管了柯克的收藏，并把它卖掉了。后来没有来得及对这件事进行法律上的审查，因为纳坦·卡茨在 1949 年，即在荷兰当局对他提出起诉后不久就死去了。事实上，这兄弟二人在一些艺术品上得了双份好处：从德国收了钱又从荷兰得了物。

这种犹太画商与希特勒的艺术品收购人合作的事例，并不是个别的。赖默尔博士在民主德国国家安全部对他进行审讯时供认，还有一个荷兰画商通过艺术品换得“出国许可”，离开了德国统辖区，去了葡萄牙方向。这里讲的应该是阿姆斯特丹的画商彼得·德伯尔，因为已经查明，他在1943年为了出国许可，将1幅画送给了特别任务。除了这幅画之外，德伯尔为了能够让他的雇员布施出国，还将让·布吕格尔的整套“四元素”交给特别任务。与卡茨相比，德伯尔向特别任务提供的艺术品相当少，他一共直接或间接提供了41幅画。

参与和特别任务做交易的，还有为了逃避被遣送而出逃到荷兰的德国人，其中有来自柏林的老婆是犹太人的维克托·莫德泽耶夫斯基，他给特别任务搞去了6件艺术品。同样，有11件艺术品经过做艺术品买卖的犹太收藏家维塔尔·布洛赫之手，进入了希特勒的收藏。波色和布洛赫有过一个约定：只要布洛赫提供关于犹太人艺术品收藏的情报，他本人即可免受迫害。波色死后，由特别任务在荷兰的全权代表格佩尔博士负责保护布洛赫的生命安全。此外还有艺术史研究人员马克斯·弗里德伦德尔，也为特别任务工作，但他没有向特别任务推荐过艺术品，只是对特别任务有兴趣或将要购买的作品进行鉴定。

在其他向希特勒提供艺术品、帮助组建林茨收藏的荷兰商人中，比较突出的还有画商弗雷德里克·穆勒和Co.（Frederic Muller & Co.）、瓦尔特·巴赫施蒂茨（Walter Bachstitz）、古斯塔夫·克拉默（Gustav Cramer），以及律师弗兰森（Franssen）博士，这三位艺术品商人及律师向特别任务供画，分别都在20幅以上。在战争期间，弗兰森根据德国的指示担当过财产管理人出售马尔勒和比格内尔（Marle und Bignell）公司的收藏品，那时就已经引起了美国情报机构战略服务局的注意。有11件作品从这家公司直接进入了特别任务的收藏。巴赫施蒂茨是没有国籍的奥地利人，他自20年代起就在海牙做艺术品买卖，他还是戈林主要的供货人瓦尔特·霍费尔的姻亲。同样，他也通过提供艺术品获得了出国许可。战后他老婆称，他所有的画都是被迫出售的，但他卖出的画大部分都没有归还。

颇有特点的是画商扬·小迪克。根据美国方面的报告，他是古德施蒂克商行的一个雇员，曾帮助米德尔出售已故画商的收藏品。又据慕尼黑收集站调查人员的调查结果，迪克曾经独自将 14 幅作品卖给了特别任务。迪克的儿子在登尼斯（Denijs）夫人的画廊工作，同她一道出售古德施蒂克收藏的物品。不过，只有两件艺术品从迪克的儿子手中到了特别任务的收藏中。

更为重要的则是迪克父子与维也纳多罗台姆拍卖行之间的联系，他们弄到那里去拍卖的艺术品，有 42 件后来到了特别任务的收藏中。因为多罗台姆也拍卖查抄的艺术品，可以猜想，迪克父子的这些艺术品是来自在荷兰没收的藏品。即使这些艺术品的来源已无从查找，但买卖这些没收艺术品的过程首先发生在荷兰人当中。在这些没收的艺术品之外，也有一些艺术品进入特别任务收藏的过程无可指摘，比如奥特罗的克勒尔—弥勒博物馆的领导人萨洛蒙·范德芬特（Salomon van Deventer）出售的克拉纳赫的油画，后来经过凯·米尔曼到了特别任务那里。

另一个提供荷兰艺术品的渠道是德国的机构。如果没有米尔曼办事处的协助，特别任务在荷兰搜罗艺术品的成就就会小得多。与荷兰画商供货的数字相比较，才更能看清米尔曼为组建林茨收藏所起的作用。除了像米德尔和卡茨这样的大供货商，荷兰画商提供的艺术品很少超过 30 件。而米尔曼还将手伸向哈姆布尔根、哈托克、波拉克等的收藏，以及弗里茨·卢格特和阿尔方斯·雅费收藏的剩余部分。同样，弗里茨·曼海默的收藏也是被迫出售的。米尔曼运用强制手段，从荷兰总共把 124 件艺术品弄到了希特勒的收藏里。

除了艺术品商行购买和米尔曼办事处提供这两条渠道，荷兰也有私人直接出售的，例如波色就从鹿特丹的船主丹尼尔·格奥尔格·范博伊宁根（Daniel Georg van Beuningen）手中购买了18幅画。这个船主战后称，他出让画是被迫的。尽管荷兰政府对他的说法并不很相信，他还是从国家讨回了所有出卖的画。波色通过鹿特丹的这个船主，还得到了柯尼希斯收藏中部分古典大师的素描，这个交易看上去是通过合法的方式进行的。这些作品估计是在苏联占领区的威森施泰因丢失的，荷兰政府现在根据1943年同盟国的约定，要求归还这些作品。

战争期间比利时的艺术品市场也很活跃。在这个被占领的国家，特别任务的工作人员同样利用艺术品交易来为希特勒搜罗艺术品。多罗台姆拍卖行和德国的艺术品代理人席林教授、格佩尔博士，总共从私人手里买去了61件艺术品。其他一些艺术品是比利时的画商出售的，其中布鲁塞尔的古董商莫里斯·拉格朗德（Maurice Lagrande）占绝大部分。拉格朗德直接卖给特别任务的只有两幅作品，更多的是间接提供的。他曾经介绍多罗台姆拍卖行购买布鲁塞尔凡·格尔德的丰富收藏。米尔曼也在比利时搜寻艺术品，他从安特卫普的一家收藏中为特别任务搞到15幅油画。像在荷兰一样，米尔曼在比利时的搜罗也很突出，不过不具有决定性的意义。米尔曼还在卢森堡从赖费的收藏中为希特勒搞到两件艺术品。

在荷兰的艺术品代理人的交易中，可以明显地看出在波色死后，福斯搜罗艺术品政策的变化：他的前任作为特别任务的领导人，常常为搞到艺术品自己跑到占领区去，而他则把工作都交给了代理人。代理人格佩尔和席林大批地收购只能以此来作解释。

从总体上看，特别任务在荷兰和比利时搜罗艺术品，采用了与在德国和奥地利相似的模式。在荷兰，两个供货商（米德尔和卡茨兄弟）提供了与其自身不相称的大量艺术品，同时还和德国的重要供货人（迪特里希和哈伯施托克）保持着密切的贸易关系。而在他们周围，在德国和荷兰云集着一批画商，他们总是从私人手中购得数量可观的艺术品，随后提供给希特勒。此外还有一些公司，不过它们提供的艺术品数量很少。没收来的艺术品大多数由纳粹机构直接送交。这种事情在德国和奥地利大多是通过维也纳文物保护研究所、盖世太保和财政局进行的。而这种事情在荷兰，凡涉及特别任务的，几乎完全由米尔曼的办事处完成。

在奥地利和德国，艺术品市场也介入到买卖被没收的艺术品中，买到之后提供给希特勒。在荷兰和比利时，一般由雅利安化的荷兰银行 Lippmann & Rosenthal 处理被遣送到东部去的荷兰犹太人的财产。现已清楚，这家银行通过荷兰弗雷德里克·穆勒拍卖行，把两幅画弄到了希特勒的收藏中。此外特别任务从在荷兰查抄的艺术品中还搞到了哪些，在“德累斯顿目录”和荷兰掌握的文件资料中没有记录。给多罗台姆拍卖行的大量供货却让人有理由猜测，荷兰的艺术品商行和政府机构很可能像德国的机构一样，为了将没收的艺术品投放市场而对维也纳的拍卖行进行了干预。

特别任务与荷兰和比利时的 46 家艺术品商行做买卖，是按照合法原则进行的，但这种合法交易必须与对占领区的经济剥削联系在一起看，也包括用“帝国结算券”做购买艺术品的货币。另一方面，德国占领了荷兰以后，艺术品的价格飞速提高。此时德国对老几代大师作品的需求，致使老荷兰画派作品的价格比和平年代涨了五倍，浪漫派作品甚至涨到最初价格的八倍。通过强迫执行德意志帝国和荷兰的货币之间的兑换率造成的损失，大概可以这样得到弥补。

直到 1943 年，对荷兰商人来说，将价格高昂的艺术品卖给德国人是好买卖。很多商人和私人都想从战争期间艺术品市场的繁荣中获利。商人们完全知道，他们的做法违背了1943年的伦敦声明，他们也盘算着，总会有一天他们所进行的交易会无效。所以德国的买家们也注意到，同盟国的军队越是向德国方向推进，荷兰商人就越是拒绝给买者出具发票。荷兰商人相信，现在的买卖战后必定作废，他们还会收回他们的画品。

从特别任务的购买中能够看出，荷兰的生活条件在1944年间发生了怎样惊人的变化。1944年和1945年之交，食品和其他日用品的短缺造成了所谓“饥寒之冬”，这可能使得越来越多的荷兰人为了活命，不得不出售自己的艺术品收藏。在慕尼黑特别任务的库房里，充塞了大量的老几代荷兰画家的二、三流作品，大部分来自个人收藏，并经过多罗台姆拍卖行进入了特别任务收藏。这些情况清楚表明，正如“帝国结算信用券”的做法已经体现出来的那样，在艺术品交易中对被占领的荷兰的剥削，更多地是通过普通占领机制完成的。

## 法　　国

被德国占领之后，艺术品交易在法国的发展情况与在荷兰相似：由于德国人对艺术品需求的刺激，出现了特别的高潮。根据德国情报部门帝国保安总局的一项报告，1942年巴黎的艺术品的价格上升了三到四倍，而在巴黎成交的艺术品的数量却并未因此有实质上的减少。特别任务在法国征集艺术品的方法，也与他们在荷兰所采取的极为相似。

例如希特勒的最大供货人玛利亚·迪特里希，在巴黎市场上购进了很多艺术品，她的供货商是保罗·卡里厄斯（Paul Callieux）、艾蒂安·多纳特（Etienne Donath）、维克托·曼德尔（Viktor

Mandl)、古斯塔夫·罗赫利茨（Gustav Rochlitz），以及荷兰的科尔内留斯·波斯特马（Cornelius Postma）和拉卡尔德（Lacarde）画廊。曼德尔和罗赫利茨是德国人，而曼德尔是迪特里希夫人在巴黎购画的负责人。根据同盟国的调查，画商罗赫利茨特别参与了这样的交易：购进从法国犹太人手中没收的艺术品，然后再投放市场。从罗森贝格特别行动指挥部，罗赫利茨至少购入了 80 幅画品，随后又将之出售。通过迪特里希夫人之手，有 11 幅画品进入了希特勒的收藏。多纳特是法国人，他也与米尔曼合作。

与荷兰相反的是，特别任务在法国却没有像荷兰的古德施蒂克和卡茨那样的大供货行。一项对从法国进货的艺术品商人的详细调查表明，个别的德国画贩子同样热心地与巴黎合作，比如哈伯施托克手中的大部分画品，就是从巴黎的画商雨果·恩格尔（Hugo Engel）、罗歇·德夸（Roger Dequoy）和奥泰尔·德鲁奥（Hôtel Drouot）拍卖行得到的。德夸和罗森贝格特别行动指挥部的行动负责人冯·贝尔（von Behr）一道，将巴黎著名的威尔登施泰因犹太艺术品商行雅利安化，并将画商早年收藏中的 6 幅画卖给了希特勒。恩格尔是从奥地利流亡出来的犹太人，在巴黎充当了哈伯施托克的首席经纪人。但是哈伯施托克的交易活动只开展到 1942 年底，他的受偏爱的供货人身份随后被剥夺。从在法国购画上可以看出，自 1943 年起，为特别任务奔忙的经纪人取代了哈伯施托克，这些人是格佩尔博士、瓦尔特·韦伯（Walter Weber）和特奥·赫尔姆森。

韦伯事实上只是来自波恩的一个富有的内行收藏者，他在福斯还在威斯巴登当博物馆馆长的时候，就与这位后来林茨特别任务的领导人有密切的联系。福斯接管特别任务的领导职务后，委托韦伯作为购画人，只是他所采取的第一批行动步骤中的一项。因为韦伯的工作受到在巴黎的盖世太保的阻挠，所以他没能为特别任务搞到很多画品。与此相反，在荷兰出生的赫尔姆森却极为努力，在 1943 年和 1944 年里，他就向维也纳的多罗台姆拍卖行推荐购入了 79 件艺术品，从那里再转到特别任务手中。因为这家拍卖行也买卖没收的艺术品，所以可以猜测出，赫尔姆森提供的艺术品中也有被剥夺的财产。反过来也可以想象到，在法国像在荷兰那样，到占领的最后阶段，出于经济上的困难，越来越多的私人通过赫尔姆森提供了艺术品。在上述两种情况下，希特勒攫获这些艺术品也是间接的，即通过经纪人的运作才有可能。

特别任务从法国弄来的大部分艺术品，是少数画商提供的。除德国的画商和经纪人之外，凯・米尔曼也在法国购了画。他在法国有办公室，由他的隔山弟弟约瑟夫领导着。因为米尔曼在法国不像他在荷兰那样是占领机构的成员，又由于帝国元帅戈林手下的负责人竞争力量很强，所以他只能搞到为数不多的艺术品。米尔曼从法国给特别任务一共只弄了 6 幅画。在 1941 年里，希特勒通过罗森贝格特别行动指挥部和戈林，从犹太人的收藏中一共得到 53 幅作品。当然还不仅局限在这些没收的艺术品上，1943 年，通过供货的第二次浪潮，又有原先被罗森贝格特别行动指挥部没收的 6 幅作品送到了慕尼黑。此外，在巴黎的德国大使馆也送交了由德法文化学院没收的 4 幅画。

在玛利亚・迪特里希和卡尔・哈伯施托克之外，还有其他德国画商向慕尼黑提供来自法国的明显是没收来的艺术品。巴黎的蒂埃博—西森（Thiebault-Sisson）收藏的 3 幅画，就是这样被弄到慕尼黑的，其中的两幅原属于汉堡的画商库尔特・克斯特（Kurt Köster），后来克斯特把这两幅画出让给供货人阿尔玛斯和亨里齐（Henrici）。第三个短暂的物主是画商马丁・法比亚尼（Martin Fabiani），他在巴黎的马提翁大街开着一家雅利安化的艺术行。慕尼黑的画商欧根·布吕施维勒也直接卷入了没收行动，根据美国的一个报告，他在法国也作为盖世太保的高级官员工作过，曾参与把在这个国家没收的艺术品弄走。

在法国的没收行动一共给特别任务收藏提供了305幅画，占从这个国家搞去的615件艺术品的49%。这么大的数量是通过没收阿道夫·施洛斯的收藏才达到的。1940年，热衷收藏的犹太人物主将333幅画转移到法国未被占领的地区，其中大多数是佛兰德和荷兰大师的作品。但是这些收藏被法国与德意志帝国勾结的维奇政府发现了，法国的“犹太人问题委员总会”于1943年将其全部没收。接着，一支受德国指派的秘密部队无视法国政府的意愿，把藏品运到德军占领的巴黎。在那里，首先是卢浮宫的工作人员可以为他们的博物馆挑选，他们从中挑选走49幅画；接着格佩尔博士作为特别任务的经纪人查看余下的艺术品，估计是根据他的推荐，为希特勒留下226幅画，由在巴黎的德国大使馆负责将其运往德国。这些艺术品于1943年12月2日被运到了慕尼黑的“元首大楼”。

这是和法国政府勾结在一起进行的明显的抢劫，可能是由于雷格和冯·胡默尔犹豫不定，而没有把施洛斯藏品的详细情况记录到“元首大楼目录”中去；不过也有可能是由于其他与此相关的工作，而将详细记录推后了。这一收藏在“元首大楼”里被放在“特别位置”，后来也没有被运到阿尔套斯湖。和这一收藏打交道，戈林也很犹豫，他像对待来自蒙特·卡西诺的艺术宝藏一样——那些宝藏是德国军队在意大利的蒙特·卡西诺修道院没收的，没有用来补充自己的收藏。为了不想插手这种公然违背国际公法的没收行径，戈林最后将施洛斯收藏的艺术品移交给了博尔曼。

而希特勒也没有让人动用施洛斯收藏中的这226幅画。通过艺术品市场，他还让人购买了这一收藏中另外的两幅画，那是法国画商在法国当局拍卖施洛斯收藏的剩余部分时购得的。这件事印证了美国人的看法。他们在战后了解到，希特勒曾多次从个人收藏者手中购画，那些画来自被没收的收藏。此前他也从那些收藏中购得过一部分。

在法国，像在德国和荷兰一样，特别任务从个人收藏和艺术品交易中购得的作品，也占很高的比例。法国与荷兰类似，在德国占领期间，艺术品市场受需求的刺激，价格上升到破纪录的水平。法国画商的交易在战后才进入尾声，一共有 29 名画商向占领者出售艺术品，为此战后不得不在所谓“大法官”面前受审。不过，其中只有 8 人受到处罚。

## 瑞　　士

第二次世界大战期间，法国艺术品市场的交易与瑞士交织在一起。有很多艺术品被非法运到这个中立的阿尔卑斯山共和国，在那里出售。在跨国的艺术品交易中，有代表性的是卢塞恩的画商特奥多尔・菲舍尔。自 30 年代以来，菲舍尔就与卡尔・哈伯施托克保持着密切的联系。他还拍卖从德意志帝国流亡出来的人的物品。除了菲舍尔，瑞士艺术品市场上的另一个重要人物，是在柏林出生的画商汉斯・文德兰（Hans Wendland）。文德兰在巴黎通过古斯塔夫・罗赫利茨，购买罗森贝格特别行动指挥部先前从犹太人收藏中没收的艺术品。根据美国人了解的情况，文德兰一共向菲舍尔提供了 57 幅这样的画品，之后菲舍尔再在自己的卢塞恩拍卖行将这些画拍卖。菲舍尔与德国方面的生意也很兴隆，他跟戈林的主要供货人霍费尔进行了很多次以货易货。在这当中，菲舍尔这个出生在柏林的画商，把在德意志帝国没收的“堕落”的表现主义画家的作品弄到瑞士，换取深受戈林赞赏的荷兰风格艺术家们的“北欧”作品。已查实，霍费尔与来自居斯特罗的画商伯恩哈德·博默尔合作，向菲舍尔出售了至少80幅印象派的作品。

在与德国的交易中，菲舍尔主要依靠在德意志帝国的达姆施塔特的画商卡尔·W·比明（Carl W. Buemming）。比明有德国和美国双重国籍，能够相当自由地旅行，菲舍尔为他掌管着一个帝国马克个人账户，用以结算比明通过供货和自己卖画所得的收入。通过这种方式，这两个画商才能与严格的外汇制度打交道，这在战争期间德国和瑞士的私人贸易中几乎是不可能的。

从这些艺术品贩子之间很好的协作关系中，林茨特别任务获得了利益。希特勒的艺术品征集人当然不能在这个中立国家指望政府机构的帮助，他们在这里以完全普通的购货人的身份活动。实际上还在特别任务组建之前，1938年，希特勒通过哈伯施托克从瑞士的个人收藏中搞来1幅卡纳莱托（Canaletto）的画。在后来的一年里，瑞士的画商弗里茨·纳坦卖给特别任务1幅画。自1940年起，波色和福斯也自己到瑞士去，一共从菲舍尔手里搞到16幅画。此外还有另外的7幅，是特别任务从比明手中搞来的，这7幅画以前也曾在卢塞恩的菲舍尔手里。

在这期间，瑞士的画商们还倒卖过流亡到瑞士来的人为了生计而出售的很多艺术品，法国画家夏尔·梅尼耶（Charles Meynier）的4幅画，就是这样通过哈伯施托克弄到慕尼黑的“元首大楼”的。据猜测，这4幅画来自流亡的犹太人阿诺尔德·泽利希曼的财产。希特勒从纳坦那儿得到的阿道夫·冯·门策尔（Adolph von Menzel）的1幅油画，也是来自这样的出售者：这幅画原是柏林的罗伯特·诺依曼的收藏，30年代初被人弄到了瑞士。

菲舍尔也卖过流亡的犹太人的物品，其中有6幅画是出于救急出让的。这些画原来是德国人博尔夏德—科恩的收藏，比明从菲舍尔那里买来提供给了特别任务，后来于 1941 年由卢塞恩的画商拍卖。购得弗洛伊德家的收藏是一个特别的例证：1939 年，弗洛伊德夫妇流亡到英国后，德意志帝国于 1940 年注销了他们的国籍，这之前他们已于 1933 年将丰富的收藏转移到了瑞士，其中包括阿道夫·冯·门策尔的素描和 19 世纪的油画。弗洛伊德 1941 年去世之后，他的寡妻请求瑞士的画商纳坦帮忙卖掉收藏。一年以后，这一收藏同样在菲舍尔那里被拍卖，特别任务从这次拍卖中购得 113 幅版画和油画作品。

瑞士的生意中重要的是易货，在这期间德国的画商用帝国的“堕落艺术品”从瑞士交换古典大师的作品。第一个取得这种交易经验的是戈林。以他为榜样，1941 年，希特勒也要将保罗·塞尚（Paul Cézanne）的 1 幅风景画和文森特·凡高的 1 幅静物拿到外国去交换。哈伯施托克接受了这项任务，他此前也参与过从德国的博物馆中收藏“堕落艺术品”。1941 年 3 月，帝国总理府向埃森的福克旺博物馆经理部提出，要求将这两幅画以从前购进的价格卖给希特勒。博物馆馆长克劳斯·格拉夫·鲍迪辛（Klaus Graf Baudissin）予以拒绝，并得到这个市市长的支持。市长答复说只有在主管的纳粹地方官同意的情况下，才交出这两幅画。由于遭到反抗，帝国总理府在一年以后放弃了弄到这两幅画的想法。

在战争趋近结束的时候，特别任务的工作人员又要再次采用交换的方式。他们的外汇短缺，无法继续在瑞士购画。1944 年，卢塞恩的画商菲舍尔通过他的德国联系人提出交换的建议：他拿出福斯感兴趣的汉斯·托马（Hans Thoma）的两幅和埃德纳德·格吕茨纳的 1 幅画，想换得特别任务存档的 4 幅画，其中 1 幅是马克斯·利伯曼的城市建筑画《阿尔斯特湖畔》（也可以叫《阿尔斯特水池》），另外 3

幅是奥托·兰茨收藏中的作品。利伯曼的油画是福斯 1943 年专门出于交换的目的，在莱比锡的伯尔纳（C. G. Boerner）艺术品商行购得的。1944 年 9 月，菲舍尔得到了他想要的 4 幅画，但是，将它们运到瑞士去却是困难重重。他作为交换条件提供的画品没有寄往德国，直至 1954 年都还在他的画廊里。

菲舍尔后来突然中断了他和德国之间的生意联系，原因可能是同盟国得知他经营劫掠艺术品并且与德国交换“堕落艺术品”，其中包括犹太画家利伯曼的作品，在瑞士的英国外交使节一再加以干预。据估计，菲舍尔看到德意志帝国在军事上的明显败局，便屈从了这一压力，停止了交易。曾经非常小心地与特别任务的购画人打过交道的，还有巴塞尔的女画商玛格丽特·舒尔特斯（Margrit Schulthess），她也和霍费尔做交易，但是只用现钱。她卖给特别任务 1 幅画。

## 意 大 利

像在瑞士那样，在意大利，特别任务也主要是以普通购画人的面目出现。与在中立国瑞士不同的是，到 1943 年 9 月，意大利与德意志帝国一直结盟，通过政治上的接触输出艺术品在当时的意大利没有什么麻烦。特别任务从意大利弄到 131 件艺术品，这是波色一手办成的，他在购买这些艺术品时得到了菲利普·冯·黑森的支持。黑森亲王由于和意大利王室的亲戚关系，在意大利有大量的社会关系，因而经常被波色用做“敲门砖”。

特别任务之所以能够在这个南部邻国，从当地艺术品商人和个人手里弄到艺术品，是因为同德国和荷兰一样，他们在意大利也有主要的供货人：土林的彼得罗·阿科尔西（Pietro Accorsi）提供了 27

件；在佛罗伦萨和罗马各开有一家铺面的西莫内特—罗西（Simonett-Rochi）艺术品商行，卖给波色20件；其他商人向希特勒的主管供画的数量都不大。尽管佛罗伦萨的欧金尼奥·文图拉（Eugenio Ventura）、罗马的乔治·萨基欧吉（Giorgio Sagiorgi）和埃托雷·塞斯特里（Ettore Sesteri）这几个画商，实际上主要是和戈林的供货人霍费尔打交道，波色还是从他们手里弄到了3幅画。如同在荷兰和法国那样，在意大利也有一个女经纪人为特别任务寻找艺术品，她就是罗马的阿尔维西（Alvisi）夫人。

特别任务从意大利的个人手中购得的艺术品，主要来自贵族，例如德尔·德拉戈（Del Drago）亲王、塞拉（Serra）伯爵夫人都曾卖画给波色。佛罗伦萨的勒布雷（Le Bret）收藏是个特别的例子，马卡特的三联章《佛罗伦萨的瘟疫》从那儿最后转到了希特勒手里。因为波色搞不到这幅画，意大利当局根据德国方面的愿望于1940年将这幅画没收了。1943年7月，墨索里尼被意大利国王赶下台后，艺术品从意大利外流的渠道也被封锁了。以前的盟国意大利现在成了敌国，希特勒于9月9日让人把菲利普·冯·黑森和他的夫人玛法尔达王妃分别投入两个集中营。后来玛法尔达王妃死在集中营里。

## 希特勒提供的

接受在意大利没收的3幅画，这类直接的劫掠行为对希特勒来说并不是个别的。1942年，大独裁者从他的住所将安东·格拉夫（Anton Graff）的1幅油画带到了慕尼黑，这幅画以前属于戈尔德施米特（Goldschmidt）夫妇，他们后来流亡去了法国。这件事之所以令人感兴趣，是因为它作为一个具体的例证，让人们看到希特勒把自己的私人收藏中的艺术品放到慕尼黑的藏品库里。从“德累斯顿目录”中可看出，一共有 4 件作品是希特勒直接提供的，其中两件是施皮茨韦格的作品，它们的上面贴着一张纸条，写着“元首财产”。希特勒提供的艺术品绝大部分是赠送品。在希特勒提供的 20 幅油画中，绝没有从德意志艺术大厦中来的“那些通常令人沮丧的东西”，而是备受希特勒赏识的 19 世纪德国画派的作品，其中有帝国的部长丰克赠送给希特勒的 1 幅提香的画。这些油画最初的几年都放在希特勒的私人场所，1942 年被归入特别任务收藏。

在 22 幅赠送的画作之外，还有 15 件艺术品被从希特勒的住宅送到慕尼黑“元首大楼”。反过来，希特勒也从慕尼黑的收藏中取用画品，装饰他个人活动的环境。有据可查，希特勒于 1938 年从藏品库取出 4 件作品放到他的住所，还有 5 幅，众所周知属于慕尼黑“元首大楼”艺术品库的作品，一直挂在希特勒的上萨尔茨贝格的住宅里。

值得一提的是，在特别任务编制的艺术品档案中记载着，有 4 件作品是希特勒直接从戈林手中得来的。此外还有一个特别的例子：希特勒通过迄今为止不为人知的方法，搞来了巴特尔·布勒因（Barthel Bruyn）的画作《一个 26 岁女人的画像》，不过这幅画先到了戈林手里，而戈林并没有交给希特勒，他把这幅画放入了他的个人收藏，一直保存到战争结束。尽管如此，在特别任务的送选相册中还是收进了这幅画的照片。这幅画得来和转手过程至今完全不为人所知，但它却表明，希特勒与戈林在艺术领域绝不仅仅是竞争，而是在两个人之间有过交换和约定，尽管希特勒骂戈林贪得无厌，但他自己想在更大的范围搜罗艺术品，还是要依赖戈林的帮助。

## 活跃分子的动机

通过分析供货渠道、来源和方法可以看出，希特勒为了组建他的收藏运用了多种多样的手段。除了直接没收之外，有几个特别受偏爱的供货人很醒目，例如哈伯施托克、迪特里希和伯默尔，他们组织、归拢国内外与希特勒交易的渠道。在这些主要的供货人周围，围绕着很多一伙一伙的下一级商人和货主。特别任务还跟马克斯·弗里德伦德尔和阿洛伊斯·米德尔这样的人合作，而这些人在德意志帝国是不受欢迎的。希特勒让他和戈林之间的争夺也服从于组建他自己的收藏的目标，有时甚至跟戈林合作。如果所需要的艺术品很稀有，为了得到它，希特勒就通过交易，而很少使用强制手段。

对于国内外的艺术品商人，则相反，在跟希特勒的艺术品收购人员的合作中，各种方式都可以采用。这些商人特别卖力，肯定是为了满足经济利益的愿望，正如在哈伯施托克身上显示出来的那样。尽管当时在战乱的时局下，由希特勒和其他收藏人促成的极为巨大的需求，仍然让人看到在国内外营利的前景。商人有时能通过1件艺术品赚到很多钱，例如希特勒为购得哈伯施托克卖给他的1幅伦勃朗的画，付出了90万帝国马克。这样的高价致使特别任务购买艺术品的总开销数额极为巨大：根据帝国总理府的统计，到1944年10月23日为止，希特勒和他那些购画人共支出1.06亿帝国马克来购买艺术品。

一些国外的艺术品商人像他们的德国同行一样，经济利益是促使他们把艺术品卖给希特勒的一个理由，何况尽管战争期间外汇吃紧，帝国总理府还是支付外币。例如，为购进伦勃朗的两幅画，支出了6100万法郎。波色为了得到荷兰的奥托·兰茨的收藏，在支出一大笔荷兰盾之外，还付出了200万瑞士法郎。有人反对这笔交易，因为波色支付了外币。在外国的艺术品商行中，荷兰的埃斯特尔·祖赖公司、马勒·比格内尔公司特别积极地和德国的买主合作，在1942年慕尼黑大德意志艺术展览的图录上他们刊登了一则介绍其公司的广告。

对于哈伯施托克来说，不仅因为他有机会接近希特勒，也因为他在意识形态上和纳粹主义相一致，使他直到波色去世一直是购画人的头目。在画商沃尔夫冈·古利特和伯恩哈德·博默尔身上，显然也存在这种意识形态上的接近，他们在出售“堕落艺术品”的时候，就曾经与纳粹的领导层密切合作过。观点与纳粹一致的画商圈子里，也包括海因里希·霍夫曼。在搜罗艺术品时，实行了所谓“元首机制”，这一机制为了满足希特勒的愿望，使尽可能多的符合希特勒口味的作品优先出售给特别任务。

除了获取经济利益，合作对于一小部分商人来说，也是一个逃避纳粹迫害的方法，只有通过为特别任务工作，他们才能避免对他们的驱遣。这些人当中有犹太人艺术史学者马克斯·弗里德伦德尔和娶了一个犹太老婆的画商德博尔。另一方面，波色和福斯作为特别任务负责人，看来也有意识地为自己的利益利用这些人的依赖性。

回顾一些大的交易，那些人的动机可能只不过是一种实用的行为。像特别任务搜罗艺术品一样，罗森贝格特别行动指挥部的没收行动直接代表希特勒，并且表明希特勒在其想象的“最后胜利”之后可能会抛弃一切顾忌，把没收的艺术品更大规模地投入他的林茨博物馆。到1945年，已经有一些纳粹机构和画商提供的没收画品被送到特别任务。关于从画贩子手里收购的被劫掠来的艺术品，有这样一个问题：对于那些卖给希特勒的画品的来源，各个画廊或拍卖行的老板究竟知道多少？估计像哈伯施托克这样政治上和纳粹靠得很近的画商，可能知道作品是从哪里来的，而其他很多人则回答不了这个问题，比如多罗台姆拍卖行在拍卖的时候，就没有向画商们提供作品的来源。

在希特勒生命的最后时日，他还坚持这样的说法：进入林茨博物馆的所有画品都是购买的。在他的私人遗嘱中的这一表白，只能解释为事先准备好的申辩。希特勒付款购买了大多数的艺术品，但是有些只通过当局付了极低的价钱，例如他购买的在维也纳没收的艺术品和财政部提供的艺术品。因为付了钱，就可以在当时的人们心里产生一种印象：在特别任务的收藏中没有盗劫来的艺术品。事实上这一看法只不过是纳粹对外巧妙运用其有部分保留的法规的结果。希特勒关于他的油画都是规范地购置的表白，和他关于“古典大师”作品的大多数是从犹太人手中或从犹太人收藏中购买的说法，都不过是一种宣传。他还指责犹太人收藏家在德国囤积艺术品，这是对犹太收藏家的诽谤。希特勒坚称其搜罗艺术品的形式合法，给战后带来一系列问题，至今还有一部分没得到澄清。

# 十一、艺术品的下落——归还

## 德　国

希特勒和他的那些购画人，尽力争取尽可能多的艺术品以表面上合法的形式购买，这在战后决定了1945年以前搜罗来的艺术品的命运。因为差不多70%的作品都是由画商提供的，所以有必要对一大部分特别任务收藏的艺术品进行进一步的分析，确定其在供货过程中是否为劫掠来的。同盟国的艺术保护军官们坚持将作品退还给它们被搜罗来的那个国家。

收藏中的大部分落在了联邦德国。从1949年起，托管会在巴伐利亚州州长监督下，照管"中央收集站的剩余艺术品"。这时候还放在慕尼黑收集站的所有艺术品都集中了起来，其中除了希特勒的收藏之外，还有罗森贝格和戈林收藏中的艺术品。这段时间里，虽然表面上美国的军事政府还负责归还，但自1950年起德国当局就参与了归还工作，负责这个工作的部门叫做德国归还委员会，是根据联邦德国文化部部长会议决议组建的。当联邦德国在1952年部分地获得国际法主权，而且巴伐利亚州政府的文化财产托管局接管了"中央收集站的剩余艺术品"之后，德国归还委员会的工作就结束了。文化财产托管局将中央收集站的剩余部分（即特别任务收藏的剩余部分、戈林和罗森贝格特别行动指挥部收藏的部分）分成两组：一组属于以前纳粹领导人的私人财产，一组属于德意志帝国的财产。属于前者的东西交给联邦各州，即交给这一艺术品战后所在的州。因为投降前不久，很多“第三帝国”的高官带着他们的家当逃到德国南方，所以巴伐利亚州得到的艺术品最多，其中包括戈林收藏的油画。

在属于帝国财产的一部分中，有林茨特别任务收藏的剩余部分。德国的管理人员先从中挑出 13 件艺术品，确定为希特勒个人的财产，它们或者是希特勒得到的个人礼物，或者是希特勒从他的个人收藏中拿出来交给特别任务的。工作人员力图在剩下的艺术品中找出合法的个人财产，因此对特别任务收藏的其他部分进行了一次认真详细的分析。

这次由伯恩哈德·霍夫曼博士领导的分析工作于 1962 年 12 月 31 日结束。文化财产托管局在一份给联邦政府的内容丰富的报告中公布了分析结果。报告列出了从特别任务收藏中拿出来的 1700 件艺术品，作为在当时的历史背景和法律解释下被看做合法购买的。这些作品 1963 年 1 月 1 日交给了当时的联邦政府财政部（见图 6）。财政部将林茨收藏的剩余部分划分为三类：（1）博物馆的艺术品；（2）布置在办公场所的艺术品；（3）联邦没有兴趣留存的东西。接着，联邦有关当局组建了一个参议委员会，并在 1965 年 1 月 14 日召开了第一次会议，对进一步使用林茨收藏的艺术品提出建议。这个委员会由德国艺术史学者的领军人员组成，其中包括特别任务在德累斯顿的工作人员罗伯特·厄特尔，他时任柏林油画馆馆长。对当时正等待委员会分配的这些艺术品，厄特尔了解得太清楚了，他曾经为林茨特别任务的艺术品登记造册。

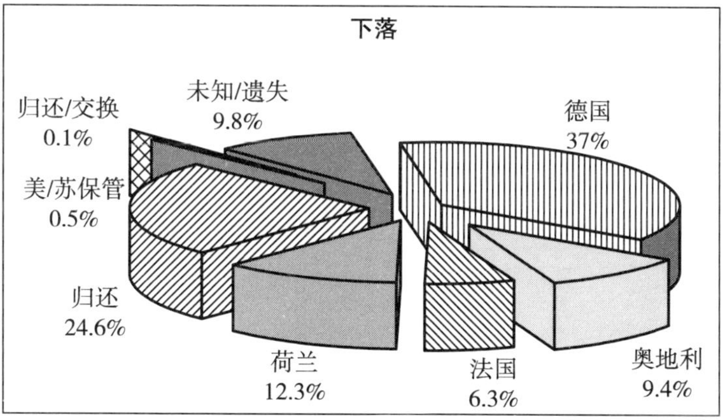


**图 6**　林茨特别任务收藏艺术品下落概览。收藏中三分之二强的艺术品至今在德国、法国、荷兰和奥地利还属于官方所有。迄今为止只有四分之一归还了。属于现存德国和奥地利的油画，包括在 1963 年卖出去的部分（截至 2004 年底）。

委员会安排，让联邦德国各博物馆的负责人在 1965 年 10 月 20 日至 11 月 12 日之间评估出适合收藏在自己博物馆里的艺术品；馆长们可以提出自己的博物馆想得到哪些作品，之后由参议委员提出推荐意见。财政部根据推荐意见，将艺术品分配给了 111 家博物馆。确定为布置办公场所用的艺术品，分发给联邦政府的各个部或其他负责照管这些艺术品的高级行政机构。被公益机构以借用的方式弄走的那些博物馆的艺术品，统统归当时柏林的一家中央机关管理。

大量的第三类艺术品，其中多数来自被希特勒推崇的德国浪漫画派，迫使联邦政府寻找出路。1966 年，参议委员会建议将第三类艺术品出售。早在 1963 年，联邦政府已经把一些作品交给拍卖行拍卖过，财政部想借此了解这些物品在艺术品市场出售的情况。参议委员会（该委员会一直工作到 1968 年 4 月）作出这样的建议后，出售就大力向前推进了。

在出售和拍卖活动中，联邦政府起用了那些 1945 年以前曾向希特勒出售过艺术品的传统商行。这样，例如 1945 年以前向希特勒提供过画品的科隆的雷姆佩尔兹拍卖行，这次又为联邦政府拍卖了 30 幅，其中包括浪漫派画家卡尔·施文尼格（Carl Schwenniger）的作品、19 世纪画家马蒂亚斯·施密特（Matthias Schmidt）的 1 幅风俗画，还有 1940 年这家拍卖行售出而由迪特里希女士卖给希特勒的那幅路德维希·克瑙斯的画。慕尼黑的魏因米勒艺术品商行，从前也给希特勒供过画，这次根据联邦政府的委托一共售出 56 幅特别任务的画，其中有浪漫派画家弗里德里希·阿尔布雷希特·申克（Friedrich Albrecht Schenck）的《羊群和女牧羊人》。到 1998 年为止，联邦德国共拿出 274 件以前属于特别任务的作品出售，联邦的行政部门在此过程中，努力做到提供出售的艺术品都像他们认为的那样：真正是希特勒购买的。

在处理特别任务的剩余艺术品时，有一个案例特别突出，有关卡尔·罗特曼（Carl Rottmann）的油画《马拉松战场》。1956 年，联邦总统特奥多尔·霍伊斯提出，将这幅画作为国家礼品送给希腊国王，尽管这会遭到曾经表示反对艺术品出口的德国文化部部长会议的拒绝，但托管会最后还是不得不把这幅画送到总统府去。像希特勒曾经做过的那样，霍伊斯把特别任务的艺术品也排列在礼品单里。

在联邦政府从特别任务的遗产中得到的 1700 幅作品里，有 64 幅是德国纳粹统治下为活命逃走或死去的人的财产，它们毫无疑问是没收或者强制出售得来的；有 28 幅画，美国的艺术保护军官从收集站还给了设在纽伦堡的国际犹太人组织（IRSO）；还有波色当年在慕尼黑的伯恩海姆艺术品商行挑选来的没收来的油画。除了上述作品之外，应该归还的，还有特别任务通过财政部用间接暴力手段没收来的艺术品。完整地归还已经不可能了，因为在纳粹统治下，很多物主没能逃脱厄运存活下来。至 2004 年底，经调查核实，一共有 99 件作品是合法购买的，后来又进一步确认，这些作品是在德国由画商提供而不是纳粹机构提供给希特勒的。

画商向希特勒提供的多数作品，间接地得到帝国核查局文件的证实。帝国核查局隶属于当时的帝国内政部，德意志帝国的公民可以在这里向国家申报他们对充公的犹太人财产的需求。这是很必要的。在 1938 年 12 月制定的关于犹太人财产的法规表明，德意志帝国常常收缴典当和抵押的财物和不动产，比如在帝国核查局的档案中，记载了剥夺德国作家托马斯·曼和利翁·福伊希特万格的家产的过程，这有助于以后澄清当时受迫害人的情况。把帝国核查局的档案与“德累斯顿目录”中德国个体卖画人的名单相比较，还发现一处差错：战后核查时漏登了 1 件可能的剥夺行为。

特别任务遗留在德国的所有艺术品，包括战后存放在德累斯顿美术馆的油画，都必须加以清点。“德累斯顿目录”的“林茨附录”（即艺术品清单）是记录为希特勒搜罗的作品的，但慕尼黑的特别任务工作人员并没有将此类作品全部登录。没有登录的作品中有荷兰画家雅各布·杜克（Jacob Duck）的 1 幅士兵舞蹈图，这是杜克早年的油画，1942 年被特别任务在慕尼黑的雅利安化的“艺术家同仁”商行买去。根据慕尼黑的记录，该作品来自没收，战后应当归还；但在德累斯顿的记录中，这幅作品战后留在了老画廊，2003 年又划归联邦政府所有。

进一步调查的结果是，德累斯顿的老画廊和新画廊里共有 6 幅画来自特别任务，另外还有 8 幅也令人怀疑是来自特别任务，它们的尺寸和技术说明都与“林茨附录”中的记录一致。在德累斯顿美术馆里，还存有特别任务的 1100 幅素描和 421 件印制品，这些作品甚至保留着 1945 年以前的原始签名，战后却标注为“来历不详”的“他人收藏”，存在德累斯顿的铜版画展室里。德累斯顿的这一“他人收藏”中，有个别作品在“德累斯顿目录”的“林茨附录”中也有记载。

至今没有弄清，杜克的油画和其他艺术品在战后的混乱中怎样落到德累斯顿的。在王府的地下室里，有少数油画在轰炸这座城市时没有毁坏，最后被弄到皮尔尼茨王府苏维埃艺术品收缴站，许多艺术品从这里被送往苏联。1945 年 8 月底，苏联艺术委员会向苏联部长会议报告，共有大约两千件艺术品被运到莫斯科，其中包括伦勃朗、卢本斯和提香的画。直到 10 年之后，第一批作品才又回到德累斯顿，那时候公开的说法是，这些艺术品是“二战”期间在德国战场上被苏联红军抢救下来的。在这么多德累斯顿收藏的艺术品被从皮尔尼茨运往苏联的过程中，杜克的油画和特别任务的一些其他油画、版画的命运是一样的。

另一方面，有一些属于特别任务的艺术品，在完全不具有国际公法合法性的情况下，被从德累斯顿弄到苏联。例如 1945 年战争结束后，从被摧毁的茨文格王宫的废墟中发现了阿莱特·范埃弗丁恩（Allaert van Everdingen）的 1 幅《冬季风光》。特别任务于 1944 年从维也纳多罗台姆拍卖行买到这幅画，收在“元首相册”里，记录在“林茨附录”中。这幅画现存于莫斯科的普希金博物馆的藏品库中。可以确证，这幅画是从德累斯顿运送到苏联的 7 幅画中的 1 幅，苏联文化部在互联网上标示的这幅画的数据，与登录在“林茨附录”上的相一致。甚至通过留存的图片资料也可以认定，这 7 幅画是从德国运走的战利品：通过“元首相册”和舍恩巴赫的照片，可以证实它们是特别任务购置的。苏联从林茨博物馆收藏中取走艺术品一事极为严重，因为作品不仅来自德国，其中有 1 幅来自荷兰，还有 1 幅来自法国。

## 奥 地 利

除德国之外，奥地利也得到一大批特别任务收藏的艺术品。这些艺术品可以分成三部分：从慕尼黑归还给奥地利的艺术品，出于政治原因归还给奥地利的艺术品，以及战争期间在奥地利而1945年以后仍然留在奥地利的艺术品。1945年首先有304幅画品归还给了奥地利。它们在慕尼黑收集站被确认是非法所得，例如没收的罗特希尔德家的收藏。其中的大部分曾于1943年从克雷姆斯闵斯特的仓库先运到慕尼黑，又送到阿尔套斯湖，后来美军士兵又把它们从阿尔套斯湖运回慕尼黑。

在维也纳没收、后来也存放在维也纳的特别任务收藏中的物品，自1945年开始，由那里的同盟国机构监管。对这些艺术品的处理，和美国人在德国使用的方法类似：国内的归还工作由维也纳当局负责，向国外归还的事务由美国的财产监督机构负责。但是至今也不清楚，奥地利当局究竟在多大程度上把涉及迫害的没收财产归还了合法的前物主。“二战”之后，奥地利的文物机构又起用了战争期间的艺术品出境禁令，他们要求将受迫害人的物品和一部分被充公的艺术品交给国家处理，被剥夺财产的受害者只有得到允许，才可以将他们收回的艺术品运往国外。属于罗特希尔德收藏的弗兰茨·哈尔斯的1幅油画，落入维也纳的一家公益博物馆，直到1998年才归还给有关继承人。调查结果表明，战后还有其他一些受迫害者的艺术品被作为“赠送品”或者所谓“奉献”，转交给了奥地利的公益博物馆。

在美国的艺术保护军官归还给奥地利的艺术品中，有知名的维梅尔的《绘画艺术》，是希特勒于1940年通过强迫出售，从亚罗米尔·切尔宁（Jaromir Czernin）伯爵手中购得的。这一强制行动的过程是：希特勒发了一项禁令，禁止物主将这幅画按原计划卖给汉堡的菲利普·雷姆茨玛（Philipp Reemtsma）工业公司，希特勒在没有任何法律依据的情况下强行贯彻他的意愿，禁止汉堡的购画人购买，强迫切尔宁将画卖给他。这幅油画随后进入了特别任务的收藏。奥地利当局战后没有归还这幅画，因为据说希特勒是为了他的“私人收藏”购买这幅画，鉴于特别任务的收藏和他个人收藏的艺术品是分离的，所以没有归还。这一理由在今天根本不值得一驳。

在从慕尼黑归还给维也纳的艺术品之外，还有一系列的作品，奥地利同样作为特别任务留存的剩余物品接收了。其中有60件从阿尔套斯湖山地运来的艺术品没有被送到慕尼黑，因为当时山路太难走，于是在美国占领机构的监管下，把这些艺术品先放在奥地利。1946年3月27日，美国占领机构把对阿尔套斯湖地区的控制权交给了奥地利共和国。到1947年夏天，地下的储藏几乎全部被清理了，美国占领机构保留将确定不属于奥地利的物品送归国外的权力。属于这类特别任务存放的剩余艺术品的，还包括存放在克雷姆斯闵斯特、圣·阿加塔和土伦塔尔的“德累斯顿目录”上的作品。

土伦塔尔的库藏由在奥地利的苏联占领区的红军看管。从法国和荷兰弄来的一些艺术品，苏联方面直接交给了法国和荷兰；没收来的奥地利收藏于1947年1月又被运回维也纳。1947年5月21日，红军从特别任务的藏品中拿走34件大幅油画运往远东。这一流失，被维也纳文物部门即现在的联邦文物局密切注视并予以详尽登记。如今证实，其中的4幅画存放在俄国的公益博物馆里。1948年，联邦文物局终于接管了土伦塔尔的剩余物品。

1947年3月，从圣·阿加塔取出来的艺术品卸在了恩泽格王宫。文物保护负责人伊夫林·塔克发现了这里的艺术品，1948年4月26日，这些画品由美国占领机构负责运到林茨。林茨的财产监督部门努力澄清了所属关系，并将其中的一些移交给了来源国。这样，从恩泽格王宫来的画品中的4幅又回到了德国，16幅留在了林茨。这16幅画实现了当年购买时的打算，它们从1951年起就属于林茨的上奥州博物馆了。总共有92件特别任务收藏的作品分散在奥地利的馆藏中。

此外，奥地利还从慕尼黑收集站获得了其他油画。这些油画是在收集站中心主任、美国人莱恩·费森跟人长时间争吵之后挑选出来，于1952年移交给奥地利的。移交的理由是，找到这些作品的地方——阿尔套斯湖区的矿井就在奥地利领土上，因此移交给奥地利时并没有考虑它们的来源。最初，奥地利政府在维也纳美国占领机构的支持下要求得更多，他们想要回所有的艺术品，不仅是战争期间从奥地利的领土上购去的，而且还有属于这个国家其他来源的，这一要求没能得到满足。但是在1952年，萨尔茨堡的州文物局却获得了一大批艺术品，总数为960件，其中303幅画属于特别任务的收藏。

在移交给奥地利的作品中，维也纳得到了约翰·瓦伦丁·蒂施拜因（Johann Valentin Tischbein）的《穿着红色鼠皮大衣的萨克森—魏玛王妃埃内斯蒂娜》。这幅画是特别任务在慕尼黑从迪特里希夫人手中购得的，而迪特里希又是从柏林买去的。还有其他一些作品被随心所欲地移交给了奥地利。1952年1月，美国占领军政府把特别任务的艺术品移交给奥地利的时候，在奥地利又进行了一次对这些作品来源的调查。结果表明，从慕尼黑移交过来的这批艺术品中，至少有36件的前物主在德国，它们本应归还给德国；有6幅画来自法国，同样也应当交还法国。

德国方面的查验结果是，在送到奥地利的这些艺术品中，有10件来自荷兰的古德施蒂克艺术品商行。以今天的眼光看，其中特别不好办的是两件上釉的彩陶和一个碾罐，这三件东西是1944年科布伦茨财政局没收来的。除了上述移交，1952年至1962年间，德国的文化财产托管局还继续移交艺术品。西方同盟国在所谓过渡协议中，要求德国把从奥地利市场上为希特勒搞来的艺术品交还给奥地利。于是，又有50幅作品“归还”了维也纳。

1955年，美国占领政权像此前在德国那样，终于把对于纳粹机构搜罗的艺术品的托管权交给了奥地利政府，并且明确了责任，奥地利把没有完成的归还事宜进行下去。但是希特勒的购画人存放在奥地利的艺术品却没有再归还德国，奥地利方面调查的结果正像档案文件上签注的那样，“进一步调查物主的问题产生了更大的顾虑”。所谓顾虑是什么，至今是个谜，尤其是考虑到美国关于归还的建议，就更令人疑惑。对维梅尔的《绘画艺术》的处理情况事后让人怀疑，当时奥地利负责归还的部门工作是否认真仔细。

于是，奥地利共和国得到了特别任务的既不属于没收也不属于强行收购的艺术品，一共445件，而且还不清楚其中有多少应该归还给老物主。这些艺术品中有294件和纳粹统治时期得来的其他艺术品一起，存放在维也纳森林的卡尔陶斯·毛厄巴赫镇。在1969年9月2日至1970年12月31日期间，维也纳政府根据《艺术和文化财产登记法规》多次公开呼吁，寻找那些由于非法行动失去艺术品的物主，而对这些呼吁的反响比较冷淡。这种反应不是没有原因的，因为很多老物主曾在德国和荷兰生活过。尽管波恩政府一再提出要求，将艺术品再从奥地利收回，但最终没有收回来。鉴于德意志帝国最后“财产败落”，奥地利提出一项与之抗衡的财产要求。1996年，人们对存放在卡尔陶斯·毛厄巴赫镇的艺术品的要求被多次延长期限后，奥地利政府在维也纳拍卖了特别任务剩余的艺术品，其中就有特别任务从荷兰古德施蒂克艺术品商行买进的那幅画。

奥地利从林茨特别任务的遗留中共得到445件艺术品。至今还不清楚，这些艺术品中有多少件已由维也纳政府归还、出售或仍保留着。直到2004年，奥地利还在继续进行这方面的调查核实工作。

## 荷　兰

在联邦德国之后，荷兰成为接收特别任务收藏的艺术品第二多的国家，共接收887件。根据同盟国的约定，从前被德国占领的国家应当各自负责追回艺术品，这样，从1944年开始，荷兰就由荷兰托管协会和荷兰艺术宝藏基金会的一个部门共同负责，追讨被劫掠的艺术品。

同盟军禁止被德国占领国家的国民与德国进行交易的禁令，决定了战后在荷兰进行一次切实的调查，这次调查由一个委员会根据荷兰托管协会的指示进行。委员会作出判断，哪些对德国人的出售是强迫完成的，又有哪些交易是与敌人非法串通达成的。这个判断是一个原则问题，为此美英两国政府的代表曾于1945年6月讨论，如何对待德国人在占领区合法购买的艺术品。在讨论中，英国的一位代表指出，根据同盟国的协议，这里不应包括那些曾经从德国人手里得到一笔钱而现在又想把他们的东西要回去的卖主。他生气地质问："他们该把蛋糕吐出来还是吞下去？"

根据1943年同盟国的约定和荷兰王国流亡政府的决议，荷兰政府于战后将占领区所有的购买都看做合法的。荷兰归还委员会主任阿里·鲍勃·德弗里耶（Arie Bob de Vries）却让人仔细区分以下两种不同的购买：波色和福斯所进行的艺术品购买，和米尔曼办事处常常伴随强制手段的购买。根据这种区分，特别任务经过米尔曼购买的阿尔方斯·雅费（莱顿）和雅各布·哈托克（海牙）的收藏就归还了，而波色用外汇买的奥托·兰茨的收藏就没有归还。总体上看来，如果当初米尔曼办事处的人从荷兰画商那里购买的艺术品战后没有归还给卖主，而收归国有了，那么这类艺术品多数都要物归原主。诚然，这一原则也有变通。

但是，荷兰当局却把强制出售弗里茨·曼海姆的收藏看做一起串通案件，于是，希特勒通过米尔曼收购的这一收藏中的画品就没有归还。另外还有3幅画，是画商德博尔从市场上购买来卖给了希特勒的，荷兰政府将它们归还了物主。估计这一归还与被迫出售有关，德博尔为希特勒买画，是为了避免纳粹的迫害。此外，卡茨兄弟二人收回了23幅油画，据说这些画是他们被迫出售给特别任务的，但这些作品原先不是他们在迪伦的画廊收藏的，而是1940年以后很久从市场上或其他不为人知的渠道替希特勒买来的。

总体来说，对于德国归还的艺术品，目前绝大多数荷兰政府都没有退还给前物主，战争期间从这个国家运走的艺术品，只有12%回到原物主手里。还有一些艺术品被拍卖了。这一政策的结果是，现今荷兰政府手中还有从本国为希特勒搜罗的艺术品总数的65%（准确的数字是579件）。荷兰政府没有退还特别任务艺术品的高额数字，使人得出如下结论：希特勒的购画人在荷兰依靠购买来搜罗艺术品。这一结论与对于供货渠道和前物主的调查分析结果相符。

## 法　国

在德国和荷兰之后，法国接收被德国当局没收和搜罗去的艺术品，居于第三位。法国的艺术品回收委员会一共收回61257件艺术品，其中超过 45000 件是家具，并且都归还了合法的物主。根据 1949 年 9 月 30 日颁发的一项法令，法国政府将剩余的物品都交给了一个托管机构，即国家回归艺术博物馆。这个托管机构接下来卖掉了在艺术史上没有多少意义的 14000 件物品，最后一共留下 2058 件，其中 1029 件是油画，被确定为具有珍贵的艺术史价值。1950 年至 1954 年，法国政府曾在孔皮埃涅王府展出这些艺术作品。公开展览之后，又将 30 幅油画归还了物主，其余的由国家回归艺术博物馆管理。

从林茨特别任务的收藏中共还给巴黎政府 584 件艺术品，这个数字多于希特勒的人以前从法国搜罗去的。举例说明两个数字的差是怎样造成的：来自伦贝格（Lemberg）博物馆，曾经为格奥尔格·卢博米尔斯基（Georg Lubomirski）侯爵所有的两件作品，被归还给了法国，此外还有 12 幅画是以前从德国画贩子手里换来的，或者来自希特勒 1938 年以前的艺术品收藏。对照“德累斯顿目录”，上述归还今天看来是有问题的，这 12 幅画不是从慕尼黑而是从土伦塔尔运到巴黎的。估计在奥地利的占领军军官并没有看见在慕尼黑用来决定归还的大量原始文件。

尽管存在这样的不规范，现在仍可确定，当时归还给法国的全部物品的 50%（确切的数量是 296 件）属于法国国家所有，存放在国家回归艺术博物馆中。根据法国核实的结果，这些艺术品中有 275 件是从法国的艺术市场上购得的。法国国家行政管理部门现存的特别任务艺术品的数量，比荷兰的少，这说明，在法国内部归还工作的实际操作是有区别的。

例如，对于罗森贝格特别行动指挥部没收的和米尔曼办事处购买的艺术品，原则上法国政府都直接退还了，只有一件根据“德累斯顿目录”应看做没收的艺术品，直到 2004 年还存放在法国政府的托管机构里。这是来自埃莱娜·德祖伦收藏的一条哥白林双面挂毯。埃莱娜·德祖伦是罗特希尔德在巴黎的亲戚，但有荷兰国籍。在法国也像在荷兰一样，特别任务当年在艺术市场上购来的艺术品，1945 年以后没有归还原主，例如在 1941 年至 1942 年间，哈伯施托克和布吕施维勒从巴黎的奥特尔·德鲁奥拍卖行买来后转让给希特勒的 8 幅作品，现在还放在国家回归艺术博物馆。不过法国当局处理德国所购艺术品的归还问题的做法，并不总是前后一致的。荷兰画商特奥·赫尔姆森 1944 年从巴黎艺术市场上为特别任务购买的大量艺术品，法国扣留了其中大约三分之二；巴黎画商雨果·恩格尔当年通过哈伯施托克向特别任务提供了 10 件艺术品，国家回归艺术博物馆从中收留了 7 件。

看来法国当局也跟德国、荷兰的同类机构一样，谨慎地审核了归还要求，以及所有尚在法国托管机构的公开记录下来的艺术品，但是特别任务从法国弄走的全部作品的一半，将不再归还原物主。这说明，特别任务在法国也是尽力从市场上购买艺术品。

## 其他国家

与那些曾经有火热交易的被占领国一样，特别任务在那里购买少量艺术品的一些小国，慕尼黑收集站的美国领导人也向它们归还艺术品。这样，比利时就收回了米尔曼办事处以及其他人为希特勒搜罗的 75 幅画，但其中有多少幅归还了物主却不清楚。归还了捷克 27 件，都是曾经被没收的。归还给意大利的，只是在那里购买的 126 件中的 42 件。由于收集站里的德国工作人员提出抗议，加上刚成立不久的联邦共和国进行斡旋，使得德国至今还掌握着在亚平宁半岛为希特勒购买的 72 幅画，其余的部分在 1945 年丢失了。

苏联则只从特别任务的剩余物品中回收了 1 幅画，是弗兰斯·弗兰肯（Frans Francken）的《阿玛列基特人战役》。这是特别任务在苏联没收来的唯一一幅画。

很多人在纳粹统治时期出逃到外国，1945 年以后在归还过程中反映出来，于是特别任务的两幅画分别送还给了挪威和瑞士；4 名生活在美国的物主也从慕尼黑得到了他们原先的财产。还有 8 件从慕尼黑收集站归还的艺术品，文件记录是归还给了南斯拉夫，事实上是被前南斯拉夫的一个军官托皮克（Topic）欺骗去了。托皮克 1948 年 12 月出现在慕尼黑的同盟国艺术保护军官联络处，声称他代表贝尔格莱德政府提出归还要求，收集站的美国负责人相信了他，把 8 幅画交给他带走了。后来才弄清楚，这个人根本没有贝尔格莱德军官的身份，只是出于个人的动机拿走了艺术品。这几幅画的真正主人可能是奥地利人或者德国人，因为它们或是从德国艺术品市场上购买的，或是从国营的维也纳多罗台姆拍卖行拍来的。有理由对这些画提出归还要求的人后来找到美国占领军政府，要求赔偿其损失，但此事后来却不了了之，那些画至今也无影无踪。

一项对特别任务收藏品的确切调查表明，苏联占有了特别任务的 7 幅画，是战后苏联运走的。与此相同，有 10 件艺术品被美国军官格登·W·吉尔基（Gordon W. Gilkcy）拿走了，在没有国际法基础的情况下，它们便消失不见了。这些艺术品都明显地具有纳粹特征，除了重要的纳粹党领导人的胸像外，还有胡贝特·兰青格（Hubert Lanzinger）有名的《作为艺术保护者的元首》。这些作品当初是以同盟国监督委员会决议的“去军事化和去纳粹化”的名义收缴去的；其中 5 件现今存放在华盛顿的一个仓库里，归美军艺术品收集站所有。

除了去向和用途有据可查——收集站移交给奥地利、法国、比利时、荷兰、捷克以及苏联，用以归还前物主和继承人——的艺术品之外，还有一些艺术品至今去向不明，根据“德累斯顿目录”记载的说明和来源可以断言，特别任务确实购买了这些作品，而如今只好将它们视为遗失。

## 遗　失

首先能够说明特别任务收藏品遗失现象的是“德累斯顿目录”。在目录中，收藏品的编号中有5个奇怪的空位，在这些空置的号码上已经没有索引卡片或者照片了，也没有取走艺术品的记录。引人注意的是，这5个号码在数目很大的3115和3642之间。看上去，这些号码表示的5件艺术品是不可能在1945年4月劫掠“元首大楼”时丢失的，劫掠者没有时间系统地毁掉原始的“德累斯顿目录”中记录这些作品的卡片、底片、照片和纸页。

无论谁拿走这些艺术品，都必须同时拿走特别任务记载的这些艺术品的全部资料，才能抹掉它们的痕迹。但是，建筑师雷格在把艺术品运往阿尔套斯湖时做的名册却被遗忘了，名册里存有所遗失的5件艺术品中的两件。其中1件是1923年11月9日希特勒政变中一个牺牲者的画像，是当代画家H·韦格纳画的；另外1件是描述纳粹政变者行军场面的壁毯。这两件作品估计与其他几件有关，都是炫耀纳粹的，因此是战争当局要毁掉的。威斯巴登收集站曾经证实，这些作品中有1923年11月9日阵亡的一些人的画像，被美军销毁了。

1945年之前希特勒从收藏中取走的15件艺术品的命运，也像谜一般。老的“元首大楼索引”卡片和“德累斯顿目录”都有记录，希特勒为个人需要取走了这些艺术品。在那之后，一些画在“元首住宅”消失不见了，或者作为礼品被送人了。希特勒曾多次将画品赠送给他政治上和军事上的追随者，他还拿走过1幅莱布尔（Leibl）的油画，为了在这位艺术家百年冥诞时赠送给罗森海姆市。到现在也不清楚，1945年以后，同盟国的艺术军官又重新找到多少这类拿走的作品，送回到收集站。希特勒1944年4月16日拿走1幅威廉·范德维尔德（Willem van de Velde）的油画，在公务庆典活动时送给了海军大将埃里希·雷德。现在这幅画的下落已经查明：已将其归还来源国，现今属于荷兰国家财产。而另外15件被希特勒拿走的艺术品，至今下落不明。

属于这类被取走的艺术品，还包括“元首大楼索引”卡片和“德累斯顿目录”中注明“撤销”字样的作品。这些艺术品被剔出去也在1945年以前，即使没有说明也可以判断，它们也许是作为礼品用掉了。海因里希·霍夫曼曾经在他的回忆录里举例说过，有另外的6幅画被希特勒赠送给了“第三帝国”的重要领导人，它们可能就包括在9件撤销的作品中。退还的画作中，也包括买来和登记之后，没有通过希特勒和他的主管们严格审查的作品，有这样的5幅画被从特别任务的收藏中“归还”掉了。此外，还有“元首大楼索引”中的1幅画，像以前所提到的，被拿到卢塞恩的画商菲舍尔那里作交换了。

除了有监督和记录拿走的之外，还有更多是被偷走的。从特别任务的收藏中非法取走的现象并不罕见，大多数是1945年4月底在慕尼黑“元首大楼”遭到哄抢时发生的。这次哄抢之后，也有在美国占领军士兵的眼皮底下发生的偷窃行为。红军运往土伦塔尔的那些藏品也应该归入这一类。“德累斯顿目录”中有287件艺术品最终遗失了。

早先遗失的艺术品的数字比现在大得多，后来，美国占领军和慕尼黑的刑警在黑市上找到并追回了一些作品。还有一些被偷走的作品，几年以后出现在瑞士画商弗里茨·纳坦的画行里，而画商没有法律义务提供详情，那些作品就销声匿迹了。这些在瑞士卖掉的赃物中，包括1幅莱布尔的油画和14幅施皮茨韦格的作品。1977年12月，慕尼黑的警察找到了施洛斯收藏中的1幅画，这幅画失窃的经过是：一个市民为了报复纳粹把自己关进集中营，拿走了这幅画，并且一直到死都把它藏在岳母家的住宅里。

“德累斯顿目录”的“林茨附录”也标示出了遗失的情况。在这个目录单子里，有的作品带有Mü编号，有的则没有。有这种编号的作品都在慕尼黑经过登记和拍照，根据这一点可以反推，所有列出清单而没有这种编号的作品，展出后就再也没有找到。因此，本书在研究过程中第一次证实了，在德累斯顿和在俄国的作品，顺理成章在“林茨附录”中也没有Mü编号。特别任务遗失的作品因此也都是“林茨附录”中的作品，都没有Mü编号。“林茨附录”中没有Mü编号、被视为遗失的版画数量有数百件，至今它们的下落不明；而遗失的油画总数是146幅。据估计，这些遗失作品的一部分可能记录在德累斯顿铜版画室的“不详”卷中。

核查“林茨附录”中的遗失作品是相当困难的，因为关于这些作品遗留下来的，常常只是关于购买的情况和作品的尺寸，除了在“元首相册”中有照片之外，“林茨附录”中没有照片，因此无法确定无疑地指认它们。

人们根据“林茨附录”在德累斯顿寻找杜克的油画，得出了这样的结论：关于这些画，既没有它们去向的音信，也不知道它们是否还存在。同样，还有1幅约翰·海因里希·罗斯（Johann Heinrich Roos）的大幅动物画，也登录在“林茨附录”上，但是没有记录它的去向。它大概现存在奥地利上奥州地志博物馆，属于战后存放在奥地利的那些作品。看来文化财产托管机构的工作人员，即核定“林茨附录”的那些人，没有将所有的资料都加到这一清单里。此外也存在其他的可能，即那些没有注明去向的作品可能通过不为人知的渠道消失了。

最后，特别任务收藏中遗失的，还有在战火中毁掉的艺术品。1945 年 2 月 13 日对德累斯顿进行大轰炸，当时至少有 19 幅画不见了；在空袭圣·阿加塔市的时候，还有两尊大理石胸像和 4 幅油画被毁。不是所有遗失的艺术品今天都能够通过照片来核实。

现在可以确定，特别任务丢失的所有作品可以分为以下三种情况：属于“德累斯顿目录”和“林茨附录”中的丢失的作品，在慕尼黑收集站被偷走的作品，被苏军作为战利品拿走或者被希特勒拿走的作品。此外还有在战火中毁掉的。丢失艺术品的总数是 460 件。为了让人们了解特别任务丢失的画品，或许有可能继续核查，本书后面介绍了丢失的 191 幅画，这些画都有照片留存下来。

尽管这些画品的购买人通过了合法的交易渠道，但是根据德国的法律，这些艺术品不是他们的财产。只有两种情况可能例外：有转让担保的合法交易，还要再等 10 年；或者在一次公开的拍卖中拍得被盗物品。与德国相比，美国的法律要严格得多，根本不存在让一件被盗的物品成为私人财产的可能性。假使这些遗失艺术品又出现了，那么必须归还给合法的财产所有人。

## 继续归还

1990 年的形势变化，使得人们对于在“二战”爆发前后变换了物主的艺术品的态度也发生了变化。两项变化为研究被窃艺术品提供了新的动力。1990 年之后，档案馆能对历史研究提供更大的方便；

从1996年起，犹太受害人协会起诉瑞士银行大发大屠杀之财，促使重新调查由于纳粹迫害而易主的艺术品。这一国际性的运动在1998年因华盛顿声明而达到高潮。博物馆和受害人协会要求，在公众收藏中系统地寻找核实战争期间被没收的一切艺术品，要求联合国在世界范围内，为归还这些艺术品提供保障。

尽管战后同盟国的情报机构和艺术部门进行了调查研究，到1990年时，还需要再澄清和确认被纳粹分子盗劫的艺术品。对已经从德国退还给当时的被占领国法国和荷兰的艺术品，需要再次证实其来源，这就促使这两个国家成立新的委员会展开调查。在荷兰，1997年为此组建了委员会，并在两年之后提交了调查报告，这一报告再次强调了艺术品市场的作用。荷兰的艺术品商行早在30年代就从德国购进了受迫害人的艺术品，并将其运作到国际市场上。

在法国，一个专门组建的委员会到2000年，已经在国家归还艺术博物馆的藏品中确认出80%是劫掠的。法国的情况和德国相似，艺术品商人和商行在被劫掠艺术品的交易中居于中心地位。第二次世界大战中，德国所占领国家的老牌艺术品商行，都从对艺术品日益增加的需求中获得了利益。

在德国，1990年也出现了进一步澄清的高潮。战争结束后，在被占领的德国即开始把被劫掠的艺术品尽可能归还给物主（所谓“内部归还”）。1947年11月10日，美国作为执行归还的第一个国家，为它占领的地区颁布了一个归还法规，目的是让被纳粹迫害的人收回已确认的财产。英国占领政权于1949年5月作出自己的规定，核心内容与美国的相似。法国占领政权则制定了一项有出入的法规，根据法国的这项法规，没有继承人的犹太人的财产被纳入了一个基金会。在苏联占领区，则没有不断地将被剥夺的财产归还受害者的工作。

在西部地区，归还行动进展一致，同盟国的法规融入了 1957 年 7 月 19 日的联邦回归法中。这个法承认纳粹党“夺权”以后有被迫出售的现象，怀疑在“第三帝国”时期与犹太人进行的交易的合法性。1933 年，为了交纳所谓的“帝国出走税”和其他特别税，很多受迫害人被强迫出售财产。根据回归法，只能归还现存的物品。联邦德国财政部办公厅是归还受迫害人财产的主管部门，这使得 1945 年以前对犹太人实施迫害的一些人，现在必须加以偿还。对于那些不可能归还原物的财产损失，联邦赔偿法保障从 1956 年开始予以补偿。

作出这样的补偿之前，法院按照程序必须具有大量的事实依据，然后才能作出判决。申诉人承担提供事实的责任，在必要的、可能的范围里协助法院核查事实；对于已经遗失的证据，法院认可以诉词来代替。这对以前被迫害的人来说不管怎样是一种宽慰。

通过德国统一的协议，西部德国的归还法和补偿法在东部德国也得以实施。这一点很必要，因为此前，东部德国几乎一直没有向被纳粹统治迫害的人归还和赔偿损失。立法人通过各种步骤创造了归还的基础条件。首先，自 1990 年起，财产法使得在东部德国归还纳粹统治时期被剥夺的财产成为可能；接着在 1992 年夏，联邦议会又对 1949 年柏林地区关于归还的规章进行了详细解释和具体补充，这一规章现在适用于全德国。申请归还因受迫害而充公财产的期限早已经过去了，联邦议会于 1994 年 9 月通过了纳粹迫害补偿法，确定了新的时限。

根据这些法律条款的精神，从原则上讲，纳粹统治时期对某些特定族群的集体迫害从 1933 年就开始了，这一简单的估计使一些以前认为合法的交易变得无效。只有当买家或者其合法继承人证实出售者能够自由支配他的收入，才算合法交易。对于 1935 年 9 月纽伦堡人种法公布以后所实施的迫害估计得更为严重。只有提出证据，证实艺术品的出售没有经过迫害，并且购买人以相当的金钱给予了出售者帮助，才能驳回怀疑。

华盛顿声明促使联邦政府、联邦各州政府及地方领导机构于1999年都发表了各自的声明，进一步申明归还被收缴的艺术品的意愿。与此同时，德国的各个博物馆和主管联邦文化产业的机关，重新核查了艺术品的来源，在调查过程中看出，恰恰是画商们的交易一再成为引人注目的核心。

在博物馆的调查很快就落实到归还工作上。柏林财政局在90年代归还了丹尼尔·霍多维茨基（Daniel Chodowiecki）的油画《挤奶妇》，该画以前属于百货公司业主马丁·蒂茨的收藏。蒂茨1939年从德国逃亡时把他的收藏留下了。盖世太保于1942年收缴了蒂茨的财产，接着由柏林—勃兰登堡州财政局估价后，送到柏林的格劳佩拍卖行，玛利亚·迪特里希1943年1月13日从那里买下来，给了林茨特别任务。这样的案例不是个别的。画商汉斯·W·朗格经营的雅利艺术品商行，正如已经揭示的那样，多次拍卖过受迫害人被收缴的艺术品给特别任务。在这种情况下，只有将画商弄到这幅画的过程完全揭示出来，归还才有可能。

格劳佩艺术品商行就是劫掠艺术品的转运站。保罗·格劳佩作为一个犹太人却获得了特殊的许可，他一直到1937年都经营着商行。许多犹太收藏人为了缴纳特别税要出让藏品，就来找他。有一个很典型的事例：柏林国家美术馆1935年得到作为赠品的文森特·凡高的素描《橄榄树》，直到1990年都保存在美术馆的东柏林部分。这幅素描来自德国犹太人马克斯·西尔伯贝格的收藏，他在1935年被迫出售家产，一个促进协会在合法条件下购买了这幅画，不久之后赠给了美术馆。直到西尔伯贝格的一个亲戚提出申诉并为此审核这幅画的来源后，才弄明白这幅画的全部周转情况。

1990 年以前，艺术品的归还常常因为作品来源的信息资料不足而中断；1990 年之后就好多了。比如柏林市财政局于 1999 年把伦巴赫的《沙克伯爵肖像》归还给原物主，该画是迪特里希于 1939 年从慕尼黑的雅利安化的海涅曼画廊购得的。战后，迪特里希曾对慕尼黑收集站的工作人员说它来自“德国的物主”，当时对这幅画的来源没有作进一步调查，因而在此之前一直没有归还。

上述三个事例大概都不是个别现象。30 年代，柏林经常举办拍卖活动，犹太人为了上交离开帝国的特别税，只好去拍卖行卖掉艺术品。伦巴赫另一幅画的命运很有代表性。这幅画的女主人为了出走而要把画出让，她的一个熟人将画拿走，后来卖给了希特勒。联邦政府得到这幅画后把它拍卖了。德国的艺术品交易在犹太人出走、公共机构得到犹太人的财产方面起了怎样的作用，目前还没有加以充分的梳理。从德国看到的案例与奥地利的情况相关联。1 幅被没收的埃贡·席勒（Egon Schiele）的油画，萨尔茨堡的画商韦尔茨在纳粹迫害物主的过程中将其买到手。在这个画商卖给特别任务的画品中，却还没有发现一幅是以前通过强迫出让得到的。

在荷兰，不久前有人申请归还油画，那是一些逃亡的人不得已出售给画商的，现今挂在博物馆里。这个事情再次证实，国际艺术品市场是如何利用受纳粹迫害者的艺术财产积极参与组建特别任务收藏的。下一步，只能依靠审核个别案例来开展研究。根据今天的法律解释，一件作品有价出售不能从一开始就看做强迫出售的标志。

# 十二、收藏者的风格

## 希特勒的选择

根据“德累斯顿目录”提供的准确资料，可以确定汉斯·波色领导特别任务之前希特勒购买的艺术品的数量，首先是在“元首大楼索引”上登录的784件，所有编号更大的作品就都是1939年6月21日以后购买的了。此外在“林茨附录”上，还有28件是希特勒在1935年至1938年之间购进的。希特勒于1939年交付给特别任务812件艺术品，这些艺术品代表了大独裁者本人选购艺术品的口味。

根据阿尔贝特·施佩尔的交代，希特勒认为19世纪是最伟大的艺术阶段，因此也就不奇怪，他搜罗的全部艺术品的60%以上都是19世纪德国艺术家的作品，另有21%是同一历史阶段的奥地利画家的作品。这两个美术学派共同决定了希特勒收藏的面貌。除了19世纪的艺术家，17世纪的佛兰德和荷兰画家，在希特勒的收藏中也是一个明显突出的群体。另外的流派，像15世纪的德国和18世纪的意大利的画家，虽然也有他们的作品，但是件数很少。有名的例如希特勒自从1936年以后就有的1幅意大利文艺复兴时期的油画——帕里斯·博多纳的《维纳斯和爱弥儿》，是卡尔·哈伯施托克卖给他的。

在19世纪的画家中，海因里希·比克尔是希特勒收藏中的红人。当波色接手特别任务的时候，希特勒手中有这个画家 34 幅作品，这一调查结果与海因里希·霍夫曼的交代相吻合。霍夫曼战后在一份报告中说，希特勒 1938 年时有这个画家的作品 30 幅左右。希特勒收藏中第二个突出的是弗朗茨·冯·伦巴赫，一共有他 29 幅作品。这两个艺术家之外，希特勒的收藏中还有其他的重点，弗朗茨·冯·戴弗雷格尔、爱德华·格吕茨纳、弗朗茨·冯·施图克、卡尔·施皮茨韦格和费尔迪南·瓦尔德米勒，各有二十多幅作品。19 世纪很多其他的画家，像鲁道夫·冯·阿尔德、安塞尔姆·费尔巴哈和汉斯·马卡特，在希特勒的收藏中很少有超过 10 幅作品的。

这些数字只在有限的意义上反映出希特勒的偏好，它们必须联系艺术品市场的情况加以审视。在艺术品市场上，希特勒偏爱的艺术家的作品不曾以任意数量存在，尽管如此，与 1925 年前后几年比较，还是印证出某些口味上的变化。当年希特勒在为“国家博物馆”设计的第一个草图中，将各个展厅分别分配给画家科尔内留斯、富里希（Führich）、冯·马雷斯（von Marées）、勃克林、特吕伯纳（Trübner）和乌德（Uhde）。前三位画家他直到 1939 年还没有收藏其 1 幅作品，后面的几位画家，直到波色上任也只有很少几件在他的收藏中。戴弗雷格尔、马卡特和皮洛蒂，希特勒在他的博物馆中也都分给了一个展厅，在他的收藏中都有作品，继续保留着他美学构思的一部分。

希特勒的收藏热情很顽固，比如他仅在 1938 年一年就收集到 27 幅施皮茨韦格的油画，就证实了这一点。他很成功地让人找到了这个画家的作品。在这位慕尼黑画家的作品中，他特别喜欢风俗画。他对于收藏这些作品——正如他后来曾表示过的——很骄傲。他夸耀他的收藏是“整个世界最美的施皮茨韦格收藏”。对艺术家格吕茨纳，希特勒欣赏其捕捉幽默和充满感情的一瞬间；弗朗茨·伦巴赫以构思严谨和寓意深刻触动了他；马卡特通过闪烁明快的色调给了他很深的印象。估计是费尔巴哈和马卡特的“摆谱的堕落”吸引了他，在他上萨尔茨贝格的住宅里，挂着费尔巴哈的油画《娜娜》，希特勒自己有一次提到这幅画，说他必须“一再地看”。希特勒对马卡特的欣赏还使他干涉过别处的展览：他以前的新闻官奥托·迪特里希交代说，希特勒有一次在汉堡市政厅的一个偏僻角落发现了马卡特的《卡尔五世进军安特卫普》，便马上下令将其放到一家博物馆引人注意的位置上。

希特勒还收集了现今早已被人忘记的19世纪慕尼黑画派次等画家的作品，这些人有阿尔布雷希特·亚当（Albrecht Adam，1786—1862）、海因里希·海因莱因（Heinrich Heinlein，1803—1855）、弗里德里希·路德维希·霍费利希（Friedrich Ludwig Hofelich，1842—1903）、亚当·阿道夫·奥博伦德尔（Adam Adolf Oberländer，1845—1923）和费利克斯·施莱辛格（Felix Schlesinger，1833—1910）。当专业的主管波色和福斯负责收藏工作后，他们就再也没有买过这些画家的任何作品。同样的情况也发生在威廉·莱布尔身上，希特勒到1938年为止共买了8幅这个画家的作品。展开希特勒收藏的德国和奥地利画派的重要代表以及受他们影响的同代人的作品，他的收藏活动给人一抹完全有系统的色彩。不过他的选购给人的印象，不是从本质的观点而是从非科学的角度（如全面和重复等等）出发，于是在他收藏的19世纪画家的作品中一再重复相同的题材。他买了弗里德里希·班贝格（Friedrich Bamberger）5幅画，都只画南方的海岸；从戴弗雷格作品中购买的10幅，全是姑娘肖像；从格吕茨纳作品中购买的至少有5幅，内容都是一个喝水的福尔斯泰夫（Falstaff）。这种重复购买的行为，正如建筑师雷格战后交代时说的，有一个很简单的理由：希特勒总是购买他喜欢的画家相同的作品，为了他以后从这些作品中选出最好的放在身边。

如果仅仅围绕艺术，那么希特勒能够跨越他自身意识形态的阴影。他也曾购得威廉·勒维特（Wilhelm Löwith）的两幅画，尽管这个画家是犹太人。此外，他在后来的几年中也让人将一幅反映犹太人生活的画——霍弗特·弗林克的《以色列萨穆埃尔·玛耶萨的肖像》——列入他的收藏。他对洛维斯·科林特（Lovis Corinth）的评价表现出自相矛盾的心态：有一次他称赞科林特早期的作品，却指责科林特后来“将一切都涂抹在一起”，然而这没能阻止他在他私人的活动范围内挂这个画家的画。1942 年，有 1 幅科林特的画先是挂在柏林的“元首住宅”，后来也进入了慕尼黑的特别任务藏品库。

迄今为止对希特勒收藏的分析认为，其实这个大独裁者也收藏当代艺术，为以后的林茨美术馆作准备。这里涉及 9 幅画，一部分在当时“第三帝国”艺坛上属于有名的“偶像”题材的作品，其中有胡贝特·兰青格的 1 幅油画《作为艺术保护者的元首》，画着希特勒身着骑士甲胄；还有阿道夫·齐格勒的人体画《四元素》，以及赫尔曼·奥托·霍耶（Hermann Otto Hoyer）画着希特勒讲话的 1 幅画。大多数这类作品都是从慕尼黑的“大德意志艺术展览”上买来的。这些油画是否将在计划中的林茨美术馆或者 19 世纪和 20 世纪艺术博物馆展出，没有作出决定。希特勒在慕尼黑展览上买来的当代艺术品，远比这里提到的多，这些艺术品在“元首大楼”的藏品库里单独归类存放。希特勒让人将为数不多的当代艺术品先后登记在“元首大楼索引”和“德累斯顿目录”中，则表明了这些作品对他有着怎样的意义。

希特勒经常期待一种“朴实的、简单的、诚实的艺术”，他指责表现主义艺术一味追求“轰动效应”和“趣味”。对简单化的追求表现在他建立起来的收藏中。他收藏的作品都出自以严格的现实手法作画的艺术家，他的审美情趣却并不仅仅停留在绘画技巧上。希特勒在1934年至1939年期间搜集的画品的内容，也体现出单纯、守旧并因此对他那个时代世界的倾向置之不理的审美偏好。

于是在希特勒收藏的画品中，多数是描绘人和自然的，其中描绘风光的就有150幅之多。在这些风光画里，值得提及的只有海因里希·比克尔的《草原和两头奶牛》，或者奥古斯特·赛德尔的《暴风雨的风光》。其他的画中有相当多的城市建筑，作为一个例子，也许该提到鲁道夫·冯·阿尔德的《罗马的天使堡一瞥》。考虑到希特勒作为建筑设计画家的出身，这一调查分析结果也就不出乎意料了。

在希特勒收藏的大约6%的作品中，体现了他与艺术联结在一起的政治功能倾向，其中有以油画的形式炫耀政治的描绘军事事件的作品。这类的作品有比克尔的《哥萨克宿营》或者威廉·冯·迪茨（Wilhelm von Diez）的《法国骑兵和马》。而关于宫廷、魔幻、抽象理念及构思、《圣经》故事、文学、神秘和历史方面的题材几乎没有；现代城市生活和工作场景则完全没有。

希特勒特别珍爱的19世纪艺术家的作品中，只有很少的肖像画进入他的收藏，而且根本没有宗教方面的描绘。同样在他1939年以前收藏的画品中，也只有很少的职业场景，而根本找不到工人。在遗留下来的作品目录等资料中和他个人的藏品中，这一偏爱明显一致，城市建筑和风景描绘占了绝大多数。

希特勒对风景和没有人物的建筑街景的偏爱，有时会暗示出，他缺乏社会性，对人根本没有感情。就连他对农民生活场景和事件的偏好，也是他意愿的表达，他想借此蒙骗人们，避免人们对他个人不稳定的家庭关系的知晓，并为他的农民背景作辩护。事实上，希特勒自己画的画和他收集的画，首先只是落实他提出的大众化原则即普遍理解的原则，这一原则也只能是他顶多够得上简单的艺术理解力的政治遮羞布。他收藏了二十多幅静物，这是他自己几乎没有画过的题材，但是静物是他坚持现实主义的一个反映。这种艺术的临摹，曾被约翰·沃尔夫冈·歌德批评为“最受局限的存在”，这是希特勒从未跨越过的狭窄的界线。

希特勒收藏的画品所展示的内容，着重表达了他的艺术观点。风景的描绘、准确再现置于情感丰富场景中人的面孔，以及军事斗争中动人的时刻，这些都是通俗易懂的题材，像古典神话那样鲜明易懂，不需要为了理解这些作品表达的意思而具备背景知识。希特勒喜欢的画面内容，对广泛的大众而言是第一眼就可接受的。

希特勒几乎没有超越过他收藏艺术品的片面性。在这一背景下，汉斯·波色从1939年开始继续进行特别任务收藏的观点，可以被看做总体工作的新方向。

## 汉斯·波色的幻景

汉斯·波色当初一被任命为特别任务的负责人，就从希特勒那里接到了组建未来博物馆的指令。在他的日记里，记载了在未来新博物馆展览艺术品的规划：一楼将展出史前艺术品和古老艺术；二楼是19世纪和“新时代”的收藏。对于19世纪的艺术，他可以动用存放在慕尼黑“元首大楼”里的丰富藏品。1939年10月，波色提出了一个关于计划中的美术馆展览方式的总体方案，确定了收藏的重点，即：

—— 早期日耳曼和民族迁移时代的艺术品收藏；

—— 哥特和罗马时代的油画；

—— 德国文艺复兴时期和16世纪多瑙河派的作品；

—— 关于南部德国巴洛克艺术的部分；

——17 世纪荷兰大师的作品；

——16 世纪至 18 世纪意大利的绘画；

——19 世纪德国画派和奥地利画派的作品。

波色想让观众在不同的部分看到收藏的重点。他接过希特勒的预想，给 19 世纪的画家每个人一个单独的展厅。这当中希特勒又提出画的另一种挂法：每幅画都与同时期的家具一起展示。波色遵从这一建议，在接下来的时间里购置了古老的柜子、桌子和椅子。

直到波色 1942 年 12 月去世，在慕尼黑的藏品库一共登记了 2173 件新的艺术品。这些艺术品是“元首大楼索引”中登记的艺术品（781 号至 2683 号）的继续。在维也纳没收的犹太人私人藏品的照片和波色购买的艺术品，登记在“林茨附录”中，这些艺术品可能是直到战争结束才运到德国南部的。现在，我们已经无法查清这些艺术品中究竟有多少是波色购入的，又有多少是希特勒掠夺来的。但有一点可以肯定，波色实际购入的艺术品的数量，比现在记录在“元首相册”中的要多。

通过波色购买的这些艺术品，可以清楚地看出这位德累斯顿博物馆馆长为未来的林茨博物馆设计的馆藏风格。他购买了 50 幅德国 15 世纪和 16 世纪的作品，其中既有多瑙河画派的画家如阿尔布雷希特·阿尔特多费（Albrecht Altdorfer）、约尔格·布罗伊（Jörg Breu）、老卢卡斯·克拉纳赫、沃尔夫·胡贝尔（Wolf Huber）的画作，也有划时代的大师如阿尔布雷特·丢勒等的作品。而他为德国巴洛克部分所购置的艺术品，如画家克里斯托弗·鲍迪斯（Christopher Paudiss）、奥古斯特·奎尔福特（August Querfurt）和约翰·海因里希·罗斯等人的画品，却只有前类作品的一半。

波色在任期间购买的绝大多数都是荷兰 16 世纪和 17 世纪的作品。在 1939 年至 1942 年间，有五百多件这一风格的艺术品被弄到“元首大楼”。其中有 9 幅是伦勃朗的作品，另外还有 6 幅油画，虽然据记载也是伦勃朗的，但经过严格考察发现是假的，于是波色就将这些作品标注为当代画家如威廉·德罗斯特（Wihelm Drost）或者费尔迪南·博尔（Ferdinand Bol）等的作品。反之，波色也能够在 1 幅当做霍弗特·弗林克的作品购进的油画中，看出是伦勃朗的题材。波色购买的数量最多的作品，是扬·范霍延（Jan van Goyen）、赫拉德·特尔·博尔希（Gerard Ter Borch）、阿特里安（Adriaen）和伊萨克·范奥斯塔德（Isaac van Ostade）、扬·施特恩（Jan Steen）、小大卫·特尼斯（David Teniers d. J.）、扬·温尼克斯（Jan Weenix）以及菲利普斯·沃威尔曼（Philips Wouwerman）等人的，每人都有 10 幅以上画品进入收藏。佛兰德的画家的作品数量也不少，波色购买了布吕格尔家族 19 幅画，也购买了同样数量的伦勃朗的作品（但有 4 幅后来被确认是伦勃朗的学生或他工作室里其他人的作品）。购买艺术品的数量大幅度增长的原因，是因为艺术市场的状况有所改变。德国占领荷兰，对波色和他的艺术品搜罗人来说，有了很多接触荷兰艺术品的可能性，从荷兰购买的艺术品数量表明，特别任务的工作人员确实在荷兰大大地受益了。

与希特勒的收藏相比较，波色购买意大利画派大师的作品数量也有所增长，但是不像荷兰部分是明显的重点。波色只从很少数意大利大师的作品中购买多于 10 幅作品，比如廷托雷托（Tintoretto）和帕尔玛·韦基奥（Palma Vecchio）。从希特勒早年收集过的卡纳莱托和帕尼尼（Pannini）两位画家的作品中，波色也只购买很少的新作品。但是尽管这样，波色收藏的意大利学派的作品也大大超过了最初计划的数量。通过阿姆斯特丹的兰茨收藏，波色还搞到 14 世纪的画家尼科洛·迪彼得罗·杰里尼（Niccoló di Pietro Gerini）和洛伦佐·莫纳科（Lorenzo Monaco）的作品。这样，在希特勒收藏的已经很可观的 20 幅意大利文艺复兴时期作品的基础上，意大利作品的收藏又进一步扩大了。

根据波色的计划，1939 年以后特别任务收藏中增加了法国 17 世纪和 18 世纪的作品，此前希特勒根本没有收藏这方面的任何作品，例如让·奥诺雷·弗拉戈纳尔（Jean Honoré Fragonard）和让—巴蒂斯特·格勒兹（Jean-Baptiste Greuze）的画。1939 年以前，希特勒只购买了弗朗索瓦·布歇的 1 幅油画，后来又搞来 17 幅。后来慕尼黑一共有一百二十多幅这一学派的作品，其中有 5 幅让·安托万·瓦托的细腻的情调画是波色购买的。另外，收藏中还有一些古董。希特勒认为希腊像日耳曼德国一样打着“雅利安”的烙印，慕尼黑的“元首大楼”登录那些根据纳粹的人种观念搜集来的古希腊、古罗马的小雕塑物件、首饰和工艺品，用了 20 个登记号码。有 39 件工艺品被弄到慕尼黑“元首大楼”，其中包括法国 18 世纪的家具、俄国 19 世纪的瓷器和近代手工银器。

自 1939 年夏天开始，特别任务收藏油画的内容也发生了巨大的变化。虽然人物和风光依然是收藏中大多数作品的主要内容，但题材为文明生活、社会事件和文化生活的油画明显增多了。除了城市建筑风光画和荷兰的静物画必不可少被大量购进，还购进了大约 200 幅《圣经》题材和 150 幅神话题材的作品，这类画品以前希特勒一件都没有买过。这些出自意大利、法国和老德国画家之手的宗教和神话题材的作品，在大量购入的过程中是根本无法避开的。尽管如此，253 幅风景画还是处于一直领先的地位，只是占购入油画总量的比例不像从前那样大了。

这样一来，希特勒计划中的林茨特别任务收藏就发生了变化。正如我们已经提到过的，直到 1949 年夏天，希特勒还根本不想放弃他关于建一个艺术博物馆的设想。在组建林茨特别任务收藏的过程中，因为波色没有按照希特勒的想法去落实，所以希特勒计划在柏林再建一座收藏 19 世纪作品的美术馆。直到 1942 年，建筑师威廉·克赖斯（Wilhelm Kreis）都在设计一个将要建在柏林博物馆岛北角的博物馆。在向慕尼黑"元首大楼"供画的过程中，出现了与波色计划相对立的行动：1939 年至 1942 年底，共有五百五十多幅希特勒钟爱的 19 世纪德国画派的作品被收进林茨收藏，此外还有二百多幅 19 世纪的维也纳画家的作品，不过同时也购买了 30 幅 20 世纪的作品，其中包括弗里德里希·冯·施塔尔的作品。在林茨博物馆出现这种互相矛盾的做法，说明波色对他关于林茨收藏的初步设想也作了变动，他把更多的 19 世纪的作品收进了目录。到 1942 年底，波色为林茨选定的作品图册中收进了 159 幅 19 世纪的油画，这些画差不多都是希特勒购进的，这比他 1940 年选的多了 50 幅。1941 年圣诞节，波色给希特勒寄去 4 本相册，里面都只是 19 世纪画家的作品。在第 13 本相册中，他还选了希特勒购买的 7 幅施皮茨韦格的作品。

希特勒看到波色在筹建林茨美术馆的问题上又开始迎合他，并为他偏好的艺术品腾出更多位置，于是在 1942 年 4 月中旬宣称，以后想要学习 19 世纪绘画艺术的美术爱好者，必须到林茨美术馆去观摩。关于在柏林再建一座 19 世纪的美术博物馆的计划也有了变动：决定在原来打算建博物馆的位置上建一座东方博物馆。这说明希特勒放弃了为 19 世纪的美术作品在柏林建美术馆的主意，而又重新把注意力投到他的林茨计划上。后来，他曾称赞波色具有很强的艺术鉴赏能力。

尽管希特勒给收藏工作规定了种种条条框框，波色在为林茨博物馆选择艺术品时，还是为自己争得一定的自主余地，完整地收购了曼海姆和兰茨两大收藏。因为装备德国东部的一些小博物馆也是特别任务的工作任务之一，因此波色克服了分配的困难，将为林茨预选的艺术品登记在“元首大楼索引”卡片上，而另一些准备分配给其他小博物馆的备用作品，则拍照收入相册，没有登记在“元首大楼索引”目录中，表示它们不是为林茨美术馆考虑的。

总的看来，在波色领导时期，特别任务的收藏不像以前那么片面了。19 世纪的作品依然是一个收藏重点，但同时荷兰画派和数量不多的意大利、法国和古德国画派的作品同样强烈地表现出来。这些油画是否波色本人购买的或者通过帝国总理府购买的，都不是关键，关键是希特勒在他的收藏中容忍了这一风格倾向。希特勒的政治观点早已为人所知，很早以前已经顽固不化了，但是比较他 1925 年画的博物馆建筑设计草案和 1939 年关于艺术品收藏的设想，希特勒在艺术品收藏方面有了一些变化，他多少能够倾听内行的专业人员的观点了。波色作为专家，尽管不能改变希特勒的艺术思想，但却多少开启了一点缝隙。例如，波色收购了女艺术家安格利卡·考夫曼（Angelica Kauffmann）的第一幅作品，此前希特勒从来没有这位 18 世纪女画家的任何作品；1942 年 1 月，希特勒醉心于考夫曼的作品，他称她为“最伟大的画家之一”。波色既在艺术史上扩展了林茨收藏，也丰富了收藏的内容，这就是波色生病期间能得到关注、死后他的遗孀能得到照顾的原因。

## 给赫尔曼·福斯的沉重遗产

当赫尔曼·福斯接任林茨特别任务的领导职务时，波色时期那种有利的工作条件已经没有了。买画的钱越来越少，国内外的艺术品市场也开始出现疲软。此外，使波色为林茨收藏搜罗作品受益很多的大规模没收浪潮已经过去了。条件的艰难从福斯接任至战争尾声搜罗到的作品数量上表现出来：特别任务在这一阶段一共只购置了

1727 件艺术品，其中包括“元首大楼索引”和“德累斯顿目录”上第 2684 号至第 3935 号的 1251 件作品，另外有四百多件登录在“林茨附录”上、购于 1943 年和 1945 年之间的作品，以及 28 件登录在“韦德曼目录”中的作品。

这么小的购置数量并没有影响特别任务收藏的组建。福斯和赖默尔继续实施波色为未来的博物馆制定的计划，到 1945 年又购进了古代德国画家的四十多幅油画，其中有部分作品出自多瑙河画派的画家。福斯是多瑙河画派的专家，他曾经就这一画派的起源作过博士论文。计划也有一些变动，但是有关另一派德国画家。19 世纪德国画家的作品到战争结束只收进 280 幅，比当年在波色领导下从这一画派收进 500 幅画，是一个明显的退步。另外，19 世纪的奥地利画派的作品，也只弄到慕尼黑 132 幅，这比到 1943 年为止收进的同画派作品的数量少 90 幅。在 19 世纪的这些画家中，一直领先的是瓦尔德米勒和伦巴赫，但就是这两位大师的作品，从 1943 年初到 1945 年春，也只分别弄到 14 幅和 13 幅；施皮茨韦格只有 6 幅作品进入收藏。这种现象表明，这些画家的作品在这一期间的市场上被买空了，福斯要继续买到价值较高的画越来越难了。

福斯时期购进的法国 17 世纪和 18 世纪画家的作品，数量变化不大，而 19 世纪的法国画家亨利・方坦—拉图尔（Henri Fantin-Latour）、特奥多尔・鲁索（Thé odore Rousseau）的作品更多地进入了收藏。意大利画家的作品也出现同样的现象：在 16 世纪和 17 世纪意大利画派画家的作品购买量稍稍减少的同时，18 世纪意大利画家的代表如蓬佩奥・吉罗拉莫・巴托尼（Pompeo Girolamo Batoni）、弗朗切斯科・丰泰巴索（Francesco Fontebasso）、乔瓦尼・保罗・帕尼尼（Giovanni Paolo Pannini）等的作品的购买量却继续保持高水平。

同样的现象也出现在荷兰。到 1945 年为止，福斯购进荷兰 17 世纪大师的作品在400幅以上，数量相当大。备受喜爱的画家是扬·范霍延、卡斯帕·内切尔（Caspar Netscher）及奥斯塔德（Ostade）和特尼斯（Teniers）等人，这几个人的作品各有十多幅进入收藏。与1943年以前相比有重要变化的是，购进了九十多幅19世纪荷兰画家的作品中，其中，使荷兰风景画又一次达到鼎盛的画家巴伦德·科尔内留斯·库库克（Barend Cornelius Koekkoek）的作品就有16幅。波色当年购买的19世纪荷兰画家的作品只有20件。

购买佛兰德画家作品的与此相似，福斯购入17世纪佛兰德画家作品的数量甚至稍稍超过波色当年购入的数量。最明显的是增加了19世纪佛兰德画家的作品，如夏尔·亨利·约瑟夫·莱克尔特（Charles Henri Josef Leickert）和欧仁·约瑟夫·韦尔布克霍芬（Eugène Joseph Verboeckhoven）的作品，当年波色一件也没有搞到。

更多地购买外国19世纪艺术家的作品，是特别任务自1943年起改变工作原则的一个明显表现，这种改变的原因是，艺术品市场没有能力继续提供19世纪德国和奥地利艺术家的作品了，这就促使特别任务去搜罗过去根本没有或者很少收藏过的派别风格的艺术品，于是在特别任务的收藏中出现了英国和西班牙画家的作品。17世纪至19世纪英国画家的作品，此前希特勒只有1件，波色也只收进很少的几件，而福斯却购入11件；西班牙画家的作品也是如此：希特勒当年没有购入，波色购进5件，而福斯购入8件，其中包括17世纪画家弗朗西斯科·德苏巴朗（Francisco de Zurbaran）的《扛十字架》。

福斯购买的大画家作品数量的减少，影响到他向希特勒推荐作品。他在1943年11月提供给希特勒第25本和第26本相册中的作品，还都是波色时期购进的。福斯后来推荐的油画有不少重复，例如在第27本相册里出现了早在第23本里就有的作品，其中包括安东·格拉夫的《女伯爵Senft von Pilsach和儿子的画像》；卡尔·施皮茨韦格和安德烈亚・瓦卡罗（Andrea Vaccaro）各有1幅作品也重复过。福斯向希特勒推荐作品时和波色一样，也想在计划中的林茨博物馆无所顾忌地陈放劫掠来的作品，比如他在相册中推荐过27件驻巴黎的德国大使馆没收来的作品。

福斯担任领导期间，特别任务收藏的油画在内容方面也有所发展，更多描绘大自然的作品进入了收藏。从1943年初到1945年2月，特别任务一共搜罗了289幅风景画，即便是在希特勒个人的收藏里，描绘风景的作品也没有这么大的比重。这暗示德国面对战争临近结束时越来越尖锐的局势，人们出现了“遁向田园”的心理。

尽管在福斯领导下，特别任务购画的总数量不像波色时期那么多，但是表现民俗和建筑的作品数量则几乎与波色时期相同。福斯还购入许多荷兰大师如亨德里德・范施特雷克（Hendrid van Streeck）的作品，静物画的数量也有所增加。意大利画家的《圣经》题材的作品，和波色所购买的数量相同。到1945年，购买军事题材作品的数量有所减少，减少的比例与购入总数减少的比例相当。

在希特勒、波色和福斯这三个收藏者之间，存在着许多不同，但是他们所偏爱的画派和画作的内容却是基本一致的，这决定了特别任务为未来的林茨博物馆搜罗的作品的主要面貌。

## 画品的政治纲领

尽管三个收藏者在进行特别任务收藏的工作中有这样那样的不同取向，但是就购得作品的数量来讲，19世纪德国和奥地利画家的作品都位于前列，这一点主要应该归因于希特勒的影响。希特勒购买艺术品的活动，看来是与他的两个主管同时进行的，直到1945年，特别任务的收藏都显示出一种双重形象：它既是半吊子收藏爱好者希特勒的收藏，同时又是艺术史学者波色和福斯的专业收藏。把19世纪现实主义的绘画与希特勒的政治意识和世界观紧密联系，以至于特别任务收藏的任何一个重点的改变都将会是意识形态变化的一个发端，这一点特别表现在作品的内容上。

到1945年，希特勒、波色和福斯三人所搜罗的艺术品中，风景画占总数的12%到19%。在福斯时期，收藏这一题材的艺术品更是特别优先。

同样，农民题材的作品也很受青睐。在希特勒收藏的作品中，有农民形象和农业生产场面的占5.5%强，在波色的收藏中降到2%，而到了福斯时期又上升为3%。1939年之前，收进很多19世纪大师创作的农民生活画，其中如戴弗雷格尔的《走访高山牧场》。福斯时期这类作品数量上升，主要是因为购进了描绘多种多样农民生活的17世纪荷兰大师的作品。描绘动物的作品比例也与此相似：从最初的5%到波色时期降为3%，至福斯时期又上升为4.7%。

除了描绘技术进步和船只的景物画，军事题材的风俗画也是绘画史上相当年轻的种类。特别任务收藏中这种军事题材的油画，大多数都出自19世纪后半叶和20世纪初。在希特勒收藏的部分，这类画大约占总数的6%，到波色时期减为4%，而在福斯时期又上升为5%。这与福斯时期可运用的活动空间变得狭小有关，因而他也较多地购入希特勒从一开始就喜欢的作品。

不仅购买这些题材的作品表达了希特勒特殊的美学偏好，1937年以后，这些作品也曾一再出现在像德意志艺术大厦那样的当代艺术展览和慕尼黑的一些展览中，体现出希特勒的爱好。希特勒偏爱这类题材，还因为它们发挥着现实的政治作用。

风景画可以看做为历史的过去和现在招魂。它们在德意志艺术大厦的展览中所占比例为58%。这类内容的画被认为再现了地质学意义上的“永久价值”，展示着乡村人的田园生活，画面上所有存在物的自然化永恒的延续性，不是历史的和直线的，而是一个循环，强调了现存一切事物的复归。风景画描绘了大自然一再相同的循环往复，并且以此喻示自然法则、社会关系的自然形态及其对人的必然依赖。在大多数的当代风景画中，既没有矛盾也没有发展。这种描绘着重表达了希特勒一伙的政治需求，他们可以在一个没有发展和变化的延续中，轻松地提出持续“千年”的政权要求。

与风景画并列并与之有紧密联系的农民生活场景的绘画，也是希特勒兴趣的重点。像19世纪的许多民族主义者那样，希特勒也在他的讲话中鼓吹对农民和农村的抽象的爱，但这并不是出于他与农村生活的内在联系，更多的只是表达了像希特勒这样一个来自布劳瑙、植根于小镇的小老百姓摆脱不掉的乡下人的自卑而已。农民题材被编织进纳粹的政治目的之中，它们展示着自然的家庭结构和组合，于是被纳粹思想观念一再鼓吹的“人民团体”和“民族感情”，就通过一种与风俗、服饰和农民大众文化的责任关系引人注目地凸显出来。农民生活场景画和描绘风景的画强调“自然秩序”的法则，任何对“自然秩序”的反抗都徒劳无果。同样，动物画也体现这个功能，这类画在德意志艺术大厦的庆典展览中占22%，居第二位。这些描绘都强调所谓的“自然秩序”法则，强调对该法则的任何对抗都是毫无必要的。

第三种在当代艺术展中一再出现的题材是军事内容的绘画。这种艺术创作在战争期间被称为“前线艺术”，是为再现战斗场面，表现英雄、权威和领导原则服务的。这些画向参观者解释了战争是某种自然而然的事物，是一种“永恒的真理”，这样，表现战士品德的画面就对参观者起到了教育作用。

1937 年以后，德意志艺术大厦展出的风景、农民生活场景和军事这几类题材的画，在 1934 年以后希特勒收藏的、后来归入特别任务艺术档案的作品中都能找到。

画品内容的并存现象是很明显的。在希特勒以前个人收藏的古代大师作品中，也能找到他在当代艺术展中偏爱的风俗画，这表明他的这些已经放入“元首大楼”收藏的画，跟他示范性地关心的“大德意志艺术展”的作品一样，具有同样的目的：将他的政治纲领形象化。

波色并没有去掉这些内容及其所体现出来的希特勒的政治纲领，而是按照他为计划中的林茨博物馆设计的方案继续扩展了它。波色的想法是要与希特勒的艺术观念相衔接。展览从古代艺术开始，除了浪漫派和希腊的古典主义，对大独裁者来说就再没有重要的艺术风格了。在建筑艺术上古典主义对希特勒而言是最理想的，所以，他让人将慕尼黑的德意志艺术大厦作为“多立克艺术圣殿”来庆祝。古典主义艺术风格为他找到了美学的可能性，即强调日耳曼人和希腊人的亲缘关系、鼓吹纳粹的人种观念。在这个过程中，在毫不了解当时已经存在的来自印度日耳曼语系亲缘关系的人类学研究成果的情况下，一个人种生物学关系被杜撰出来。但是在这个人种的政治目的之外，还有另外一个目的：通过希腊古典主义向观众展示一种看上去长存的艺术。将这一艺术风格和计划中的林茨博物馆捆绑在一起，就又一次强调了纳粹世界观对统治权的长存企望。

波色提出将收藏扩展到所谓多瑙派大师的作品上，也很符合在博物馆中体现希特勒政治理念的方案。像 19 世纪的德国和奥地利的画家一样，16 世纪的这一风格的画家也把大量的自然景观绘入他们的作品中，森林、山峰、湖泊，不仅被作为人物活动场面的背景，而且被作为一种独立的绘画题材。出于这一原因，多瑙派画家很早就被拿来与浪漫派画家相提并论。两个画派的代表人物都首先看到人与大自然的联系，而这一点在希特勒的艺术感觉中占有重要的地位，体现为他对风光的钟爱。

对于意大利画家的作品也是如此，波色时期收藏的这类题材的作品增多。荷兰民俗文化的亲切场面、广阔的田园风光和景色动人的海上画面，让人觉得是19世纪画家的创作向前一个时代的延伸。荷兰16世纪和17世纪画家的写实绘画是现实主义的前驱，希特勒出于政治原因对其很是推崇，戈林和霍夫曼的表述证实了这一点。风俗场景在纳粹观念里与美术的基础结构相得益彰，努力炫耀英雄形象和营造出来的和谐结合在一起，纳粹的高官们因此曾努力将荷兰画派的作品冠以“雅利安—北欧”的名目，它们的作者于是也应当像“日耳曼”的艺术家那样具有共同的精神天赋。

福斯在原则上继续贯彻波色的方案，同时更多地购进19世纪大师的作品，这表明，林茨收藏又重新贴近了希特勒设想的最初方案。为希特勒购画的人证实，希特勒的计划与他的主管的方案同时进行着，一直到1945年他都在坚持他的计划：在林茨突出展览他所推崇的艺术。福斯是研究19世纪艺术的专家，究竟希特勒个人的偏爱在福斯那里得到多少认同，无从知晓。可以肯定的是，福斯不像波色那么强干，他无法在观念上与希特勒强烈对抗，并且心甘情愿地支持希特勒的美学偏好。1943年，福斯向希特勒祝贺生日时赠送给希特勒一个古典的胜利花环，这表明这位特别任务的新负责人在力求与他的头头建立良好的关系。

可以肯定的是，在赫尔曼·福斯领导下，收藏没有本质上的变动，希特勒可以继续将收藏编织进他出于政治动机而策划的项目中去。福斯收藏的油画，同样也不都是各艺术史阶段的代表作，他对画派和内容的选择也是片面的。作品符合希特勒确定的任务要求，从这一结论提出了原则性的问题：希特勒与收藏相联系的目的究竟在多大程度上是艺术政策的一部分。

## 与艺术政策结合在一起的博物馆

在文艺复兴时期，艺术是社会地位的标志和政治权势的象征，美第奇大公们和罗马教皇们在那段时间里，有意识地运用绘画和雕塑称颂自己的统治。希特勒把他的林茨新博物馆计划，与美第奇大公热衷文化设施和巴伐利亚国王路德维希一世在慕尼黑建立第一个博物馆的历史相联系，他乐于扮演一个向德国人民大众赠送博物馆的赠送者角色，他特别强调他的政治目的是要建设一个“文化奇迹”。这种与历史的关联清楚地表明了艺术在纳粹国家起到一种什么样的作用。

纳粹要在德国人民面前炫耀他们的文化成就，因此在文化领域的全部活动就演变成了一个政权问题。于是，艺术收藏已不单纯是大众文化教育的设施，同时又是一个纳粹帝国向国内外展示自己的平台。展览的目的是要把观众震慑住，给予他们庄严隆重的感觉，就像希特勒在新的帝国总理府要用超大的家具达到的效果那样。纳粹的文化官员热衷于布置神圣庄严的展厅，以便观众在这样一个看上去令人敬畏的气氛中联想到所谓“深厚的德意志价值”。据说，为计划中的林茨博物馆设计的建筑图，有纪念碑式建筑的倾向。在已经建成的德意志艺术大厦，完成建筑设计的同时也在完成着一项心理功能：通过超长的比例展示希特勒的政权要求。这时，不仅仅是博物馆的建筑，就连艺术品本身也成为鼓吹纳粹统治和希特勒世界观的媒体。

绘画对于希特勒来说，就是“世界观的旗帜”，是能够与“奇迹”一词联结在一起的。希特勒在调动这些视觉手段时，有意识地运用了当时的广告技术，他在德国民众中受拥戴的程度能不断上升，就是依靠照片宣传。他的摄影师霍夫曼为他拍了照片并成功地推介出去，在艺术宣传方面也没有忽略对这一技术的运用。用绘画来鼓吹纳粹其实并不存在的优势是可能的，并且容易让人理解，例如在德意志艺术大厦中展出的作品，就不仅完成了形象地展示纳粹意识形态的功能，也完成了为其作广告宣传的任务。如前面提到的，在希特勒的主管们根据他对当代艺术的偏好从新老大师的作品中选出来的画作中，存在着内容上重复的现象，这说明计划中林茨博物馆的特别任务收藏，也应当具有这种广告宣传的功能，并因此应该成为一个“艺术的褐色大楼”。

希特勒向公众公布这项计划的时间，也表明了林茨博物馆所担负的政治任务。1943 年 1 月希特勒军队在斯大林格勒失败之后，纳粹头目面临着艰巨的任务，他们在苏维埃红军胜利进军的同时继续鼓吹纳粹世界观的强势。因为他们认可文化的作用，所以他们抓住并利用文化作为论据，借此来改善自己已经损坏的形象。于是在 1943 年春天，希特勒为他最爱的文化项目吹起了进军号：在 1943 年 4 月 20 日希特勒生日期间出版发行的《艺术为大众》特刊中，发表了霍夫曼的一篇介绍林茨美术馆项目的文章，文章称未来的林茨美术馆的建设是“元首最伟大的文化行动”之一，并配发了特别任务收藏中的油画照片。希特勒严格地监视着刊物中这篇文章的发表，要求不能刊登任何一幅没收来的艺术品，他认为在一个计划中的博物馆里收藏和展览从国外没收的艺术品，将会为同盟国提供理想的宣传材料，何况当时已经有了关于德国掠夺艺术品的最早的传言。于是，原计划发表的从巴黎罗特希尔德的收藏中没收的克伊普和特尔·博尔希的两幅作品被拿下了。在这个刊物以后的各期中，还不断地发表特别任务收藏的素描和油画。由此，这家博物馆的展品在尚未开馆之前，就已经为纳粹的成就作起了广告。

希特勒要通过艺术来鼓吹他的人种观念和权力政治目标，他为了这一目的而网罗的艺术品是所谓的“风俗绘画”。风俗绘画是一种传统的绘画种类，下分人体、肖像、静物、风俗、风景和动物各类，这个绘画种类自19世纪以来就在艺术院校传播，并运用于课堂教学。希特勒偏爱这一绘画种类，表明他的艺术口味还深植在19世纪的市民阶层之中。这种绘画早在20世纪30年代就已被古典的现代派取代了，它被当代人讥讽为“森林和草地画”。在“大德意志艺术展览”中，希特勒推崇20世纪的风俗画；而在计划中的林茨博物馆，却要通过19世纪的风俗画为他作宣传。希特勒在慕尼黑的展览和计划中的林茨博物馆，都抓住这种风格的绘画不放，固然它是一个艺术延续性的标记，但是20世纪早期绘画艺术的新发展却被排挤掉了。

在19世纪的风俗绘画和纳粹统治时期之间，存在着一道空隙，这是回答以下问题的一个理由：为什么纳粹文化政策发现那么多传统绘画艺术的“老大师”；为什么将他们解释为20世纪艺术的前导，并以这一传统为纳粹自己的立场辩护。林茨特别任务收藏的拼凑，特别是希特勒本人购买的部分肯定了这一看法。出自慕尼黑和维也纳画派及其周围画家的大量作品表明，希特勒想在林茨博物馆用大量的乡间作品在古典现代主义之上架设桥梁，并以此作为遮掩。

希特勒能够运用现代手段如报刊、电台、电影等取得宣传效果，他抓住19世纪民俗画不放最初让人认为是守旧和令人惊异的，事实上动用19世纪绘画也是一场“革新”。维也纳艺术史博物馆馆长格尔德·阿德里亚尼（Gerd Adriani）1943年曾抱怨过：19世纪后半叶的德国艺术家“被官方的文化管理部门部分地忽略了”。波色和福斯也在德累斯顿和威斯巴登他们自己的博物馆里，相应地设立了19

世纪艺术部，并且开拓了新路子。1936 年，甚至柏林的国家美术馆的展览方案也出现了变化，为 19 世纪的艺术提供了更多的展室。被认为过时的风俗绘画在希特勒“夺权”的时候等待着一次全面的博物馆清理，而 20 世纪 30 年代，由于政治原因开展了一场艺术史的运动，直到 21 世纪交替的时候，清理才又得以继续。

希特勒所推崇的当代艺术早已不符合当时的现实，在农民生活的场景中没有农业机械，工业德国的工作情景也只得到很少的反映，它与真实之间的差别突出了当代艺术的宣传目的。诚然，在每一幅个别的画作上，宣传意图展现得并不那么直接，直到在慕尼黑的艺术展中堆积了大量的风景画，展览主办人的政治目的才充分表现出来。所计划的林茨展览中，当时这一目的和企图还很不明显，为这一展览收藏的荷兰的农民装饰画是历史事实的反映，是对早期荷兰商人世界恰当的艺术再现；19 世纪的沙龙绘画也适应了摆脱宫廷社会并逐渐发挥影响的市民阶层的理想和要求。为计划中的展览选择这类艺术品，是间接为希特勒的政治企图作广告，而且林茨博物馆传达的信息比慕尼黑的展览更细微，因此像当时环球电影股份公司（UFA）的故事片那样，它的宣传作用很少是理智的而多是下意识的。

不过这就提出一个问题：将要在林茨博物馆展出的特别任务的画品，究竟是否能在观众身上产生希特勒所期望的作用。这一点实在难以猜测，因为由希特勒策划的这个林茨美术馆从未开张。但是纳粹用来为自己作广告的其他宣传手段，很明显，它们在德国人中间被接受了，例如通过民众能参与的党的群众大游行和宏伟建筑等，纳粹的政治世界被美化了。计划在林茨建的博物馆，不仅是展览艺术的一个平台，同时是给民众提供一个机会：到博物馆来体验一种美学经历，而且可以从纳粹日常的残酷现实中逃避几个小时。

这样，林茨博物馆也就发挥了其他纳粹宣传展览都具有的功能，这里的古典大师的艺术作品与德意志艺术大厦的展览相比，估计更有吸引力。通过传统和传承，能够在民众中唤起对安全和依靠的想象；此外，特别任务收藏的大多数画品，通过简单易懂的描绘与广大民众接触，满足了纳粹文化政策的要求。

不过，运用绘画艺术为德意志帝国的目的作广告宣传，还不是保险的办法。党卫军的情报机关在他们1940年的秘密情报报告中写道，当代作品展览的观众对于常常只能看到“安逸休闲的风景画”感到遗憾，展览中没有新颖的和代表发展方向的绘画作品，而宣传机器不断地重复宣传也使民众产生一定的疲惫感。在林茨建造博物馆的计划，还与这个城市将被扩建成“元首城市”有关，博物馆将处在希特勒创造的一个光环中，肯定会受益，并估计会成为一处朝圣地。特别任务根据希特勒的要求搜罗来的古典大师的档次很高的画作，将组建成与乌菲齐和其他世界级博物馆相媲美的展览馆，肯定会突出这一效果。

# 十三、林茨特别任务——幻景和罪行

希特勒早年收藏美术作品的激情，在1938年以后从个人的爱好转变成了纳粹国家的一个政治行动。强行兼并奥地利为他在多瑙河畔的林茨按他自己的设想建造一座博物馆创造了条件，开始还只是一个小城市的市民出于对故乡的爱和对大都市维也纳的恨而产生的想象中的项目，随着时间的推移，扩展成一个专业的、有计划和构想的工程。自1939年开始，希特勒为他策划的美术馆陆续找来了许多专业人士，他们有权动用价值很高的艺术品，于是通过新的收藏和最后的组建，把原来的方案加以扩充。存留下来的档案文件表明，有四千七百多幅油画被送来，作为计划在林茨举办的展览的初选展品。

分阶段进行的收藏组建，始终与政治的发展紧密联系在一起。希特勒在战争期间将博物馆计划纳入了宣传行动中，在“元首优先权”日益扩展的过程中，他的对外政治却遭到了失败。尽管如此，林茨特别任务收藏直到纳粹统治结束依然具有其双重性：个人的爱好和国家对大众的教育任务。将“德累斯顿目录”和“韦德曼名单”进行比较，可以明显地看出，希特勒是怎样和博物馆主管们一起根据自己的口味选购艺术品的。他的选择不是根据学术方向，而是根据他的时代错位的想象，选择在20世纪早已经被现代派取代了的风格，这样他就特别多地购入了民俗场景、风光和描绘自然的作品，这表明他的艺术感觉和美学爱好深深植根在19世纪小市民的想象天地中，他的选择符合他的小市民的艺术情趣，这也是他在自己的作品中所表现的。这一点还明白无误地表明，他所收藏的艺术品基本上都是他个人想画而因能力不够画不出来的东西。

固执在过时的想象上，也与林茨美术馆如果建成被赋予的任务联系在一起。希特勒认为，通过一些措施可以直接左右文化的发展。特别任务的收藏显示出来的纳粹广告宣传的标记，在当代艺术展览中也清晰可见，那就是各个艺术阶段现实主义的描绘和对风景、农民、动物和战士的临摹。这些题材在特别任务的收藏中，尽管有波色和福斯的专业筛选，依然占很大的比重。这样看来，希特勒收藏新老大师的作品，就是要达到为他自己倒退的政治想象作广告宣传的目的；另外，他也想从油画的文化资本中获得在民众中威望上升的一个象征资本。

从组建特别任务的收藏中看到的目的性表明，林茨项目并非仅仅是大独裁者的一个美感精神的激情，而是纳粹统治宣传的一部分，这一点从 1939 年至 1945 年特别任务在欧洲搜罗了几千件艺术品所使用的方法上，我们早就清楚了。对于未来的林茨博物馆政治意义的调查研究，至今一直被完全忽略。现已找到的证据清楚地表明，这个计划中的博物馆是希特勒统治实践的一部分，特别任务机构的组建服从于表现形式而已。这也出现在纳粹统治的其他方面，是典型的希特勒统治机制。

特别任务组织的工作人员，虽然直接受希特勒指挥并且有广泛的权势，但特别任务不是一个总能成功地应对竞争对手的机构。这里首先要提到戈林，他一开始就专横霸道地瓜分在巴黎没收的艺术品；另外一个一直到战争结束都存在的竞争机构是罗森贝格特别行动指挥部，它搜罗的艺术品无论波色还是福斯都不能染指。因此，特别任务虽然可以直接通向希特勒，但充其量也只是纳粹劫掠艺术品的许多职能中心里的一个。这样的职能中心在帝国并存，在工作中由于他们之间的竞争而导致政出多门。特别任务的工作人员在独裁者最关心的艺术领域工作，却不能总是得到他权力的优惠，希特勒无法或者也不情愿让他的特别任务组织的利益一直得逞，直到戈林企图作为第一人将手伸向重要的收藏时，希特勒才为了自身的利益施行“元首优先权”。

从这里可以看出，希特勒在艺术收藏方面的行动范围由于政治上的顾忌也会受到局限。阿尔贝特·施佩尔在战后不久的供词中说，希特勒一再批评戈林和其他一些人的行为，认为他们无权面对公众隐藏大规模的艺术品收藏，但是尽管希特勒批评他们，却没有采取任何措施反对他的下属的行为。施佩尔将这解释为希特勒在决断原则性问题上的软弱性。

不过恰好是希特勒与戈林在收藏艺术品方面的关系表明，其中存在一种能动的发展。希特勒大量地从戈林的收藏中购买艺术品，说明他力图控制竞争对手的收藏并将对手压倒。与此相关的还有希特勒给罗森贝格特别行动指挥部的指令，让他们把没收的艺术品送到阿尔套斯湖畔希特勒的藏品库去。同时，在处理劫掠艺术品的方法上出现了极端化。波色 1939 年还只能鉴定收藏和从中为林茨特别任务挑选艺术品，但自 1943 年开始，处理收缴上来的艺术品时就肆无忌惮了，比如他把没收维也纳的施洛斯家的全部收藏，以及其他在维也纳的大部分收缴艺术品，都弄到了慕尼黑。

处理劫掠艺术品的极端化也出现在管理层面上。“元首优先权”在没收艺术品的地域和内容上一再地扩展，这在最初还是一个权宜之计的所谓“法律”，被特别任务的工作人员为了扩大自己的职权范围而快速地强化了。这种现象在纳粹政府里是很典型的，在这里，政治运用法律的手段不断扩展由它直接掌管的领域。

这使我们注意到另外一个对于纳粹统治来说很典型的现象，这个现象在特别任务中表现得很广泛，那就是政治上随大溜的人与决策者的合作。比如汉斯·波色就是从隐忍的、随大溜的人变成了一个积极的负有职责的人，从他接管特别任务与特别乐于参与没收行动可以看出，他是怎样制定了一个既展示领导人传统的自我意识的收藏、又适应国际艺术品市场上法治国家的规定的博物馆规划，只不过他制定的展览方案不是最后的。希特勒关于19世纪艺术博物馆的计划长时间与林茨美术馆的建设并列进行，就说明了这一点。

与汉斯·波色一样，赫尔曼·福斯也是一个卖力的奸贼，他在和戈培尔谈话后作出的选择以及后来被任命，与他战后把自己描绘为一幅违心犯罪的面孔并不相符。不过很明显福斯不像波色那样对没收的艺术品有强烈的兴趣，但他的助手莱纳博士却像以前的波色，热心地扩张“元首优先权”，这个业务骨干因此成了所谓“多余的一代”的言行楷模。这些人早在魏玛共和国时代就力图通过他们极端思想的特色来补偿他们职场上的可怜命运。

不只在特别任务内部有与德意志帝国决策者的这种合作，我们只要通过档案这扇历史的小窗口看一看特别任务艺术品收藏的历史，就会明白，必须把整个艺术品供货的过程也放在这一关联中来审视。其中首先是特别任务与“第三帝国”机关单位的合作：党卫军、帝国文化委员会和帝国财政部都在帮助搜罗艺术品；此外还有一大群个人卷入非法行径的机制里，他们作为独立的商人——如画商卡尔·哈伯施托克和伯恩哈德·博默尔等人，围在希特勒和后来的特别任务工作人员身边转，他们是纳粹党的成员，曾积极参与处理“堕落艺术品”或没收艺术品的罪恶活动。站在第二排的是追逐盈利的商人。最后还有为了保障自己的生存而向希特勒出卖艺术品的人。

这种机关单位之间的合作和个人的卷入，不管是积极的、被动的还是被迫的，都同样在国外重复着。在奥地利，旧的官僚机构力图与纳粹的帝国地方长官塞斯—因夸特合作，阻挡希特勒对艺术品下手，但失败了，接下来是与文物保护者的深入合作。按希特勒的看法，奥地利的艺术品市场向特别任务供货从一开始就没有任何困难。这种现象也发生在荷兰和法国，重要的是这两个国家雅利安化的艺术品商行和德国的艺术品经纪人一起发挥作用，他们常常在地方的艺术品市场上收购，将货囤住，再向希特勒的购画人开放，送到德国。

在同外国机构合作中情况自然有所不同，比如荷兰当局并不积极支持德国搜罗艺术品，而法国当局却给予积极的协助，这让人想到法国侦缉人员对戈林掠夺艺术品的切实支持，以及维奇政府参与起获施洛斯收藏的作为，这种行为方式与迄今为止的研究结果相符。从不久前对战争期间德国所占领的东欧进行的研究中看出，那里的领导阶层也曾同侵略者协作，支持过纳粹的罪行。

引人注目的事实是，特别任务在搜罗大部分艺术品的过程中，没有直接运用暴力手段的犯罪行径，他们表面上努力重视合法的运作方式，尽管存在大量的没收和强迫拍卖现象，但大多数艺术品都是购买的。根据准确核实的数据，向慕尼黑和德累斯顿供货的大约69%都是通过画商进行的。从来源方面看，追寻买卖艺术品的商人和前物主，差不多68%的艺术品都是合法的私人财产，这意味着，在这些此类来源的艺术品当中不存在曾经因迫害行径更换物主的现象。研究结果证实，特别任务的工作人员为了维护他们的合法形象，在绝大多数情况下避免公开违背财产法。这一结果开始时是令人惊异的，因为它与德意志帝国劫掠艺术品的其他行径不符，但事实上它在艺术品收藏的政策中再现出纳粹统治的另一种表现形式。

这种表现形式对应了希特勒只要能达到目的就依靠法律的做法。希特勒可能估计过，运用金钱的吸引力和合法的行为，会比使用暴力得到更多的艺术品，所以他到自由的艺术品市场上去购买；但当合法的方式得不到某些作品时，希特勒就以没收和强迫出售的方式使自己的意愿得逞。因此，如果他不想失去与维奇和海牙的傀儡政府的合作，面对西方的被占领国家，他的策略就只能是尊重那里的私有财产法规。在被占领国家运用希特勒的灵活策略，林茨特别任务的工作人员搜罗艺术品，绝大部分按照法律程序进行，只要能够在坚持法律的前提下组建收藏，他们就没有理由采取强制手段。

一直到1944年，希特勒可动用的财政手段给了他将艺术品市场的供货能力完全耗尽的可能，此外，组建一个方便公众的博物馆的目的也决定了他购置艺术品的政策，在一个公众博物馆里展出从国外劫掠来的艺术品，会损害德意志帝国的形象，并葬送预期的宣传效果。希特勒用心维护着他的收藏形象，谨慎地选择图片，让海因里希·霍夫曼在1943年发表。这样，希特勒的大多数购画人在被占领国家坚持按国际公法搜集艺术品，并且钻了海牙国际法庭的空子。

正是出于要建设一个大众博物馆的目的，使希特勒与戈林、罗森贝格以及其他纳粹劫掠艺术品的机构有所不同，他搜罗艺术品的方法是较为多层次和细致的，直接运用暴力手段的多是例外，因此，林茨特别任务在纳粹劫夺艺术品的机构中占有特殊的地位。

在希特勒购买艺术品背后的胁迫，多数情况下是间接进行的，在艺术品的个别交易和转手的过程中常常显现不出来。处于纳粹统治的形势之下，对犹太人施加的迫害和由此造成的流亡，首先在德国使得很多艺术品为了救急救难而卖到市场上。这种情况也同样出现在外国，在德军占领的地方，流亡和生存的艰难迫使人们不得不和他们的艺术品分手。不过这种现象的日益增多并没有导致市场上艺术品的价格下跌。战争爆发又打破了这种状态，许多人因生活窘迫而趋向“实用价值”，将物价抬高，在物价暴涨期间，常常有私人抓住一项交易的机会进入市场。有三千多个德国人把收藏卖给为希特勒供画的人，经核查他们都不是受迫害的牺牲者。这样的结果就是市场上的货剧增，这与用钱来买艺术品的特别任务工作人员的愿望正好相反。希特勒努力想用国家确定的价格限制对市场进行干预，却又无能为力，表明希特勒在这方面对自己的体系失去了控制。

希特勒让人为林茨收藏购买来，后来又运到别处去的数量极大的艺术品，战后引起很多人的眼红，希特勒对艺术的激情也让解放者眼热了。在苏联和法国，也许还有美国的机关和部门，出现了不符合国际公法的干预，同时还存在由慕尼黑收集站造成的不合理和错误归还的做法，估计美国方面是想在刚刚开始的冷战中，用这种做法来巩固与意大利和奥地利的政治亲善。这种现象说明，同盟国对待希特勒收藏的艺术品的做法是很有问题的。在很长时间里，这种情形一直被朦胧的帷幔遮掩着，一直到今天也还没有完全掀开。

特别任务战后留存下来的物品，都应归还给合法的主人。在特别任务交易的背后那些常常只是间接发生的强迫行为，致使调查核实劫掠罪行的工作进行得很拖沓。1990 年以后，德国的法律也适用于 1933 年至 1945 年期间在东部德国发生的被迫害者出售艺术品，使这些艺术品能够重新物归原主，这是对历史和现实的正确反应。而另一方面，有些在德国并未受到过迫害的物主则表示，特别任务与他们的交易可以不在总的起诉范围之内。鉴于纳粹统治时期存在普遍的间接强制，不排除艺术品的所有易主行为都处于迫害措施之下。有证词说，计划中的林茨博物馆的“大部分”艺术品来自没收的犹太人财产，这是个错误的笼统的判断，于事无补。只有对每一具体的个案进行核查，才能确定它是否为劫掠艺术品。

当然，特别任务在外国按规则购买从一开始就具有局限性。在军事占领区，德国对那个国家的经济介入很深，其中包括利用帝国信用券的经济剥削，但是这并没有阻止当地人向希特勒的购画人出售艺术品，何况购画人还常常支付外汇。法律不禁止这类购买，德国的占领机构就可以钻这个法律的空子，把艺术品搜刮走，这个空子直到战后才被国际协议封闭。

同盟国关于将被劫掠的艺术品分别归还给各个受害国的规定，使问题国际化了。很多国家至今还必须调查寻找隐蔽的和被掩藏的劫掠艺术品，并予以归还。其中直接以强制手段夺得的艺术品，战后处理得很快；而在间接强制下卖主在市场上把艺术品卖到商人手中的，则多数还没有归还，直到荷兰、法国和德国的文化部门根据华盛顿会议精神公布了艺术品的来源和物主，上述情况才明朗了一些。这一公布也是被延误了的，将来会揭示出更多的不公正交易案例。由此可以认为，国际上艺术品的非法交易又将成为一个重要课题。

至今，与“二战”期间变换了物主的艺术品相关的问题不甚明了，这是有原因的。艺术品市场上有意无意地将完全合法出售的艺术品与来自没收、强制出售或者雅利安化的艺术品混淆在一起，而画商在运作过程中又常常不注意艺术品的来源。

在法国和瑞士，对“二战”期间出售劫掠艺术品的画商提起诉讼并进行了庭审，而在荷兰、奥地利和德国都没有做这样的清理工作。尽管有美国艺术保护官员的抗议，特别任务的负责人并没有被作为战犯起诉，相反，工作人员罗伯特·厄特尔在战后的德国还升任了更高的职务。在受害人看来特别令人痛心的是，给希特勒供过画的那些公司，又在联邦德国负责纳粹帝国垮台后留下的艺术品的处理工作。德国、奥地利、法国和荷兰的艺术品商行当初卷入劫掠艺术品的交易，对之至今没有进行足够的审理。由于这个行业是国际性的网络，这个工作今后只能从整个欧洲的角度完成了，这为研究工作提供了一个广阔的天地。

# 附录

## 遗失的林茨特别任务的艺术品目录

### 前　言

本书展示的这些油画的照片，是根据“德累斯顿目录”确定的特别任务收藏中的遗失作品，其中的一部分记录在同盟国收集站的文档中。这个图录不包括1945年在慕尼黑被窃的法国施洛斯收藏中的油画。这些油画的照片是遗失作品的历史文献，它们对研究人员、画商和其他有兴趣确定遗失画品的人应当有所帮助。

从对特别任务收藏中遗失的艺术品的研究可以看出，在“德累斯顿目录”中登记的遗失作品，比事实上丢失的要多。理由很简单：当警察找到一件丢失的作品并将其送到慕尼黑收集站后，工作人员并没有每次都从遗失名单上把找到的作品划掉。本书提供的图录，尽可能避免上面提到的错误。尽管如此，仍不能排除某一幅作品在丢失之后回到慕尼黑收集站，又被送还了合法的物主。如果本书列出的遗失作品出现在个人或者公益收藏中，那么就应该对其进行核实以便进一步弄清它的来源。

图录使用的照片来自所谓“元首相册”或德累斯顿的摄影师汉斯·威利·舍恩巴赫的遗物，它们存放在三个地方：“元首相册”至2004年保存在柏林市财政局联邦艺术财产处，舍恩巴赫遗物的一部分存放在德累斯顿图片馆，另一部分则存放在德累斯顿国立艺术博物馆的古典大师油画馆里。图录中有 14 幅照片是复制的，原因是找不到油画的照片原件，代替原始照片资料的是“德累斯顿目录”中关于丢失艺术品的数据。舍恩巴赫所摄照片的注释是卡塞尔的格雷戈尔 · J · M · 韦伯博士完成的，其他图片注释的来源是“德累斯顿目录”1952 年第二版的数据资料。关于油画来源的数据采用的是所谓“韦德曼名单”里的数据；艺术家的名字和生卒年用现行表达方式。图片上如果有错，应归咎于历史原件，少部分有质量问题。图片提供了林茨特别任务收藏的一个很好的但显然不具代表性的断面。

# 遗失的艺术品

**Alexander Adriaenssen**
（1578—1661），
静物《死鸟和有李子的盆》，
木，37cm × 55cm，
日期：1640 年。
1944 年 7 月 14 日从科隆的 G. Bapst gen. Schilling 艺术品商行以 1.5 万帝国马克购得。这幅画来自比利时的艺术品商行。在“元首大楼”丢失。（林茨编号 3763）

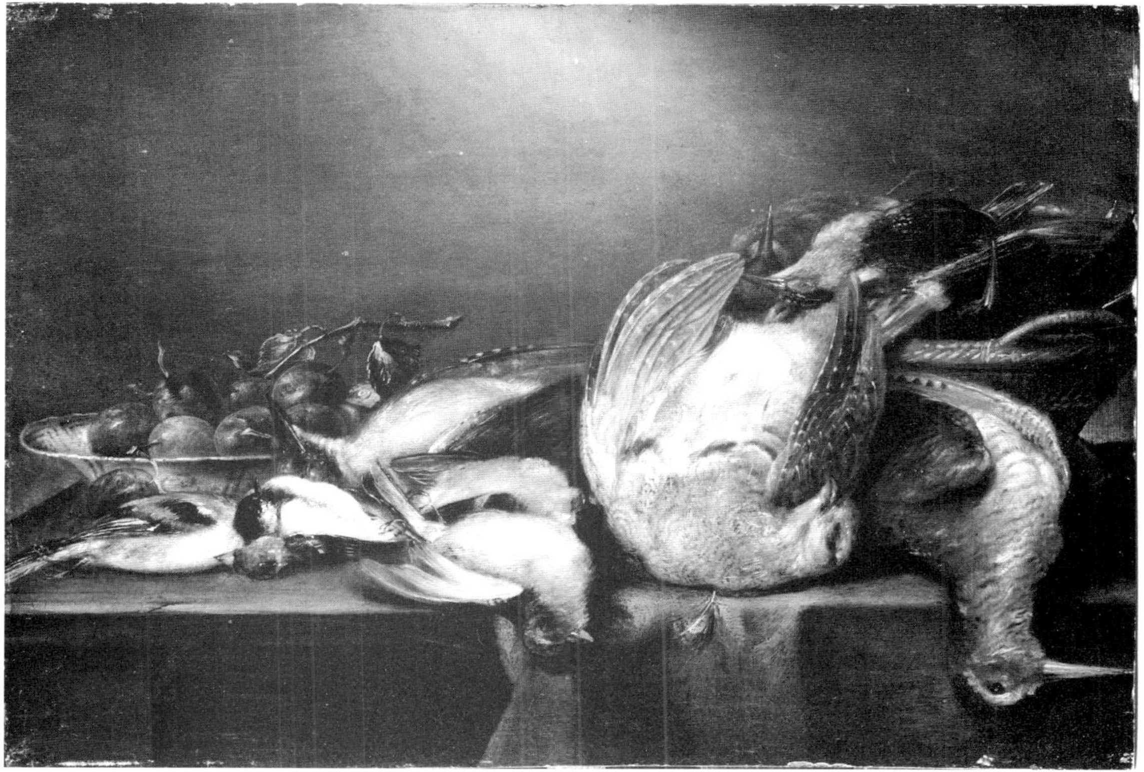

**Rudolf von Alt**

(1812—1905),

《罗马的天使堡和彼得教堂》,

水彩，33cm × 39.5cm。

1940 年购自慕尼黑的阿尔玛斯（Almas）艺术品商行，前物主：柏林的 H. W. 朗格（H. W. Lange）艺术品商行。这幅画来自维也纳。在“元首大楼”丢失。照片复制自《艺术为大众》1943 年 12 月号，第 20 页。（林茨编号 93）

**Rudolf von Alt**

(1812—1905)，

《在萨尔茨卡玛古特收割干草》，

水彩，20.5cm × 29.5cm，

日期：1845 年。

来源不详，1942 年购入。在“元首大楼”丢失。照片复制自《艺术为大众》1943 年 12 月号，第 19 页。（林茨编号 2242）

**Rudolf von Alt**

（1812—1905），

《罗马的广场（玛莫蒂尼地牢前）和元老院后面》，

水彩，34cm × 47cm，

日期：1873年。

1944年3月29日从维也纳的多罗台姆（Dorotheum）拍卖行以13200帝国马克拍得。前物主：维也纳的A. Becker博士，被维也纳财政局没收。在“元首大楼”丢失。（林茨编号3630）

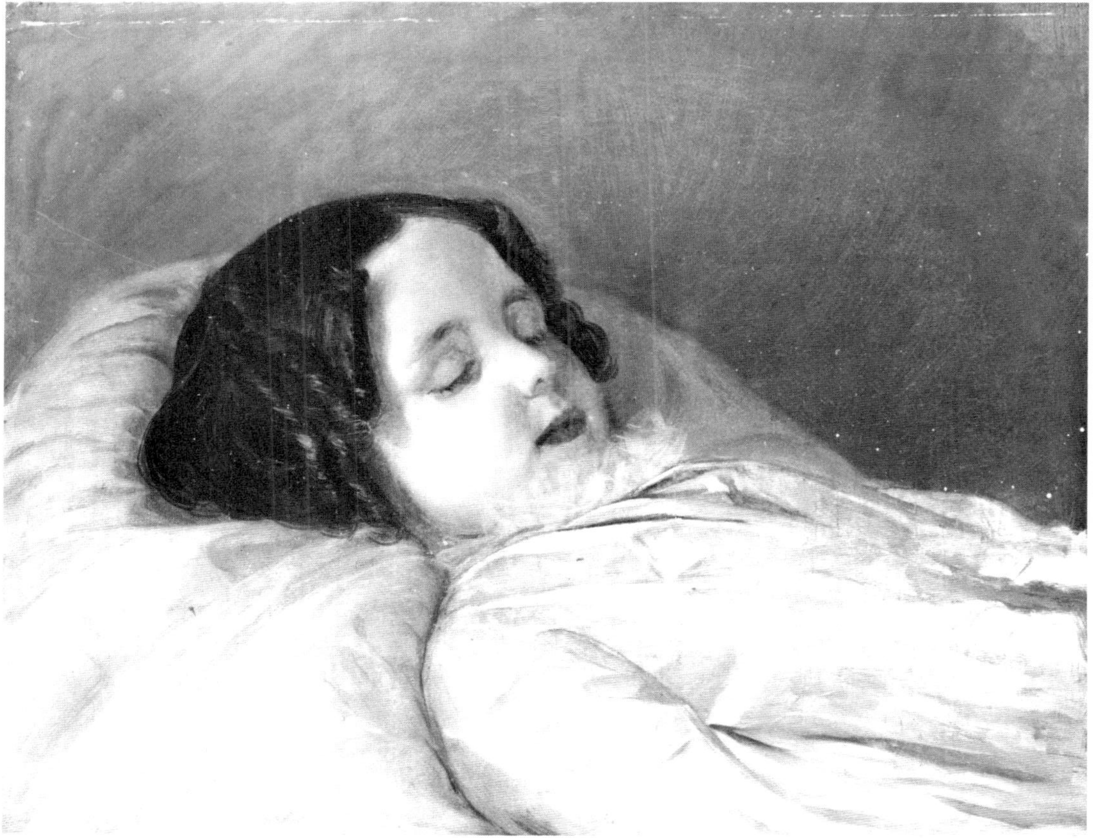

**Friedrich von Amerling**
（1803—1887），
《睡着的孩子》，
麻，42cm × 53cm。
1944 年 5 月 23 日从维也纳的多罗台姆拍卖行以 3520 帝国马克拍得。在“元首大楼”丢失。（林茨编号 3603）

**佚名**

（布鲁塞尔），

文艺复兴时期的壁毯《恺撒接见庞培首领》，

309cm × 386cm，

日期：约 1600 年。

1944 年以 4 万帝国马克购自柏林的朗格艺术品商行。

在“元首大楼”丢失。（林茨编号 3404）

**佚名**

（19 世纪德国）（Johann Gottfried Schadow?），

《腓德烈大帝》，

大理石，高 85cm。

前物主和供货人均不详。1945 年 5 月 7 日在圣·阿加塔的一个仓库里被烧毁。（林茨编号 926，“元首相册”编号 20 ： 43）

**佚名**

（19世纪意大利），

表，造型《一个牧人找到了罗姆鲁斯和列姆斯》，

青铜，53cm × 38cm。

1940年10月19日从慕尼黑的G.Troost夫人手中以800帝国马克购得。

前物主：慕尼黑的E. Arnold艺术品商行，1940年。在“元首大楼”丢失。（林茨编号1093）

**佚名**

(17世纪荷兰),

《戴头巾和夹鼻眼镜读书的老妇人(罗马女巫)》,

木,69.5cm×52cm。

画上注:R. 1632,1942年登录在“元首大楼索引”上。在“元首大楼”丢失。(林茨编号1771)

**佚名**

（17 世纪荷兰），

《圣者安东纽斯的实验》，

木，57cm × 100cm。

1944 年 3 月 24 日以 1.5 万帝国马克购于维也纳的 L. T. Neumann 艺术品商行。在“元首大楼”丢失。（林茨编号 3617）

**Hendrick van Avercamp**

（1585—1634），

冬天冰上运动场面，

木，32cm × 54.5cm，

日期：1620（1629）年。

1944年6月5日以8.5万荷兰盾从海牙的修复师J. C. Traas手中购得。在“元首大楼”丢失。Avercamp的一幅同样内容的画1982年曾经在荷兰出现过。（林茨编号3722）

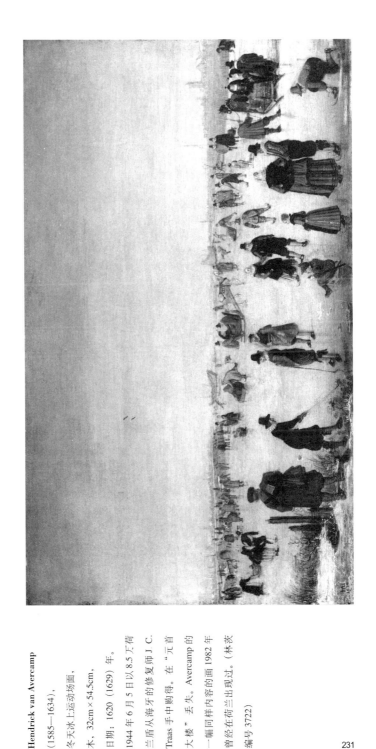

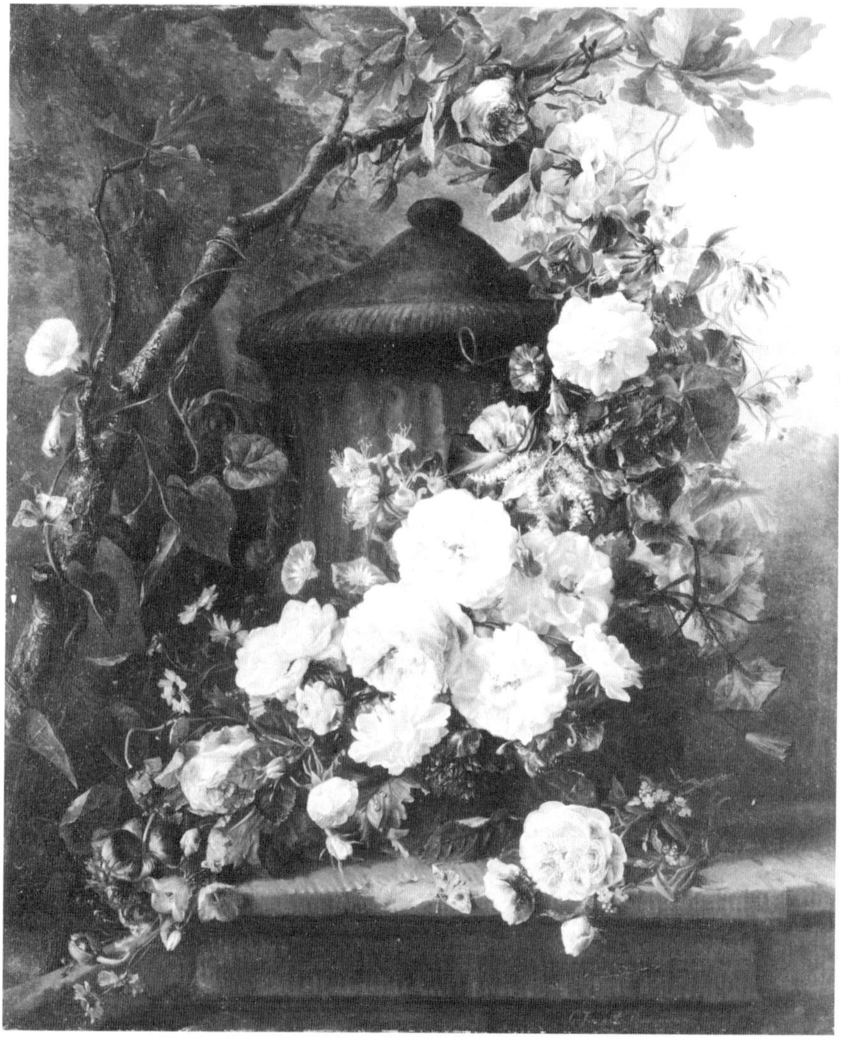

**Gerardine Jacoba van de Sande-Bakhuyzen**

（1862—1895），

《花朵》，

麻，73cm × 59cm。

1944年6月23日以8500荷兰盾从海牙的H. A. J. Stenger艺术品商行购得。在“元首大楼”丢失。（林茨编号3671）

**Friedrich Bamberger**
（1814—1873），
《萨勒诺海岸》，
麻，66cm × 110cm，
日期：1866 年。
购自慕尼黑的阿尔玛斯艺术品商行。在“元首大楼”丢失。（林茨编号 398）

**Franz Barbarini**
（1804—1873），
《维也纳卡尔教堂附近的菜市场》，
木，21cm × 31.5cm。
1944 年 3 月 27 日以 3200 帝国马克购自慕尼黑的 Zinckgraf 画廊。在“元首大楼”丢失。（林茨编号 3727）

Cornelis Pietersz Bega

（1631—1664），

《坐在凳子上的姑娘》，

木，25cm × 18cm。

1944 年 7 月 27 日以 4000 帝国马克购自海牙的 Mooijman-Bierman 艺术品商行。在“元首大楼”丢失。（林茨编号 3764）

**Ambrosius Benson**

(1495—1550),

《胸前抱着孩子的玛多娜》,

木，47cm × 34cm。

1944 年 1 月 10 日以 18 万帝国马克购自柏林的 C. F. E. Schmidt 艺术品商行。在“元首大楼”丢失。(林茨编号 3278)

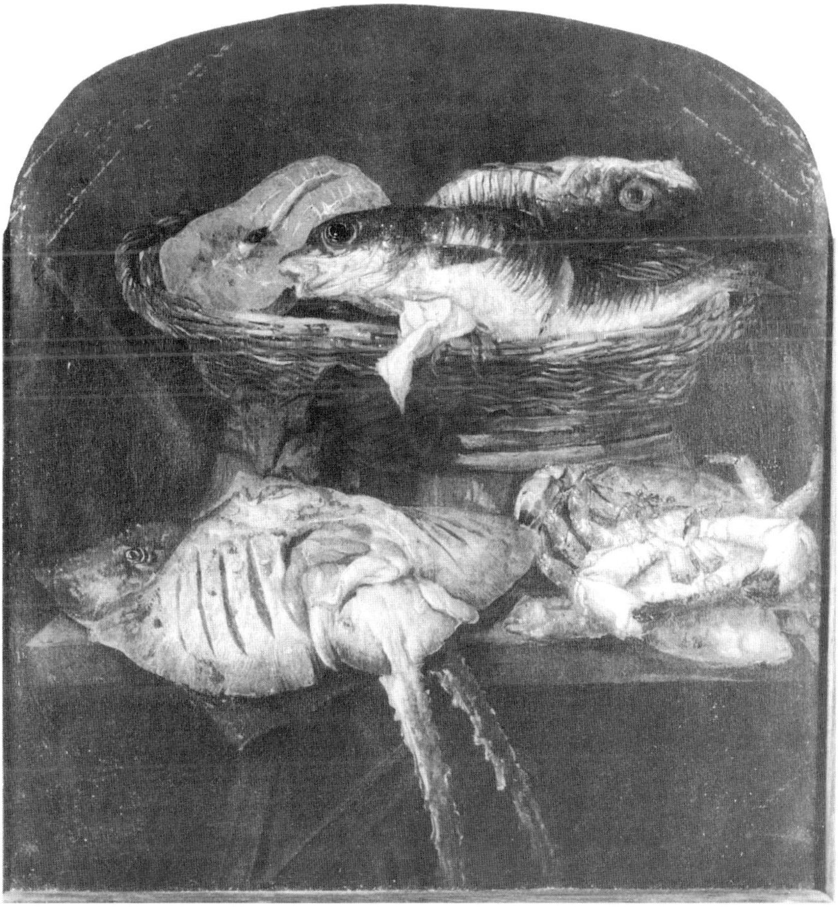

**Abraham Hendricksz van Beyeren**

(1620—1690),

静物《鱼和蟹》,

麻，89cm × 82cm。

1944 年 6 月 26 日以 12500 荷兰盾从海牙的修复师 H. Schuuring 手中购

得。在“元首大楼”丢失。(林茨编号 3667)

**Abraham Hendricksz van Beyeren**
（1620—1690），
静物《葡萄、牡蛎和酒杯》，
木，33cm × 44.5cm。
1944 年 6 月 28 日以 4 万荷兰盾从霍恩德鲁的卖者 S. van Deventer 手中购得。在“元首大楼”丢失。卖画人极可能是奥特卢的 Kröller-Müller 博物馆馆长。（林茨编号 3717）

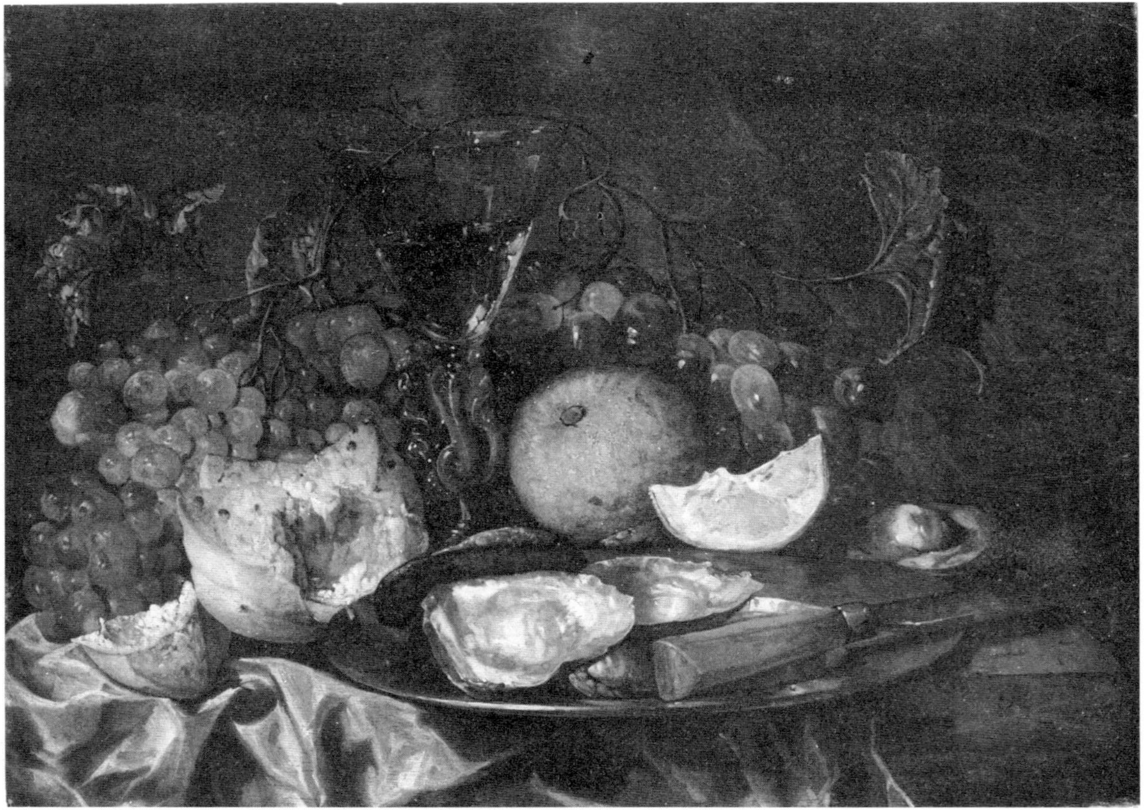

**Carl Blechen**

（1798—1840），

《意大利的有教堂的山崖》，

纸，28cm × 28cm。

1944 年 7 月 1 日以 2.9 万帝国马克购自不来梅的 H. Glosemeyer 艺术品商行。在“元首大楼”丢失。（林茨编号 3730）

**Gregor von Bochmann**（1850—1930），《饮水的马和农车》，木，18cm × 24cm。1944 年 4 月 4 日以 9000 帝国马克购自慕尼黑的 Zinckgraf 画廊。在“元首大楼”丢失。（林茨编号 3347）

**Karl Bögler**

（1837—1866），

《慕尼黑大教堂旁边的院落》，

麻，34cm × 43cm，

日期：1866 年。

1944 年 7 月 1 日以 3000 帝国马克购自慕尼黑的阿尔玛斯艺术品商行。

在“元首大楼”丢失。（林茨编号 3631）

**Jan (Johannes) Bosboom**

(1817—1891),

《教堂内部和人物》,

木，19cm × 15cm。

1944 年 6 月 12 日以 12500 荷兰盾购自阿姆斯特丹的 J. Goudstikker 艺术品商行。在“元首大楼”丢失。(林茨编号 3711)

Giacinto Brandi

（1621—1691），

《戴月桂枝环和小提琴的荷马》，

麻，98cm × 72.5cm。

1944 年 7 月以 2000 荷兰盾购自阿姆斯特丹的 F. Muller & Co. 拍卖行，

此画 1944 年 7 月 18 日至 21 日在那里拍卖。在“元首大楼”丢失。（林茨编号 3784）

**Heinrich Bürkel**

（1802—1869），

《山间房舍和两头奶牛》，

木，26.5cm × 27.5cm。

战前购得。1947 年 9 月至 1949 年 10 月间在慕尼黑的中央收集站被窃。

〔林茨编号 345/ 慕尼黑编号（Mü.）1694/1〕

**Heinrich Bürkel**

（1802—1869），

《意大利小酒店前车上的被抓捕者（强盗）》，

麻，43cm × 57cm。

1944 年 2 月 29 日 以 4 万帝国马克购自法兰克福的Schuhmann 艺术品商行。在“元首大楼”丢失。（林茨编号 3322）

**Heinrich Bürkel**
(1802—1869),
《Rocca Priora 的花园门》,
麻，39cm×49.5cm。
1944 年 4 月 4 日 以 9500 帝国马克购自慕尼黑的 Zinckgraf 画廊。在“元首大楼”丢失。(林茨编号 3349)

**Heinrich Bürkel**

(1802—1869),

《雪中山间小镇（芬斯特山隘口）》,

麻，59cm × 60cm。

1944 年 5 月以 3 万帝国马克购自慕尼黑的阿尔玛斯艺术品商行。前物主：自 1944 年 5 月 17 日为不来梅的 H. Glosemeyer 艺术品商行。在“元首大楼”丢失。（林茨编号 3415）

**Heinrich Bürkel**

（1802—1869），

《在蒂罗尔一家餐馆前休息》，

麻，47.5cm × 67.5cm。

1943 年 11 月 30 日以 46500 帝国马克购自维也纳的多罗台姆拍卖行。供货人：维也纳的 A. Grohmann 博士。在“元首大楼”丢失。（林茨编号 3557）

**Wilhelm Busch**

（1832—1908），

《有防御工事的风光》，

纸，26.5cm × 31cm。

1943 年 10 月 18 日以 9000 帝国马克购自德累斯顿的 H. Gurlitt 艺术品商行。这幅画来自德累斯顿的个人收藏。在“元首大楼”丢失。（林茨编号 3195）

**Hans Canon**

（1829—1885），

《审判（真话和谎话）》，

麻，211cm × 288cm。

购自慕尼黑的阿尔玛斯艺术品商行。1945 年 5 月 7 日在圣·阿加塔的一个仓库被烧毁。〔林茨编号 370/ 大索引编号（K）1636〕

**Hans Canon**

（1829—1885），

《戴尖角帽吸长烟杆的老人》，

麻，75cm × 87cm。

1944 年 5 月 27 日以 3.5 万帝国马克购自汉堡的 K. Köster 艺术品商行。

在“元首大楼”丢失。（林茨编号 3625）

**Jan van de Capelle**
（1626—1679），
《海的一角》，
麻，46.5cm × 57.5cm。
1944 年 8 月 5 日以 15.5 万荷兰盾与另一幅画一起购自阿姆斯特丹的 Jan Dik Jr. 艺术品商行。1945 年 2 月 13 日在德累斯顿被烧毁。照片从“元首相册”复制。（林茨附录，“元首相册”编号 31 : 27）

**Rosalba Giovanna Carriera**

（1675—1757），

《穿天鹅绒镶边红大衣的女人像（冬天，自画像）》，

水粉，45cm×35cm。

1944年1月4日以6000帝国马克购自维也纳的L. T. Neumann艺术品商行。前物主：没收自维也纳的Hans和Lucie Engel的收藏，随之经Vugesta拍卖行转给多罗台姆拍卖行。在“元首大楼”丢失。（林茨编号3573）

**Lorenzo di Credi**

（1459—1537），

《戴头巾的年轻姑娘半身像》，

木，54.5cm × 41cm。

1944 年 6 月 28 日以 40 万帝国马克购自德累斯顿的 H. Gurlitt 艺术品商行。这幅画来自法国巴黎的 Schiff-Giorgini 的收藏，通过巴黎的 Theo Hermsen 介绍购得。在“元首大楼”丢失。（林茨编号 3851，“元首相册”编号 31 ： 01）

**Jan van Danev**

（17 世纪荷兰），

《一个意大利酒馆前的骡马市场》，

麻，87cm × 122cm。

1944 年 3 月 27 日以 4.5 万帝国马克购自柏林的 C. F. E. Schmidt 艺术品商行。在“元首大楼”丢失。（林茨编号 3610）

**Franz von Defregger**

（1835—1921），

《年轻的姑娘》，半身像，

木，24cm × 18cm。

战前购得。1945 年 7 月至 1947 年 4 月间在慕尼黑的中央收集站丢失。

〔林茨编号 728/ 慕尼黑编号（Mü.）3609〕

**Franz von Defregger**

(1835—1921),

《访问山腰人家（初夏郊游人在山上一农户家前）》,

麻，33.5cm × 47cm，

日期：1872 年。

1940 年 11 月 6 日购自慕尼黑的 Almas und H. Hoffmann 艺术品商行。1947 年 4 月至 10 月间在慕尼黑的中央收集站丢失。〔林茨编号 1131/ 慕尼黑编号（Mü.）9699〕

**Christian Wilhelm Ernst Dietrich**

（1712—1774），

《小贩和孩子》，

木，27.5cm × 21cm。

1944 年 3 月 24 日以 6500 帝国马克购自慕尼黑的艺术品商行。前物主是阿尔玛斯艺术品商行；至 1944 年前为巴黎的 Vatchnadzé 画廊。在“元首大楼”丢失。（林茨编号 3335）

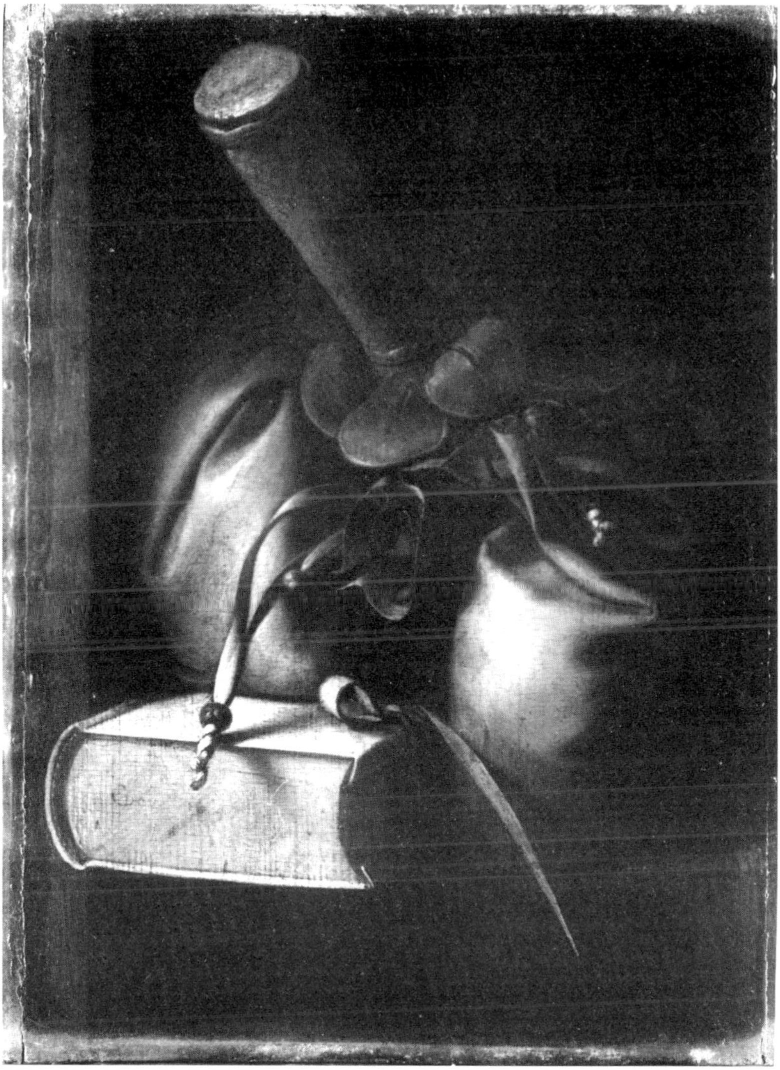

**Gerard Dou**

（1613—1675），

静物《书和皮口袋（风笛）》（《扣腰皮口袋和书》），

木，23cm × 17.5cm，

日期：1647 年。

1944 年 1 月 17 日以 3 万荷兰盾购自希尔弗瑟姆的 Heemstede von Doodeheefver 艺术品商行 P. de Boer。在“元首大楼”丢失。在洛杉矶的南加利福尼亚大学菲舍画廊有一幅同一画家同一内容而且同样大小的画。（林茨编号 3288）

**Karel du Jardin gen.**

**Dujardin**

(1622—1678),

《街头说唱的一对夫妇和有骑马人的一些听众》,

木，32.5cm × 40cm。

1944 年 5 月 9 日以 1.2 万帝国马克购自德累斯顿的 H. Gurlitt 艺术品商行。这幅画来自法国的私人收藏，1944 年经巴黎的 Theo Hermsen 介绍购得。在“元首大楼”丢失。(林茨编号 3713)

Johannes Bartholomäus Duntze

（1823—1895），

《巴伐利亚山区冬天有马拉雪橇和猎人的风光》，

麻，66.5cm × 93.5cm，

日期：1859 年。

1944 年 3 月 4 日以 4000 帝国马克购自德累斯顿的 H. Gurlitt 艺术品商行。这幅画来自法国的私人收藏。在“元首大楼”丢失。（林茨编号 3806）

**Heinrich Ambros Eckert**

（1807—1840），

《骑马袭击一修道院》，

麻，50cm × 67cm。

1944 年 10 月 3 日 以 6500 帝国马克购自于慕尼黑的 Zinckgraf 画廊。在“元首大楼”丢失。（林茨编号 3770）

**Thomas Ender**

（1793—1875），

《瓦茨曼山崖前的贝希特斯加登》，

麻，46.5cm × 65.5cm。

1943 年 11 月 30 日以 6050 帝国马克购自维也纳的多罗台姆拍卖行。供货人：维也纳的 A. Grohmann 博士。在“元首大楼”丢失。（林茨编号 3558）

**Allaert van Everdingen**
（1621—1675），
《挪威河流风光》，
麻，47cm × 63cm。
1944 年 6 月 26 日以 3.4 万荷兰盾购自阿姆斯特丹的 F. W. H. Hollstein 艺术品商行。在“元首大楼”丢失。（林茨编号 3743）

**Francesco Fontebasso**

（1709—1769），

《在十字架下痛哭耶稣》，

麻，41cm × 31cm。

1944 年 6 月 23 日以 1.5 万帝国马克购自德累斯顿的 H. Gurlitt 艺术品商行。这幅画来自法国的私人收藏，经巴黎的 Theo Hermsen 介绍购得。在“元首大楼”丢失。（林茨编号 3709）

**Frans Francken d. J.**
（1581—1642），
《山上布道（保罗在律斯特里亚）》，
木，33cm × 79.5cm。
1943 年 10 月 14 日以 1 万帝国马克购自德累斯顿的 H. Gurlitt 艺术品商行。这幅画来自法国的私人收藏，经巴黎的 Theo Hermsen 介绍购得。在“元首大楼”丢失。
（林茨编号 3202）

**Frans Francken d. J.**

(1581—1642),

《耶稣和通奸女》,

木, 45cm × 36.5cm。

1944 年 2 月 1 日以 14300 帝国马克购自维也纳的多罗台姆拍卖行。供货人：维也纳的 Neusser & Riedl。在“元首大楼”丢失。(林茨编号 3579)

**Friedrich Gauermann**

（1807—1862），

《圣吉尔根的带有牛羊的沃尔夫冈湖光》，

麻，56.5cm × 73.5cm，

日期：1828 年。

1944 年 5 月 26 日 以 5 万帝国马克购自 Bremer Werkschau 艺术品商行。在“元首大楼”丢失。（林茨编号 3623）

**Alois Greil**

(1841—1902),

《一个教堂的内部，一个骑士和他的女儿在仰视》,

木，20cm × 15.5cm，

日期：1891 年。

1944 年 2 月 1 日以 2420 帝国马克购自维也纳的多罗台姆拍卖行。供货人：维也纳的 R. Edlinger。在"元首大楼"丢失。(林茨编号 3565)

**Jan Griffier**

(1645—1718),

《山间河流风光，右是一座要塞堡》,

木，20cm × 23cm。

1944 年 3 月 27 日以 22500 帝国马克购自维也纳的多罗台姆拍卖行。前物主：赫尔曼 · 戈林，1940 年购自阿姆斯特丹的 J. Goudstikker 艺术品商行，1944 年用它从 Goudstikker 处换取维梅尔的一幅赝品，从那儿到了多罗台姆拍卖行。在“元首大楼”丢失。(林茨编号 3852)

**Jan Griffier**

(1645—1718),

《山峦与河流风光（莱茵河谷？）》，

木，20cm × 23cm。

1944 年 3 月 27 日以 22500 帝国马克购自维也纳的多罗台姆拍卖行。前物主：赫尔曼·戈林，1940 年购自阿姆斯特丹的 J. Goudstikker 艺术品商行，1944 年用它从 Goudstikker 换取维梅尔的一幅赝品，从那儿到了多罗台姆拍卖行。在“元首大楼”丢失。（林茨编号 3853）

**Eduard von Grützner**

（1846—1925），

《福尔斯泰夫（拿着锡壶和玻璃杯）》，

木，33cm × 25cm，

日期：1903 年。

购自慕尼黑的阿尔玛斯艺术品商行。这幅画来自德国的个人收藏。1947 年 10 月至 1948 年 4 月间在慕尼黑的中央收集站丢失。〔林茨编号 583/ 慕尼黑编号（Mü.）9241〕

**Eduard von Grützner**

（1846—1925），

《笑着的福尔斯泰夫（头像）》，

木，20cm × 15cm。

1943 年以 25300 帝国马克购自慕尼黑的阿尔玛斯艺术品商行。前物主：1943 年 10 月 6 日在维也纳的朗格拍卖行拍卖。1945 年 7 月至 1946 年初在慕尼黑的中央收集站丢失。〔林茨编号 3040/ 慕尼黑编号（Mü.）3822〕

**Eduard von Grützner**

（1846—1925），

《拿着啤酒杯的僧人》，

木，19.2cm × 15cm，

日期：1895 年。

1941 年 5 月以 4700 帝国马克购自慕尼黑的阿尔玛斯艺术品商行。前物主：至 1941 年为慕尼黑的 Konrad Rigauer。1945 年 7 月至 1947 年 4 月间在慕尼黑的中央收集站丢失。〔林茨编号 1675/ 慕尼黑编号（Mü.）3614〕

**Eduard von Grützner**

（1846—1925），

《僧人晚祷》，

麻，36cm × 36cm，

日期：1902 年。

1942 年购自慕尼黑的阿尔玛斯艺术品商行。1947 年 4 月至 10 月间在慕尼黑的中央收集站丢失。〔林茨编号 2380/ 慕尼黑编号（Mü.）9442〕

**Eduard von Grützner**

(1846—1925),

《僧人与酒窖（品酒）》,

木，38cm × 30cm,

日期：1888 年。

1944 年 4 月 22 日以 18500 帝国马克购自慕尼黑的阿尔玛斯艺术品商行。

前物主：至 1943 年为巴黎的 Pierre Vohl。1947 年 10 月至 1949 年 12 月间在慕尼黑的中央收集站丢失。〔林茨编号 3398/ 慕尼黑编号（Mü.）10290〕

**Eduard von Grützner**

（1846—1925），

《僧人在图书馆看书》，

麻，45cm × 35cm，

日期：1910 年。

1944 年 4 月 22 日以 2.5 万帝国马克购自慕尼黑的阿尔玛斯艺术品商行。

前物主：至 1944 年为柏林的 Fritz Roh。1945 年 10 月至 1947 年 4 月间在

慕尼黑的中央收集站丢失。〔林茨编号 3403/ 慕尼黑编号（Mü.）9892〕

**Giovanni Francesco Barbieri Guercino**

(1591—1666),

《Jael 和 Sisera》,

麻，98cm × 116.5cm。

1944 年 3 月 31 日以 1.1 万帝国马克购自德累斯顿的 H. Gurlitt 艺术品商行。这幅画来自法国的私人收藏。在“元首大楼”丢失。（林茨编号 3658）

**Jan Hals**

（17 世纪荷兰），

《摇小鼓的艺人》，

麻，78cm × 66cm。

1944 年 8 月 22 日以 3 万荷兰盾购自海牙的 J. G. Wigman 艺术品商行。

在“元首大楼”丢失。（林茨编号 3888）

**Pierre Jean Hellemans**

（1787—1845），

《弯路和行人风景》，

木，30.5cm × 29cm，

日期：1831 年。

1944 年 6 月 24 日以 3000 荷兰盾购自海牙的 F. M. Huebner 艺术品商行。

在“元首大楼”丢失。（林茨编号 3700）

**Anton Hlavácek**

（1842—1926），

《从霍恩萨尔茨贝格上要塞远望巴伐利亚山峦》，

麻，95cm × 126cm，

日期：1876 年。

1943 年 11 月 23 日 以 1.8 万帝国马克购自柏林的 H. Rhode 艺术品商行。

前物主：维也纳的 Joseph Langfort 博士为 Leidinger 出售。在“元首大楼”丢失。

（林茨编号 3561）

**Anton Hlavácek**
(1842—1926),
《柯尼希塞湖和舍讷费尔德山峰》,
麻，42.5cm × 53cm,
日期：1869 年。
1944 年 6 月 19 日 以 8000 帝国马克购自维也纳的 O. Hamel 艺术品商行。在“元首大楼”丢失。（林茨编号 3628）

**Jan Josef Horemans d. J.**
（1682—1759），
《在农舍前玩牌的人》，
麻，50cm × 59cm。
1944 年 3 月 24 日以 5500 帝国马克购自慕尼黑的阿尔玛斯艺术品商行。前物主：至 1944 年为巴黎的 Vatschnatzé 画廊。在“元首大楼”丢失。（林茨编号 3336）

**Bartholomeus Johannes van Hove**

(1790—1880),

《在哈勒姆市旁史帕尔奈湖上滑冰》,

木，45.5cm × 53cm。

1944 年 7 月以 6000 荷兰盾购自阿姆斯特丹的 P. Brandt 艺术品商行。

前物主：阿姆斯特丹的 F. Muller & Co. 拍卖行，1944 年 7 月 18 日至 21 日在那里拍卖。在“元首大楼”丢失。（林茨编号 3796）

**Edmund Kanoldt**
(1845—1904),
《南方有橄榄树和房子的风景》,
纸板，38cm × 51cm，
未完。
1944 年 10 月 7 日 以 2000 帝国马克从威斯巴登的 Margarete Kienitz 手中购得。在“元首大楼”丢失。（林茨编号 3855）

**Jan Mari ten Kate**

（1859—1896），

《摄影师在村子里》，

木，47.5cm × 71cm。

1944 年 2 月 1 日 以 15400 帝国马克购自维也纳的多罗台姆拍卖行。前物主：自 1943 年为海牙的 Koch 艺术品商行。在“元首大楼”丢失。（林茨编号 3581）

**Jan Mari ten Kate**

（1859—1896），

《餐馆一幕，玩牌争执》，

木，40.5cm × 50.5cm，

日期：1862 年。

1944 年 3 月 27 日以 3.8 万帝国马克购自柏林的 C. F. E. Schmidt 艺术品商行。在“元首大楼”丢失。（林茨编号 3611）

**Friedrich August von Kaulbach**

（1850—1920），

《围白头巾的女人像》，

麻，61.5cm × 50cm。

1937 年 12 月 11 日以 3500 帝国马克购自慕尼黑的阿尔玛斯艺术品商行。

在“元首大楼”丢失。（林茨编号 400）

**Friedrich August von Kaulbach**

（1850—1920），

《有木板围栏和小房子的花园》，

纸，24cm × 31cm，

日期：1880 年。

1942 年 1 月 1 日购自慕尼黑的阿尔玛斯艺术品商行。

前物主：至 1941 年为慕尼黑的 Frieda von Kaulbach。

1947 年 2 月至 1948 年 4 月间在慕尼黑的中央收集站丢失。〔林茨编号 2083/ 慕尼黑编号（Mü.）9571〕

**Friedrich August von Kaulbach**

(1850—1920),

《躺着的裸体女人》,

木板上贴纸，18cm×28.5cm。

1942年1月1日购自慕尼黑的阿尔玛斯艺术品商行。前物主：至1941年为Frieda von Kaulbach。1945年7月至1949年10月间在慕尼黑的中央收集站丢失。〔林茨编号2094/慕尼黑编号（Mü.）3834〕

**Friedrich August von Kaulbach**

(1850—1920),

《意大利女人（头像)》,

水粉，42.5cm × 34cm。

1944 年 12 月 28 日以 1.5 万帝国马克从维也纳的 Michael Feigl 博士手中购得。在“元首大楼”丢失。(林茨编号 3577)

**Friedrich August von Kaulbach**

(1850—1920),

《一个黑森王妃的像》,

麻，69.5cm × 40.5cm,

日期：1890 年。

1944 年 7 月 11 日以 9000 帝国马克从德累斯顿的 Karpf 博士手中购得。

在“元首大楼”丢失。(林茨编号 3690)

**Kerstiaen de Keuninck**

（1560—1635），

《Sodom和Gomorra的陷落》，

木，33cm × 50cm。

1944年7月27日以1.5万荷兰盾购自海牙的Mooijman-Bierman艺术品商行。在“元首大楼”丢失。（林茨编号3757）

**Joseph Augustus Knip**
(1777—1847),
《从拉特兰宫上看密涅瓦医药女神庙》,
麻，63cm×85cm，
日期：1832 年。
1944 年 2 月 1 日以 1 万荷兰盾购自海牙的 Mooijman-Bierman 艺术品商行。在“元首大楼”丢失。(林茨编号 3295)

**Barend Cornelis Koekkoek**

（1803—1862），

《有牧羊和小教堂的风光》，

木，38cm × 52cm，

日期：1835 年。

1944 年 1 月 14 日以 2.5 万帝国马克购自开姆尼茨的 Gerstenberger 艺术品商行。

前物主：阿姆斯特丹的 J. Goudstikker 艺术品商行，后为荷兰私人。在“元首大楼”丢失。（林茨编号 3180，“元首相册”编号 28 ： 17）

**Barend Cornelis Koekkoek**
（1803—1862），
《“阵风”，风中的橡树和行人》，
木，30.5cm × 39.5cm。
1944 年 5 月 12 日 经 过 慕尼黑的艺术经纪人 H. Bünemann 博士以 2.5 万帝国马克购得。在“元首大楼”丢失。（林茨编号 3413）

**Barend Cornelis Koekkoek**
（1803—1862），
《有橡树和赶牲口者的路》，
麻，76.5cm × 101cm，
日期：1856 年。
1944 年 7 月 10 日以 3 万荷兰盾购自海牙的 L. M. Dony 夫人的艺术品商行。在“元首大楼”丢失。（林茨编号 3779）

**Gerard de Lairesse**

（1640—1711），

《寓意的订婚场面（Alexander und Roxane）》，

麻，173cm × 123cm。

1944 年 5 月 31 日以 9 万帝国马克购自维也纳的多罗台姆拍卖行。前物主：至 1944 年为巴黎的 Theo Hermsen。在“元首大楼”丢失。1977 年在纽约的 Christie 拍卖行拍卖过一幅内容相同但尺寸只有 150cm × 108cm 的画。拍卖的画与丢失的画比较，左边少了一宽条。见 Alain Roy，Gerard de Lairesse，巴黎 1992 年版，第 294 页，第 132 图。（林茨编号 3597）

**Gerard de Lairesse**

(1640—1711),

《Hectors 的告别（袭击一座王宫和掠走孩子）》,

铜板，57cm × 68cm。

1944 年 3 月 28 日以 35200 帝国马克购自维也纳的多罗台姆拍卖行。

供货人：维也纳的 Paul Suppan。在“元首大楼”丢失。（林茨编号

3629）

**Johann Baptist de Lampi d. Ä.**

（1751—1830），

《一个穿制服的外交官的像（奥地利高级官员）》，

麻，79.5cm × 63cm。

1944 年 5 月 26 日以 1.5 万帝国马克购自 Bremer Werkschau 艺术品商行。

在“元首大楼”丢失。（林茨编号 3627）

**Johann Baptist de Lampi d. Ä.**

（1751—1830），

《抓着酒壶的年轻姑娘（酒吧女招待）》，

麻，82cm × 66cm。

1944 年 5 月 9 日以 2 万帝国马克购自德累斯顿的 H. Gurlitt 艺术品商行。

这幅画来自法国的私人收藏。在“元首大楼”丢失。（林茨编号 3662）

**Johann Baptist de Lampi d. Ä.**

（1751—1830），

《披着白色披肩的老女人像（Wohlleben 市长夫人）》，

麻，71cm × 59cm。

1944 年 5 月 25 日以 1.8 万帝国马克购自 Bremer Werkschau 艺术品商行。

在“元首大楼”丢失。（林茨编号 3624）

**Wilhelm Leibl**

(1844—1900),

《一个青年男子的头像》,

麻, 41cm × 32cm,

日期: 1866 年。

1937 年 12 月 11 日以 2.7 万帝国马克购自慕尼黑的阿尔玛斯艺术品商行。

前物主: 慕尼黑 Müller Erz。在"元首大楼"丢失。(林茨编号 209a)

**Franz von Lenbach**

(1836—1904),

《皇帝弗里德里希三世画像》,

纸板，60cm × 42cm。

1944年3月23日以1.2万帝国马克从耶拿的Kurt Schuder手中购得。

在“元首大楼”丢失。(林茨编号3328)

**Eustache Le Sueur**

（1617—1655），

《约柜（从神殿搬出来）》，

麻，120cm×82cm。

1944年5月12日以2万帝国马克购自德累斯顿的H. Gurlitt艺术品商行。

这幅画来自法国的私人收藏。在“元首大楼”丢失。（林茨编号3656）

**Adolf Lier**

（1826—1882），

《奶牛》，

麻，33.5cm × 44cm。

1943 年 10 月 30 日以 4000 帝国马克购自德累斯顿的 Kühl 艺术品商行。在“元首大楼”丢失。（林茨编号 3197）

**Dirk van Lockhorst**

（1818—1893），

《草地上的牛羊和牧人》，

麻，43cm × 55cm。

1944 年 3 月 27 日 以 1.2 万帝国马克购自慕尼黑的 Zinckgraf 画廊。前物主：至 1944 年为阿姆斯特丹的 Afrajao。在“元首大楼”丢失。（林茨编号 3346）

**Auguste Mathieu**

（1810—1864），

《布拉格景观》，

木，30cm × 22cm。

1941 年 2 月以 4000 帝国马克购自慕尼黑的阿尔玛斯艺术品商行。前物主：至 1941 年为科隆大教堂画廊。1947 年 10 月至 1948 年 6 月间在慕尼黑的中央收集站丢失。〔林茨编号 1439/ 慕尼黑编号（Mü.）9332〕

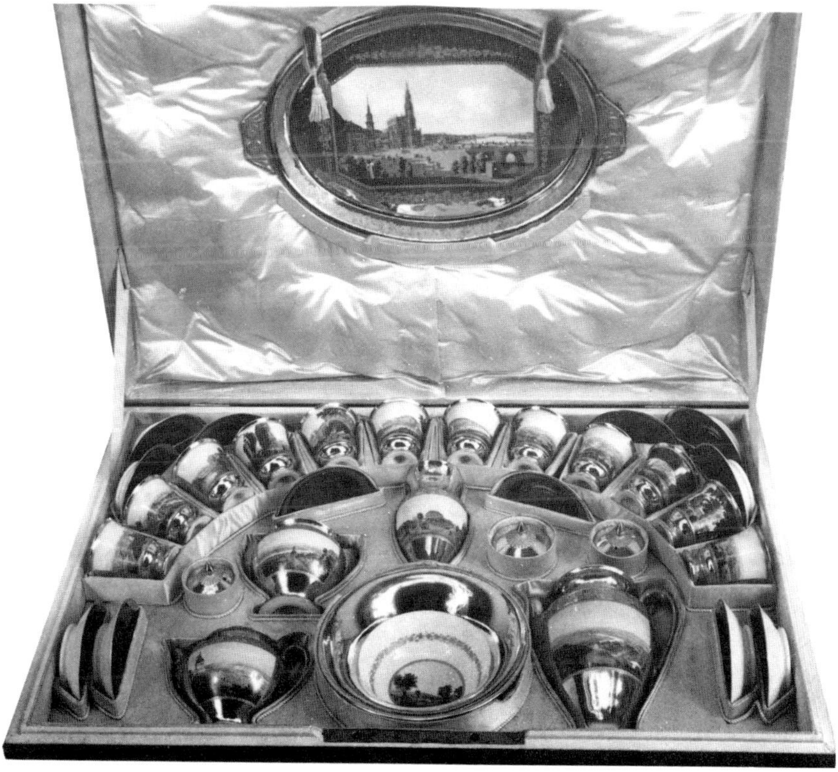

**Meissen**

手绘瓷茶具盒（德累斯顿实景），

瓷，

日期：1833 年。

1940 年 10 月 5 日以 3 万帝国马克从慕尼黑的 G. Troost 夫人手中购得。

前物主：至 1940 年为慕尼黑 E. Arnold 艺术品商行。在“元首大楼”丢失。

1945 年后补充登记在元首大楼索引卡中。（林茨编号 1094）

**Adolph von Menzel**

(1815—1905),

《点灯的人》,

纸板，34cm × 14.5cm。

1942 年购自柏林的 Dr. Kern 夫人之手。1947 年 4 月至 1947 年 10 月间在慕尼黑的中央收集站丢失。

〔林茨编号 2493/ 慕尼黑编号（Mü.）10547〕

**Adolph von Menzel**

（1815—1905），

《画家 Paul Meyerheim 肖像》，

木，26cm × 21cm，

日期：1868 年。

1944 年 6 月 20 日以 5.2 万帝国马克购自汉堡的 K. Köster 艺术品商行。

前物主：汉堡的 H. Gurlitt 艺术品商行。在“元首大楼”丢失。（林茨编号 3721）

**Gabriel Metsu**

（1629—1667），

静物《鲱鱼、酒罐和酒杯》，

木，48.5cm × 38cm。

1944 年 7 月 25 日以 30 万荷兰盾与其他 4 幅画一起购自阿姆斯特丹的 Jan Dik Jr. 艺术品商行。在“元首大楼”丢失。（林茨编号 3850，“元首相册”编号 31 ： 32）

**Abraham Mignon**

（1640—1679），

《花和果实》，

麻，64.5cm × 80cm。

1944 年 6 月 28 日以 2.5 万帝国马克购自科隆的大教堂书屋。在“元首大楼”丢失。

（林茨编号 3659）

**Caspar Netscher**

（1639—1684），

《一个身着盔甲的人的肖像》，

麻，尺寸不详。

1944 年 9 月 29 日以 3.5 万帝国马克购自汉堡的 K. Köster 艺术品商行。

在“元首大楼”丢失。（林茨编号 3918）

**Ernst Nowak**

(1851—1919),

《酒窖神甫》,

47.5cm × 38.5cm。

1943 年 12 月 28 日以 7000 帝国马克从维也纳的 Michael Feigl 博士手中购得，在“元首大楼”丢失。(林茨编号 3563)

**Jacob Ochtervelt**
（1634—1682），
《猎人休息的风光》，
木，92cm × 124cm。
1944 年 6 月 2 日 以 6.5 万帝国马克购自柏林的朗格艺术品商行。以前是柏林的 Lachmann 的收藏。在“元首大楼”丢失。（林茨编号 3666）

**Pieter Frederik van Os**

（1808—1892），

《在马厩里》，

木，36cm × 49.5cm，

日期：1864 年。

1944 年 2 月 1 日以 7700 帝国马克购自维也纳的多罗台姆拍卖行。前物主：至 1943 年为海牙的 J.Vermeulen 艺术品商行。在“元首大楼”丢失。（林茨编号 3580）

**Pieter Gerardus van Os**
（1776—1839），
《放牧牲畜和点缀风光》，
麻，89cm × 118.5cm，
日期：1818 年。
1944 年 5 月 26 日以 2 万荷兰盾购自海牙的 Tubos 贸易公司。在“元首大楼”丢失。
（林茨编号 3805）

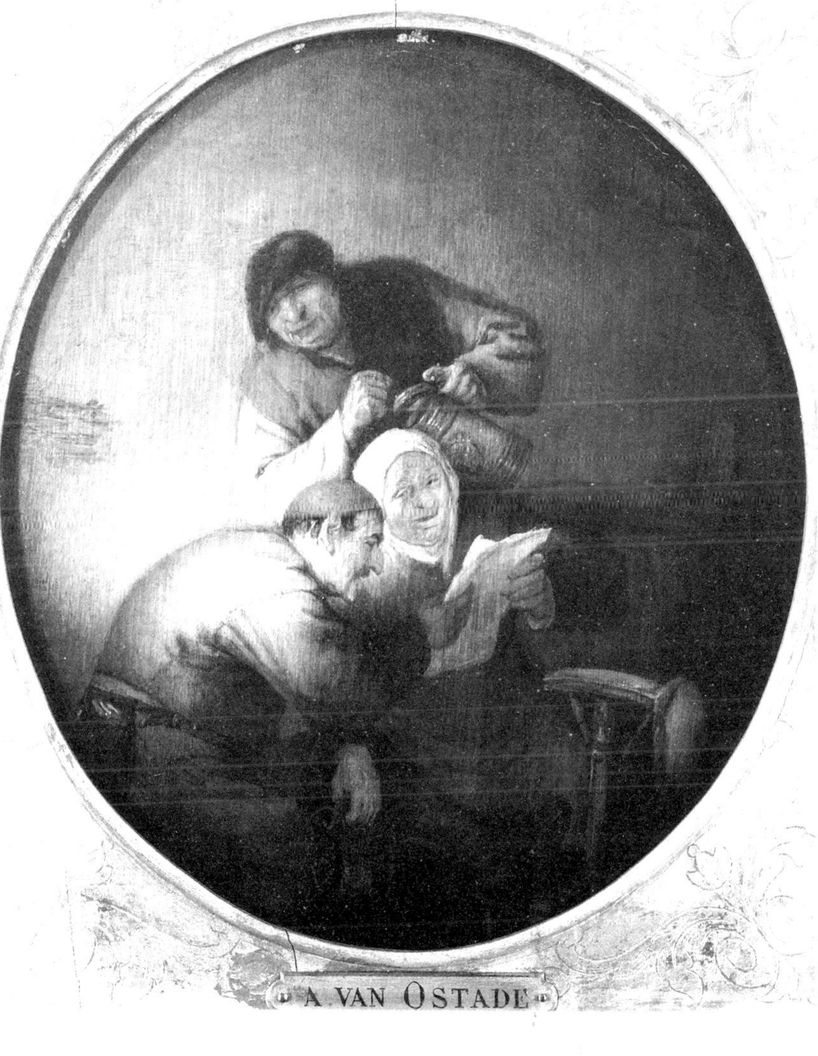


**Adriaen van Ostade**

（1610—1684），

《两个男人和一个女人看一封信（报纸）》，

木，24cm×21.5cm（蛋形），

日期：1651 年。

1943 年 10 月 22 日以 4.5 万荷兰盾购自海牙的 G. Cramer 艺术品商行。

在“元首大楼”丢失。（林茨编号 3184，“元首相册”编号 27 ： 31）

**Adriaen van Ostade**

(1610—1685),

《拿着酒杯和壶坐着的人》,

木，18cm × 14.5cm。

1944 年 6 月 12 日以 3.5 万荷兰盾购自海牙的 G. Cramer 艺术品商行。

以前为阿姆斯特丹的 H. A. Wetzlar 的私人收藏。在“元首大楼”丢失。

(林茨编号 3718)

**Adriaen van Ostade**

（1610—1685），

《四个吸烟喝酒的农民，后面壁炉前一个女人》，

木，44.3cm × 35.6cm。

1944 年 3 月 14 日以 18 万帝国马克购自维也纳的多罗台姆拍卖行。前物主：自 1944 年为阿姆斯特丹的 Jan Dik Jr. 艺术品商行。在“元首大楼”丢失。（林茨编号 3909，“元首相册”编号 30 ： 17）

**Isaac van Ostade**
（1621—1649），
《夜里停在教堂旁一辆农家车》，
木，21cm × 33.5cm，
日期：1641 年。
1944 年 7 月 25 日以 30 万荷兰盾与其他 4 幅画一起购自阿姆斯特丹的 Jan Dik Jr. 艺术品商行。在"元首大楼"丢失。（林茨编号 3762，"元首相册"编号 31 ： 24）

**Isaak Ouwater**

(1750—1793),

《在阿姆斯特丹的港口里（带礼拜堂尖塔)》,

麻，53cm × 62cm。

1944 年 7 月以 1.4 万荷兰盾购自阿姆斯特丹的 P. Brandt 艺术品商行。

前物主：阿姆斯特丹的 F. Muller & Co. 拍卖行，1944 年 7 月 18 日至 21 日在那里拍卖。在“元首大楼”丢失。(林茨编号 3794)

**Pannini-Schule**

（17 世纪意大利），

《罗马的凯旋门》，带点缀，

水粉，47.5cm × 70cm。

1944 年 3 月 24 日以 3 万帝国马克购自慕尼黑的阿尔玛斯艺术品商行。前物主：至 1944 年为巴黎的 Destrem 画廊。在“元首大楼”丢失。

（林茨编号 3342）

**Jean-Baptiste Pater**

(1695—1736),

《户外狩猎早餐》,

麻,55.5cm × 41cm。

1944 年 5 月 9 日以 11 万帝国马克与另一幅画一起购自德累斯顿的 H. Gurlitt 艺术品商行。这幅画来自法国的私人收藏,经巴黎的 Theo Hermsen 介绍购得。在“元首大楼”丢失。(林茨编号 3694,“元首相册”编号 31 : 48)

**Simone Pignoni**

（1611—1698），

《圣女 Caecilie》，

麻，81cm × 66.5cm。

1944 年 5 月 12 日以 1.5 万帝国马克购自德累斯顿的 H. Gurlitt 艺术品商行。这幅画来自法国的私人收藏。在“元首大楼”丢失。（林茨编号 3660）

**Hendrik Gerritsz Pot**

(1583—1657),

《穿蓝色裙子头上戴花的年轻姑娘》,

木，28.5cm × 23cm。

1944 年 6 月 9 日以 4 万帝国马克购自汉堡的 K. Köster 艺术品商行。前物主：居斯特罗的 B. Böhmer 艺术品商行。在“元首大楼”丢失。(林茨编号 3731)

**Jan Provost**

(1465—1529),

《耶稣入棺》,

木，71cm × 53.5cm。

1944 年 3 月 27 日以 20 万帝国马克购自维也纳的多罗台姆拍卖行。前物主：阿姆斯特丹的 J. Goudstikker 艺术品商行。在“元首大楼”丢失。

（林茨编号 3929）

**Ferdinand von Rayski**

（1806—1890），

《男爵夫人 Malinka von Heynitz geb. v. Boxberg》（或者，Clara Auguste von Boxberg，geb. von Broizem），

麻，30cm × 25.5cm。

1943 年 10 月 18 日以 2.8 万帝国马克购自德累斯顿的 E. P. Meussel 艺术品商行。这幅画来自萨克森的贵族家庭。在“元首大楼”丢失。（林茨编号 3187，“元首相册”编号 25 ： 28）

**Hubert Robert gen. Robert des Ruines**

(1733—1808),

《从神庙驱赶商贩们》,

麻，99.5cm × 79cm。

1944 年 5 月 18 日以 3.6 万帝国马克购自开姆尼茨的 Gerstenberger 艺术品商行。这幅画来自法国的艺术品商行。在“元首大楼”丢失。(林茨编号 3783)

**Salomon van Ruysdael**
（1600—1670），
《小白桦树，有树和钓鱼的河岸风光》，
木，横蛋形，38.3cm × 51cm，
日期：1633年。
1944年3月27日以25万帝国马克购自维也纳的多罗台姆拍卖行。这幅画来自在布鲁塞尔没收的Daniel Andrieese家的收藏，1942年归赫尔曼·戈林。1944年它被用于在Goudstikker艺术品商行交换维梅尔的一幅赝品，后又从那里经过阿姆斯特丹的Jan Dik Jr.艺术品商行到了维也纳。在“元首大楼”丢失。（林茨编号3919）

**Cornelis Saftleven**

（1607—1681），

《山洞里的骑马人和白马和狗》，

木，29.5cm × 33.5cm。

1944 年 7 月 25 日以 6 万荷兰盾购自阿姆斯特丹的 Jan Dik Jr. 艺术品商行。在“元首大楼”丢失。（林茨编号 3761）

**Herman Saftleven**

（1609—1685），

《山水风光》，

木，20.5cm × 29cm，

日期：1674 年。

1944 年 11 月 9 日 以 6000 帝国马克购自慕尼黑的 Zinckgraf 画廊。在“元首大楼”丢失。（林茨编号 3867）

**Andreas Schelfhout**
（1787—1870），
《马拉冰车和滑冰的风光》，
木，59.5cm × 72.5cm。
1944 年 1 月 5 日以 1 万荷兰盾购自阿姆斯特丹的 W. Neseker 艺术品商行。在“元首大楼”丢失。（林茨编号 3270）

**Andreas Schelfhout**

（1787—1870），

《两个人在路边十字架前祷告的风景》，

木，17cm × 22.5cm，

日期：1850 年。

1944 年 2 月 1 日以 6500 帝国马克购自维也纳的多罗台姆拍卖行。前物主：自 1943 年为阿姆斯特丹的 J. Goudstikker 艺术品商行。在“元首大楼”丢失。

（林茨编号 3576）

**Andreas Schelfhout**
(1787—1870),
《帆船和点缀的岩岸风光》,
木，47cm×65cm。
1944年2月1日以13200帝国马克购自维也纳的多罗台姆拍卖行。前物主：至1943年为阿姆斯特丹的F. Muller & Co.拍卖行，后来为阿姆斯特丹的J. Goudstikker艺术品商行。在“元首大楼”丢失。(林茨编号3584)

**Johann Wilhelm Schirmer**
(1807—1863),
《黑森风景研习》,
麻，33.5cm × 52cm。
1944 年 11 月 9 日 以 1.5 万帝国马克购自慕尼黑的 Zinckgraf 画廊。在“元首大楼”丢失。(林茨编号 3864)

**Josef von Schlögel**
（1851—1913），
《萨尔茨卡默古特地区湖泊风光》，
纸板，42cm × 65cm。
1944 年 1 月 4 日以 2500 帝国马克购自维也纳的 L. T. Neumann 艺术品商行。在“元首大楼”丢失。（林茨编号 3559）

**Matthias Schmid**

（1835—1923），

《潘茨瑙恩河谷的猎人小房》，

46.5cm × 56cm，

日期：1886 年。

1944 年 2 月 7 日以 8500 帝国马克购自柏林的 C. ∃ E. Schmidt 艺术品商行。在“元首大楼”丢失。（林茨编号 3306）

**Jan (Johannes) Schoeff**
（1608—1666），
《有点缀人物的风景》，
木，39.5cm × 57cm，
日期：1645 年。
1943 年 10 月 22 日 以 16500 荷兰盾购自海牙的 G. Cramer 艺术品商行。前物主：阿姆斯特丹的 D. A. Hoogendijk & Co. 艺术品商行。在“元首大楼”丢失。（林茨编号 3207）

**Johannes Christianus Schotel**

（1787—1838），

《岸边渔船》，

麻，64cm × 86cm。

1944年1月11日以1.5万荷兰盾购自阿姆斯特丹的J. Goudstikker艺术品商行。前物主：自1943年为阿姆斯特丹的J. Vermeulen艺术品商行。在“元首大楼”丢失。（林茨编号3272）

**Daniel Seghers**

(1590—1661),

《大束鲜花，右边鲜花和樱桃枝在一个篮子里》,

麻，105cm × 110cm。

1944 年 3 月 27 日以 7.5 万帝国马克购自维也纳的多罗台姆拍卖行。前物主：赫尔曼·戈林，1944 年用这幅画与 Goudstikker 艺术品商行交换一幅维梅尔的赝品，从那里经阿姆斯特丹的 Jan Dik Jr. 艺术品商行到了维也纳。在“元首大楼”丢失。(林茨编号 3804)

**August Seidel**

（1820—1904），

《暴风雨将临的风光》，

麻，161cm × 193cm，

日期：1858 年。

1940 年购自慕尼黑的阿尔玛斯艺术品商行。这幅画来自德国人的私人收藏。1945 年 5 月 7 日在圣·阿加塔的一座库房被烧毁。（林茨编号 933）

**Joseph van Severdonck**
（1819—1905），
《70 年代战争场面》，
木，29cm × 48.5cm，
日期：1871 年。
1943 年 11 月 10 日以 2000 帝国马克购自莱比锡的 K. Naubert 艺术品商行。在“元首大楼”丢失。（林茨编号 3177）

**Cornelis van Spaendonck**

（1756—1840），

《花束和果篮》，

麻，92.5cm × 73cm。

1944 年 1 月 25 日至 31 日间以 10500 荷兰盾购自阿姆斯特丹的 F. Muller & Co. 拍卖行。在“元首大楼”丢失。（林茨编号 3298，“元首相册”编号 30 ： 37）

**Carl Spitzweg**

（1808—1885），

《有溪流的山谷风光和四个儿童》，

木，31cm×26cm。

1940 年登录在“元首大楼索引”上，希特勒旧收藏。1945 年 10 月至 1948 年 4 月间在慕尼黑的中央收集站丢失。〔林茨编号 46/ 慕尼黑编号（Mü.）11217〕

**Carl Spitzweg**

（1808—1885），

《一个用法术召唤龙的魔术师》，

木，32cm × 18cm。

1940 年登录在“元首大楼索引”上。前物主：至 1935 年为柏林的 Schlesinger。1945 年 10 月至 1948 年 4 月间在慕尼黑的中央收集站丢失。今天在德国南部一个私人收藏中有一幅同样内容同样大小的画。〔林茨编号 600/ 慕尼黑编号（Mü.）9542〕

**Carl Spitzweg**

（1808—1885），

《两个姑娘在森林里》，

纸，12.6cm × 13.2cm。

1935 年 12 月 21 日购自柏林的 P. Graupe 艺术品商行。1945 年 7 月至 1948 年 4 月间在慕尼黑的中央收集站丢失。〔林茨编号 603/ 慕尼黑编号（Mü.）2241/2，“元首相册”编号 13 ： 49a〕

**Carl Spitzweg**

（1808—1885），

《隐士（酒后入睡）》，

木，21.5cm × 14cm。

1940 年登录在“元首大楼索引”上，希特勒旧收藏。1945 年 10 月至 1948 年 4 月间在慕尼黑的中央收集站丢失。〔林茨编号 775/ 慕尼黑编号（Mü.）10528〕

**Carl Spitzweg**
（1808—1885），
《前面有十字架和两个孩子的山峦风光》，
木，15.5cm × 25.5cm。
1942 年登录在“元首大楼索引”上。前物主：自 1935 年为慕尼黑的 Karl Peter Gillmann。1945 年 10 月至 1948 年 4 月间在慕尼黑的中央收集站丢失。〔林茨编号 2402/ 慕尼黑编号（Mü.）11229〕

**Carl Spitzweg**

（1808—1885），

《迟归（夜里）》，

木，31cm × 16.5cm。

1943 年以 6.9 万帝国马克购自慕尼黑的阿尔玛斯艺术品商行。前物主：1943 年 10 月 6 日由维也纳的朗格艺术品商行拍卖给阿尔玛斯艺术品商行。1945 年 10 月至 1948 年 4 月间在慕尼黑的中央收集站丢失。一幅同样内容同样尺寸的画 1956 年出现在慕尼黑的 Schöninger 画廊。〔林茨编号 3045 / 慕尼黑编号（Mü.）9544〕

**Carl Spitzweg**

（1808—1885），

《酒窖师傅（僧侣）在修道院院子里品酒》，

纸板，20cm × 13cm。

1944 年 9 月 7 日以 47750 帝国马克购自慕尼黑的 E. Brüschwiler 艺术品商行。在“元首大楼”丢失。1963 年 10 月 3 日又出现在慕尼黑的 A. Weinmüller 艺术品商行，图录 1108。（林茨编号 3643）

**Carl Spitzweg**

(1808—1885),

《在一条中古小巷子里窗下唱情歌》,

木，21cm × 15cm。

1944 年 9 月 7 日以 47750 帝国马克购自慕尼黑的 E. Brüschwiler 艺术品

商行。在“元首大楼”丢失。(林茨编号 3644)

**Friedrich Stahl**

（1863—1940），

《茶桌旁的夫妻》，

麻，53cm × 42.5cm，

日期：1887 年。

1944 年登录在“元首大楼索引”上。在“元首大楼”丢失。（林茨编号 3258）

**Jan Steen**

（1626—1678），

《海军上将 Cornelis Evertsen d. Ä.（1610—1666）画像》，

木，37.5cm × 32cm。

1944 年 7 月 5 日以 6.8 万荷兰盾经过居斯特罗的 B. Böhmer 艺术品商行购得。在“元首大楼”丢失。（林茨编号 3705）

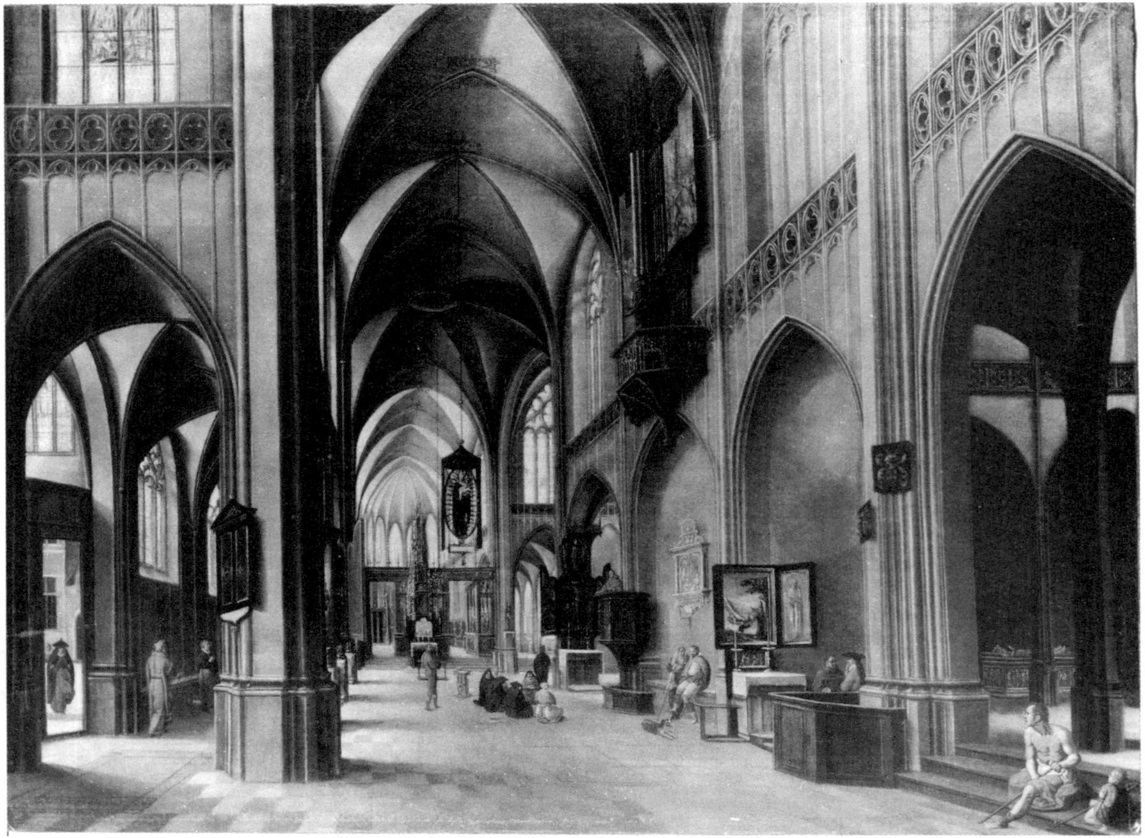

**Hendrick van Steenwyk d. J.**
（1580—1649），
《一座哥特式教堂内部和点缀》，
麻，82cm × 111cm。
1944 年 5 月 12 日以 3 万帝国马克购自科隆的 G. Bapst, gen. Schilling 艺术品商行。这幅画来自比利时的私人收藏。在“元首大楼”丢失。（林茨编号 3801）

**Carl von Steuben**

（1788—1856），

《在圣赫勒拿岛拿破仑一世之死》，

麻，75cm × 102cm。

1944 年 6 月 23 日以 3.5 万帝国马克通过德累斯顿的 H. Gurlitt 艺术品商行购得。这幅画来自法国的私人收藏。在“元首大楼”丢失。（林茨编号 3680）

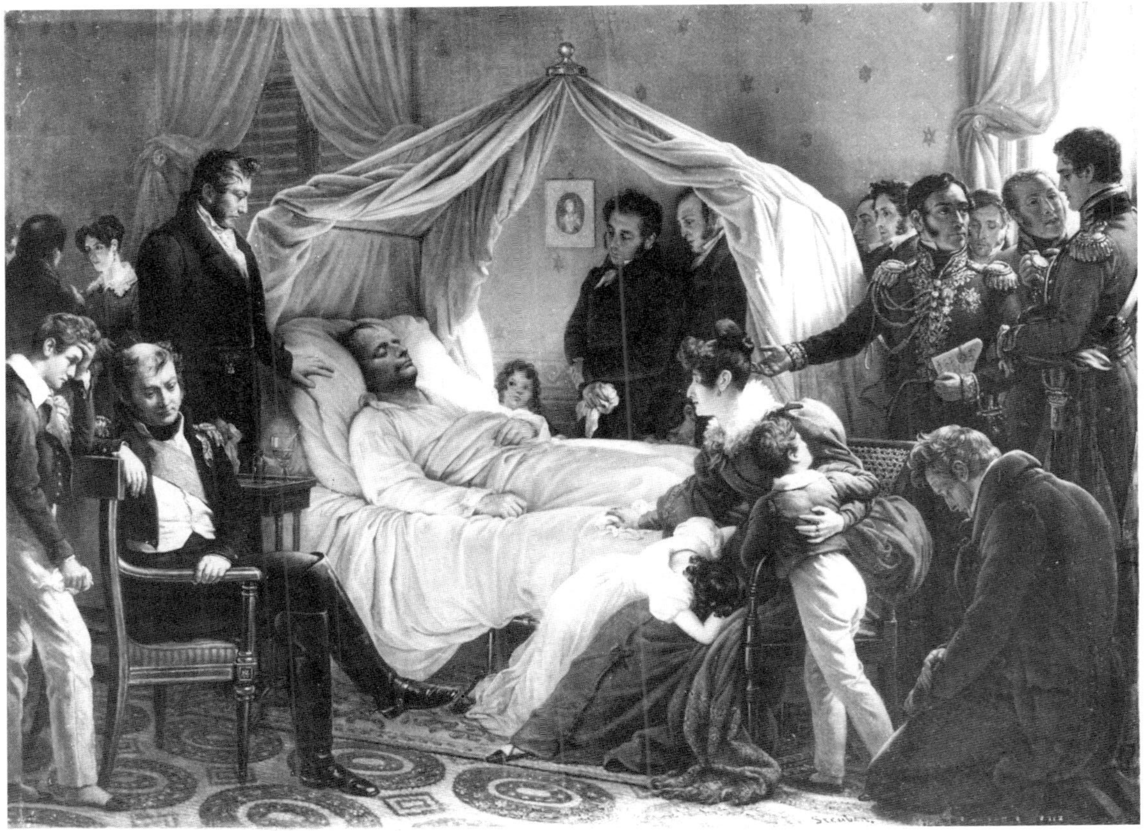

**Hendrik van Streeck**
（1659—1719），
静物《死鸟和柠檬》，
麻，63cm × 79.5cm。
1944 年 1 月 27 日以 1.2 万荷兰盾购自阿姆斯特丹的 D. A. Hoogendijk & Co. 艺术品商行。在“元首大楼”丢失。（林茨编号 3297，“元首相册”编号 30 ： 30）

**Juriaen van Streeck**

(1632—1687),

静物《水果、面包和酒杯》,

麻，39.5cm × 32.5cm。

1944 年 1 月 25 日至 31 日以 1 万荷兰盾购自阿姆斯特丹的 F. Muller & Co. 拍卖行。在“元首大楼”丢失。(林茨编号 3304)

**Franz von Stuck**
（1863—1928），
《两个姑娘（姐妹）双人像》，
纸板，48cm×55cm。
1944 年 4 月 14 日 以 1.5 万帝国马克从威斯巴登的 Walter Schnabel 博士手中购得。在“元首大楼”丢失。
（林茨编号 3390）

**David Teniers d. J. II.**

(1610—1690),

《有人弹琴的农民酒馆，老妇人和靠壁炉的几个人》,

木，20.5cm × 27cm。

1943 年 12 月 28 日 以 1.4 万荷兰盾购自海牙的 G. Cramer 艺术品商行。在“元首大楼”丢失。（林茨编号 3308）

**David Teniers d. J. II.**
（1610—1690），
《牧人、两头牛和一群羊》，
麻，42.3cm × 61.2cm。
1944 年 3 月 28 日以 2.2 万荷兰盾购自海牙的 J. G. Wigman 艺术品商行。在“元首大楼”丢失。（林茨编号 3695）

**Jan Tilius**

(1665—1694),

《看书的老妇人》,

木，28.5cm × 23cm。

1943年10月25日以6800荷兰盾购自阿姆斯特丹的F. Muller & Co.拍卖行。

在“元首大楼”丢失。(林茨编号 3173,“元首相册”编号 27 ∶ 44)

**Adam Wolfgang Töpffer**
（1766—1847），
《带人物点缀的山岩风光》，
麻，58cm × 76.5cm，
日期：1828 年。
1943 年 10 月 25 日以 5270 荷兰盾购自阿姆斯特丹的 F. Muller & Co. 拍卖行。在“元首大楼”丢失。（林茨编号 3210）

**Wolfgang Traut**

（1478—1520），

《戴帽子的女人像（纽伦堡的有钱人）》，

木，51cm×36.5cm。

1943年10月16日以14.5万帝国马克购自柏林的C. F. E. Schmidt艺术品商行。在“元首大楼”丢失。（林茨编号3213，“元首相册”编号27：05）

**Johannes Christoffel Vaarberg**

(1828—1871),

《夜市》,

木，46cm×35.5cm,

日期：1861 年。

1944 年 6 月 3 日以 6500 荷兰盾购自海牙的 H. A. J. Stenger 艺术品商行。



在“元首大楼”丢失。(林茨编号 3675)

**Adriaen van de Velde**
（1636—1672），
《风景》，
木，28.5cm × 38.5cm，
日期：1663 年。
1944 年 6 月 12 日以 3 万荷兰盾购自海牙的 G. Cramer 艺术品商行。以前为阿姆斯特丹的H. A. Wetzlar的收藏。在“元首大楼”丢失。（林茨编号 3738）

**Adriaen van de Velde**
(1636—1672)，
《一个草棚前的牲畜》，
木，24.3cm × 30cm。
1944 年登录在“元首大楼索引”上。在“元首大楼”丢失。（林茨编号 3858）

**Esaias van de Velde**
(1587—1630),
《打劫一辆旅行车》,
木，26cm × 44cm,
日期：1622 年。
1944 年 6 月以 16650 帝国马克购自阿姆斯特丹的 Jan Dik Jr. 艺术品商行。前物主：海牙的 Marle-Bignell 艺术品商行，在那里拍卖。在“元首大楼”丢失。(林茨编号 3716)

**Adriaen Pietersz van de Venne**

(1589—1662),

《镜子前面的女士》,

木，33cm×23cm,

日期：1634 年。

1943 年 Mühlmann 办事处以 1250 荷兰盾经阿姆斯特丹的 Gebr. Douwes 艺术品商行购得。在“元首大楼”丢失。(林茨编号 3186,“元首相册”编号 30 ： 10)

**Adriaen Pietersz van de Venne**
（1589—1662），
《残疾人之间的斗殴》，
木，30.9cm×41.3cm，
日期：1633 年。
1944 年 3 月 27 日从 2.5 万帝国马克购自维也纳的多罗台姆拍卖行。前物主：1944 年为阿姆斯特丹的 Jan Dik Jr. 艺术品商行。在“元首大楼”丢失。（林茨编号 3913）

**Jan Hendrik Verheyen**

（1778—1846），

《海牙老医院》，

木，48.5cm × 37cm。

1944 年 7 月 7 日以 1.5 万荷兰盾从海牙的修复师 J. C. Traas 手中购得。

在“元首大楼”丢失。（林茨编号 3799）

**Jan Hendrik Verheyen**

（1778—1846），

《有教堂、民居和人物的荷兰城市》，

木，31.5cm × 25.5cm。

1944 年 8 月 3 日以 3200 荷兰盾购自阿姆斯特丹的 F. W. H. Hollstein 艺术品商行。前物主：至 1944 年为乌得勒支的 van Huffle。在“元首大楼”丢失。（林茨编号 3857）

**Barent Vermeer**

（1659—1690），

《中国花瓶、琴、壶等》，

麻，95cm × 77cm。

1944年7月19日以5万荷兰盾购自阿姆斯特丹的Jan Dik Jr.艺术品商行。

在“元首大楼”丢失。（林茨编号3756，“元首相册”编号31 ：33）

**Jan Vermeer van Haarlem**

（1656—1705），

《晚上的风景》，

木，36cm × 58.5cm。

1944 年 6 月 7 日以 3 万荷兰盾购自海牙的 J. G. Wigman 艺术品商行。在“元首大楼”丢失。（林茨编号 3689）

**Wouter Verschuur**
（1812—1874），
《骑马人和两匹饮水的马及姑娘和驴子（山地风光）》，
木，37cm × 51cm。
1944 年 5 月 31 日以 10500 荷兰盾从海牙的 De Ridder 手中购得。在“元首大楼”丢失。（林茨编号 3678）

**Hendrik Cornelisz van Vliet**

（1611—1675），

《一个教堂内部》，

麻，41cm×35.3cm，

日期：1646 年。

1944 年 1 月 31 日以 14500 荷兰盾购自阿姆斯特丹的 F. Muller & Co. 拍卖行。以前为圣彼得堡 Eremitage 所有。在“元首大楼”丢失。（林茨编号 3305，“元首相册”编号 30 ： 33）

**Hendrik Cornelisz van Vliet**

(1611—1675),

《一个哥特式教堂内部（阿姆斯特丹 Oude Kerk）》,

麻，56.5cm × 44cm。

1944 年 8 月 23 日以 3 万荷兰盾购自巴伦的 O. Gerschagen 艺术品商行。

可能于 1945 年 2 月 13 日在德累斯顿被烧毁。（林茨附录，“元首相册”编号 31 ： 30）

**Friedrich Voltz**

（1817—1886），

《伊萨河岸上的牛羊和远眺福灵》，

麻，55cm × 72cm。

1944 年 3 月 9 日以 1.5 万帝国马克购自威斯巴登的 H. Schütten 艺术品商行。在“元首大楼”丢失。（林茨编号 3319）

**Friedrich Voltz**

(1817—1886),

《安丙的车棚和人》,

纸板，35cm × 41cm。

1944 年 8 月 27 日以 1.4 万荷兰盾从海牙的修复师 J. C. Traas 手中购得。在“元首大楼”丢失。(林茨编号 3856)

**Ludwig Voltz**

（1825—1911），

《相遇在山脊上》，

麻，96cm × 81cm。

1944 年 3 月 4 日以 1.5 万帝国马克购自巴特基辛根的 H. Schütten 艺术品商行。在“元首大楼”丢失。（林茨编号 3330）

**Max Josef Wagenbauer**

(1774—1829),

《公牛和牧牛小伙子及狗在牛棚前》,

麻，33cm × 40cm。

1944 年 4 月 4 日 以 1.1 万帝国马克购自慕尼黑的 Zinckgraf 画廊。这幅画来自奥地利。在“元首大楼”丢失。(林茨编号 3348)

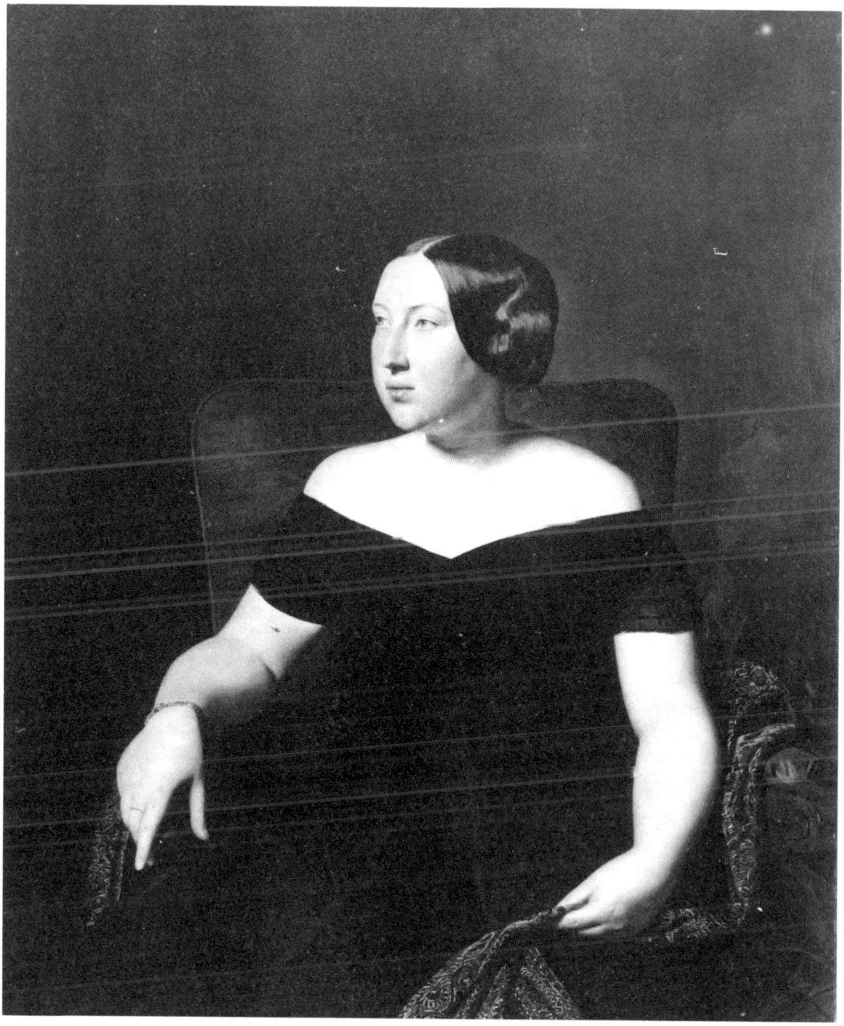

**Ferdinand Georg Waldmüller**

（1793—1865），

《穿黑绸衣坐在红色靠背椅上的女士（Rosa Löwenberg）像》，

麻，100cm × 82cm，

日期：1850 年。

1944 年 5 月 26 日以 5.5 万帝国马克购自 Bremer Werkschau 艺术品商行。

在“元首大楼”丢失。（林茨编号 3626）

**Watteau-Schule**

（18 世纪法国），

《在老酒馆前饮酒和跳舞狂欢》，

麻，77cm × 104cm。

1944 年 5 月 31 日以 2.5 万帝国马克购自维也纳的多罗台姆拍卖行。这幅画来自比利时的私人收藏。在“元首大楼”丢失。（林茨编号 3593）

**Jan Weenix**

（1640—1719），

打猎静物《弓箭和死鸟》，

麻，91cm × 76cm。

1944 年 5 月 31 日以 5 万帝国马克购自维也纳的多罗台姆拍卖行。前物主：1944 年为巴黎的 Theo Hermsen。在慕尼黑的中央收集站丢失。

〔林茨编号 3598/ 慕尼黑编号（Mü.）9299〕

**Adriaen van der Werff**

（1659—1722），

《圣母玛利亚访问节》，

麻，80cm × 55cm。

1944年4月29日以2.5万荷兰盾从海牙的B. Renckens手中购得。在“元首大楼”丢失。（林茨编号3749，“元首相册”编号31 ： 35）

**Ludwig Willroider**

（1845—1910），

《蒂罗尔风光》，

纸板，27cm × 38cm。

1944 年 11 月 9 日以 4500 帝国马克购自慕尼黑的 Zinckgraf 画廊。在“元首大楼”丢失。（林茨编号 3866）

**Franz Xaver Winterhalter**

(1806—1873),

《衣服上有红带结的女人像（面向右）》,

麻，蛋形，62cm×48cm。

1944 年 3 月 2 日以 8000 帝国马克购自慕尼黑的 Wimmer & Co. 画廊。

在“元首大楼”丢失。（林茨编号 3332）

**Franz Xaver Winterhalter**

（1806—1873），

《穿白色衣服的 de Viller 伯爵夫人像》，

麻，蛋形，120cm × 93cm。

1944年5月9日以2.5万帝国马克购自德累斯顿的H. Gurlitt艺术品商行。

这幅画来自法国的私人收藏。在“元首大楼”丢失。（林茨编号 3665）

**Franz Xaver Winterhalter**

(1806—1873),

《O. Cantacuzine 公主像》,

麻，73.5cm × 60cm,

日期：1865 年。

1944 年 5 月 9 日以 1 万帝国马克购自德累斯顿的 H. Gurlitt 艺术品商行。这幅画来自法国的私人收藏，经巴黎的 Theo Hermsen 介绍购得，1944 年到慕尼黑。在“元首大楼”丢失。(林茨编号 3682)

**Josef Wopfner**

（1843—1927），

《雨中田间路上的车辆和行人》，

木，10cm × 25cm。

1944 年 7 月 11 日以 1.2 万帝国马克购自德累斯顿的 Karpf 艺术品商行。这幅画来自慕尼黑的私人收藏。在“元首大楼”丢失。（林茨编号 3729）

**Philips Wouwerman**

(1619—1668),

《一队打猎人马出发》,

木，42.3cm × 33.2cm。

1944 年 3 月 14 日以 9 万帝国马克购自维也纳的多罗台姆拍卖行。前物主：1944 年为阿姆斯特丹的 Jan Dik Jr. 艺术品商行。在“元首大楼”丢失。（林茨编号 3891，“元首相册”编号 30 ： 21）

**Johann Georg Ziesenis**

（1716—1777），

《穿蓝色绸衣戴帽子的女人像》，

麻，89cm×65cm。

1944 年 6 月 10 日以 8000 帝国马克从慕尼黑的艺术品经纪人 H. Bünemann

手中购得。在“元首大楼”丢失。（林茨编号 3752）

**Francisco de Zurbarán**

(1598—1662),

《抬十字架》,

麻,105.5cm × 72cm。

1944 年 3 月 20 日以 4.6 万帝国马克购自柏林的 C. F. E. Schmidt 艺术品商行。在“元首大楼”丢失。(林茨编号 3803)

# 下落不明或尚未查清下落的艺术品

**佚名**

(17 世纪佛兰德),

《裸体女人》,

尺寸不详。

来源和物主不详。“元首大楼索引”卡片上注“撤销”。(林茨编号 2585)

**佚名**

（约 1500 年荷兰），

《带一本祈祷书坐着的圣者》，

雕像，泥土，涂色，高 91cm。

1942 年 1 月 5 日以 11400 帝国马克购自柏林的 K. Haberstock 艺术品商行。前物主：自 1941 年为巴黎的 H. Engel 艺术品商行。去向不明。（林茨编号 2160）

**Hendrick van Avercamp**

(1585—1634),

《冰上猎手》,

水彩，10.8cm × 8.7cm。

1944 年购自阿姆斯特丹的 F. W. H. Hollstein 艺术品商行。1944 年 1 月 26 日运往威森施泰因。去向不明。(林茨附录)

**Lorenzo Bartolini**
（1777—1850），
《躺着的朱诺，女侯爵 Paolina Borghese》，
大理石，111cm × 184cm。
1941 年 3 月从慕尼黑的 C. W. Schweiger 手中购得。这件雕塑来自维也纳的私人收藏，去向不明。（林茨编号 1650，“元首相册”编号 20 ： 44）

**Herri met de Bles**
（1480—1525），
《彼得庄重渡水（彼得的使命）》，
木，74.5cm × 102cm。
1944 年购自维也纳的多罗台姆拍卖行。前物主：赫尔曼·戈林，1940 年购自阿姆斯特丹的 J. Goudstikker 艺术品商行。1944 年 2 月，这幅画又回到 Goudstikker 艺术品商行，从那里经过 J. Dik. Jr. 艺术品商行转到维也纳。去向不明。估计于 1945 年 2 月 13 日在德累斯顿被烧毁。（林茨附录）

**Hendrick Bloemaert**
(1601—1672),
《伊姆瓦斯小伙子》,
麻，97cm × 131cm。
1944 年购自阿姆斯特丹的
W. Paech 艺术品商行。去向
不明。(林茨附录)

**Jan Brueghel d. Ä.**

（1568—1625），

《港口帆船》，

铜板，10.5cm × 16.2cm，

日期：1610 年。

1941 年 7 月 28 日米尔曼办事处以2500帝国马克购得。

前物主：阿姆斯特丹的 Frits Lugt 收藏。去向不明。最后见到是在阿尔套斯湖地区。

（林茨编号 1870，“元首相册”编号 21 ： 42a）

**Jan Brueghel d. Ä.**
（1568—1625），
《冬天溜冰的村庄》，
铜板，9.5cm × 15cm。
1941 年 7 月 28 日米尔曼办事处以2500帝国马克购得。前物主：阿姆斯特丹的 Frits Lugt 收藏。去向不明。最后见到是在阿尔套斯湖地区。（林茨编号 1871，“元首相册”编号 21 ： 42b）

**Gillis Claesz de Hondecoeter**
（1604—1653），
《树、牲畜和野生动物》，
木，67.5cm × 115cm。
1944 年 7 月 12 日 以 1.5 万荷兰盾从伦特伦的 A. Ramaker 手中购得。自 1945 年 2 月 1 日“元首大楼索引”卡停止登记，这幅画没有送往阿尔套斯湖。现在情况不详。（林茨编号 3800）

**Giovanni Paolo Pannini**

（1691—1765），

《罗马广场》，

麻，61cm × 100cm。

“元首大楼索引”卡片上注

“撤销”。（林茨编号 2579）

**Emil Jakob Schindler**

（1842—1892），

《塞浦路斯达尔马提亚山城风光》，

麻，190cm×237cm。

1943年8月31日以4万帝国马克购自维也纳的Welz艺术品商行。这幅画最后一次见到是在土伦塔尔。去向不明。〔韦德曼目录/大索引编号（K）1893，“元首相册”编号25：22〕

**Daniel Seghers**

（1590—1661），

《玻璃花瓶中的花束》，

木，78cm×46cm。

1943 年 5 月 27 日以 35 万荷兰盾购自巴黎的 V. Mandl 艺术品商行。去向不明。（林茨附录，“元首相册”编号 27 ：18）

**David Teniers d. J. (?)**

(1610—1690),

《女人像》(复制),

尺寸不详。

“元首大楼索引”卡片上注“撤销”。(林茨编号 2586)

**Martin Valckenborch**

(1535—1612),

《岸上岩石风光，鱼贩子和船》,

木，18cm × 18cm。

1944 年以 12500 荷兰盾购自阿姆斯特丹的 H. Oelze 收藏。去向不明。

1945 年 4 月还在阿尔套斯湖见到。（林茨编号 3491）

**Adraen Pietersz van de Venne**

（1589—1662），

《客栈里的荷兰人（农民舞）》，

尺寸不详。

“元首大楼索引”卡片上注

“撤销”。（林茨编号 2582）

**Daniel Vosmaer**

(? —1666),

《阿姆斯特丹新型车景》,

麻，90cm × 131cm。

1944年8月16日购自阿姆斯特丹的W. Paech艺术品商行。去向不明。(林茨附录，“元首相册”编号31：31)

**Richard Wagner**

（1813—1883），

关于唐豪舍信的原件（第2页和第3页），

日期：苏黎世1852年10月7日。1943年从维也纳的艺术鉴定人Otto Schatzker手中购得。这封信来自“未雅利安化的财产”。丢失情况不详。同样内容同样大小同样日期的一封信今存纽约的摩根图书馆。（林茨编号2715）

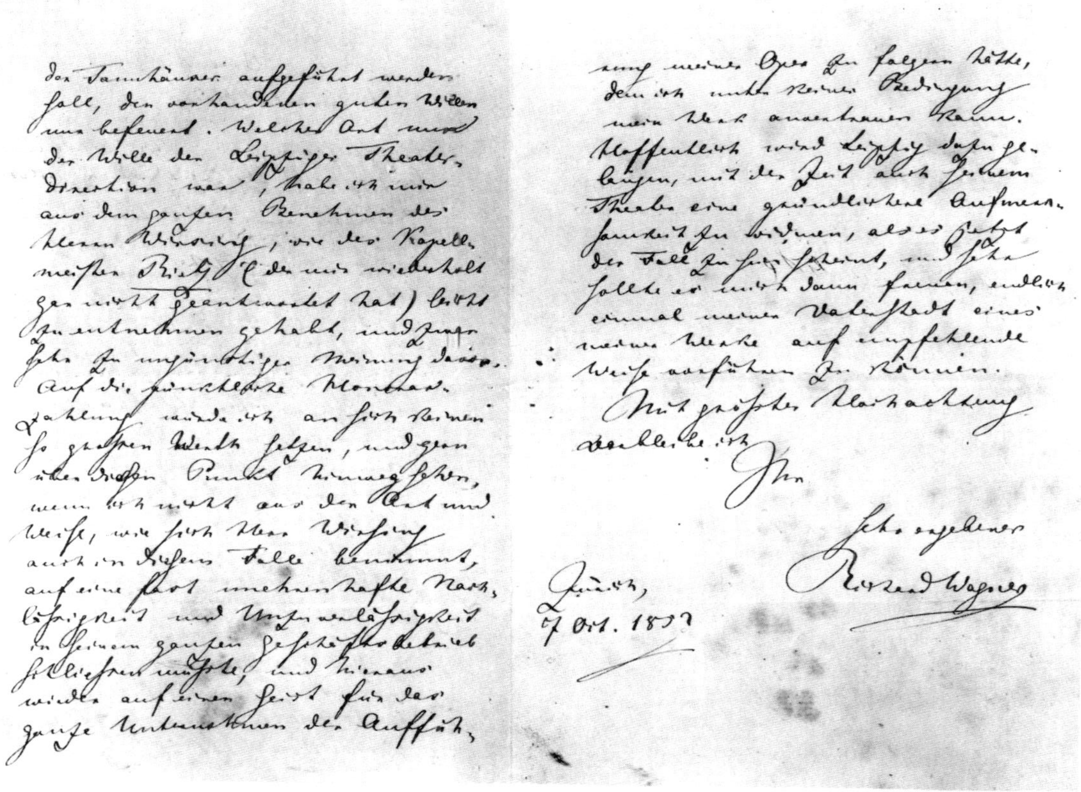
der Tannhäuser aufgeführt werden
soll, den vorhandenen guten Willen
uns befreund. Welcher Art nun
der Wille der Leipziger Theater-
direktion war, habe ich nur
aus dem ganzen Benehmen des
Herrn Wirsing, wie des Kapell-
meisters Rietz (der mir wiederholt
gar nicht geantwortet hat) bisher
zu entnehmen gehabt, und zwar
sehr zu ungünstiger Meinung daraus.
Auf die pünktlose Honorar-
zahlung würde ich an sich keinen
so großen Werth gelegt, und gern
über diesen Punkt hinweggesehen,
wenn ich nicht aus der Art und
Weise, wie sich Herr Wirsing
auch in diesem Falle benimmt,
auf eine fast unehrenhafte Nach-
lässigkeit und Unzuverlässigkeit
in seinem ganzen Geschäftsbetrieb
schließen müßte, und hieraus
wieder auf einen Geist für das
ganze Unternehmen der Aufführ-

ung meiner Oper zu folgern hätte,
dem ich unter keiner Bedingung
mein Werk anvertrauen kann.
Hoffentlich wird Leipzig dazu ge-
langen, mit der Zeit auch seinem
Theater eine gründlichere Aufmerk-
samkeit zu widmen, als es jetzt
der Fall zu sein scheint, und ich
sollte es mich dann freuen, endlich
einmal meiner Vaterstadt eines
meiner Werke auf empfehlende
Weise vorführen zu können.
Mit größter Hochachtung
verbleibe ich
Ihr
sehr ergebener
Richard Wagner

Zürich,
7 Oct. 1852

# 译 后 记

翻译本书对我们来说是一次挑战，因为它要求我们对第二次世界大战的历史以及当时德国、奥地利等的情况有更多的了解。

在翻译的过程中，我们曾得到德国作家乌韦·赫尔姆斯（Uwe Herms）、德国汉学家艾克·查艾克（Eike Ztschack）耐心的帮助；本书作者哈恩斯·罗尔对我们的指导和帮助让我们感到，仿佛他一直和我们在一道工作。在此，我们向他们表示衷心的感谢。

由于我们的德文水平和对历史的了解程度有限，译文肯定存在不足或错误，感谢读者予以指正。

翻译之前曾与作者商定，鉴于原书的注释多是引文出处，故不予翻译。

最后，我们还要感谢生活·读书·新知三联书店有关人员对本书翻译工作的关怀指导。

译者

2008 年 8 月

## 新知文库

01 《证据：历史上最具争议的法医学案例》[美]科林·埃文斯 著　毕小青 译

02 《香料传奇：一部由诱惑衍生的历史》[澳]杰克·特纳 著　周子平 译

03 《查理曼大帝的桌布：一部开胃的宴会史》[英]尼科拉·弗莱彻 著　李响 译

04 《改变西方世界的 26 个字母》[英]约翰·曼 著　江正文 译

05 《破解古埃及：一场激烈的智力竞争》[英]莱斯利·罗伊·亚京斯 著　黄中宪 译

06 《狗智慧：它们在想什么》[加]斯坦利·科伦 著　江天帆、马云霏 译

07 《狗故事：人类历史上狗的爪印》[加]斯坦利·科伦 著　江天帆 译

08 《血液的故事》[美]比尔·海斯 著　郎可华 译　张铁梅 校

09 《君主制的历史》[美]布伦达·拉尔夫·刘易斯 著　荣予、方力维 译

10 《人类基因的历史地图》[美]史蒂夫·奥尔森 著　霍达文 译

11 《隐疾：名人与人格障碍》[德]博尔温·班德洛 著　麦湛雄 译

12 《逼近的瘟疫》[美]劳里·加勒特 著　杨岐鸣、杨宁 译

13 《颜色的故事》[英]维多利亚·芬利 著　姚芸竹 译

14 《我不是杀人犯》[法]弗雷德里克·肖索依 著　孟晖 译

15 《说谎：揭穿商业、政治与婚姻中的骗局》[美]保罗·埃克曼 著　邓伯宸 译　徐国强 校

16 《蛛丝马迹：犯罪现场专家讲述的故事》[美]康妮·弗莱彻 著　毕小青 译

17 《战争的果实：军事冲突如何加速科技创新》[美]迈克尔·怀特 著　卢欣渝 译

18 《口述：最早发现北美洲的中国移民》[加]保罗·夏亚松 著　暴永宁 译

19 《私密的神话：梦之解析》[英]安东尼·史蒂文斯 著　薛绚 译

20 《生物武器：从国家赞助的研制计划到当代生物恐怖活动》[美]珍妮·吉耶曼 著　周子平 译

21 《疯狂实验史》[瑞士]雷托·U. 施奈德 著　许阳 译

22 《智商测试：一段闪光的历史，一个失色的点子》[美]斯蒂芬·默多克 著　卢欣渝 译

23 《第三帝国的艺术博物馆：希特勒与"林茨特别任务"》[德]哈恩斯-克里斯蒂安·罗尔 著　孙书柱、刘英兰 译

24 《茶：嗜好、开拓与帝国》[英]罗伊·莫克塞姆 著　毕小青 译

25 《路西法效应：好人是如何变成恶魔的》[美]菲利普·津巴多 著　孙佩妏、陈雅馨 译

26 《阿司匹林传奇》[英]迪尔米德·杰弗里斯 著　暴永宁、王惠 译

27《美味欺诈：食品造假与打假的历史》[英]比·威尔逊 著　周继岚 译
28《英国人的言行潜规则》[英]凯特·福克斯 著　姚芸竹 译
29《战争的文化》[以]马丁·范克勒韦尔德 著　李阳 译
30《大背叛：科学中的欺诈》[美]霍勒斯·弗里兰·贾德森 著　张铁梅、徐国强 译
31《多重宇宙：一个世界太少了？》[德]托比阿斯·胡阿特、马克斯·劳讷 著　车云 译
32《现代医学的偶然发现》[美]默顿·迈耶斯 著　周子平 译
33《咖啡机中的间谍：个人隐私的终结》[英]吉隆·奥哈拉、奈杰尔·沙德博尔特 著　毕小青 译
34《洞穴奇案》[美]彼得·萨伯 著　陈福勇、张世泰 译
35《权力的餐桌：从古希腊宴会到爱丽舍宫》[法]让－马克·阿尔贝 著　刘可有、刘惠杰 译
36《致命元素：毒药的历史》[英]约翰·埃姆斯利 著　毕小青 译
37《神祇、陵墓与学者：考古学传奇》[德]C. W. 策拉姆 著　张芸、孟薇 译
38《谋杀手段：用刑侦科学破解致命罪案》[德]马克·贝内克 著　李响 译
39《为什么不杀光？种族大屠杀的反思》[美]丹尼尔·希罗、克拉克·麦考利 著　薛绚 译
40《伊索尔德的魔汤：春药的文化史》[德]克劳迪娅·米勒－埃贝林、克里斯蒂安·拉奇 著
王泰智、沈惠珠 译
41《错引耶稣：〈圣经〉传抄、更改的内幕》[美]巴特·埃尔曼 著　黄恩邻 译
42《百变小红帽：一则童话中的性、道德及演变》[美]凯瑟琳·奥兰丝汀 著　杨淑智 译
43《穆斯林发现欧洲：天下大国的视野转换》[英]伯纳德·刘易斯 著　李中文 译
44《烟火撩人：香烟的历史》[法]迪迪埃·努里松 著　陈睿、李欣 译
45《菜单中的秘密：爱丽舍宫的飨宴》[日]西川惠 著　尤可欣 译
46《气候创造历史》[瑞士]许靖华 著　甘锡安 译
47《特权：哈佛与统治阶层的教育》[美]罗斯·格雷戈里·多塞特 著　珍栎 译
48《死亡晚餐派对：真实医学探案故事集》[美]乔纳森·埃德罗 著　江孟蓉 译
49《重返人类演化现场》[美]奇普·沃尔特 著　蔡承志 译
50《破窗效应：失序世界的关键影响力》[美]乔治·凯林、凯瑟琳·科尔斯 著　陈智文 译
51《违童之愿：冷战时期美国儿童医学实验秘史》[美]艾伦·M. 霍恩布鲁姆、朱迪斯·L. 纽曼、
格雷戈里·J. 多贝尔 著　丁立松 译
52《活着有多久：关于死亡的科学和哲学》[加]理查德·贝利沃、丹尼斯·金格拉斯 著　白紫阳 译
53《疯狂实验史Ⅱ》[瑞士]雷托·U. 施奈德 著　郭鑫、姚敏多 译
54《猿形毕露：从猩猩看人类的权力、暴力、爱与性》[美]弗朗斯·德瓦尔 著　陈信宏 译
55《正常的另一面：美貌、信任与养育的生物学》[美]乔丹·斯莫勒 著　郑嬿 译

56 《奇妙的尘埃》[美] 汉娜·霍姆斯 著　陈芝仪 译

57 《卡路里与束身衣：跨越两千年的节食史》[英] 路易丝·福克斯克罗夫特 著　王以勤 译

58 《哈希的故事：世界上最具暴利的毒品业内幕》[英] 温斯利·克拉克森 著　珍栎 译

59 《黑色盛宴：嗜血动物的奇异生活》[美] 比尔·舒特 著　帕特里曼·J. 温 绘图　赵越 译

60 《城市的故事》[美] 约翰·里德 著　郝笑丛 译

61 《树荫的温柔：亘古人类激情之源》[法] 阿兰·科尔班 著　苜蓿 译

62 《水果猎人：关于自然、冒险、商业与痴迷的故事》[加] 亚当·李斯·格尔纳 著　于是 译

63 《囚徒、情人与间谍：古今隐形墨水的故事》[美] 克里斯蒂·马克拉奇斯 著　张哲、师小涵 译

64 《欧洲王室另类史》[美] 迈克尔·法夸尔 著　康怡 译

65 《致命药瘾：让人沉迷的食品和药物》[美] 辛西娅·库恩等 著　林慧珍、关莹 译

66 《拉丁文帝国》[法] 弗朗索瓦·瓦克 著　陈绮文 译

67 《欲望之石：权力、谎言与爱情交织的钻石梦》[美] 汤姆·佐尔纳 著　麦慧芬 译

68 《女人的起源》[英] 伊莲·摩根 著　刘筠 译

69 《蒙娜丽莎传奇：新发现破解终极谜团》[美] 让－皮埃尔·伊斯鲍茨、克里斯托弗·希斯·布朗 著　陈薇薇 译

70 《无人读过的书：哥白尼〈天体运行论〉追寻记》[美] 欧文·金格里奇 著　王今、徐国强 译

71 《人类时代：被我们改变的世界》[美] 黛安娜·阿克曼 著　伍秋玉、澄影、王丹 译

72 《大气：万物的起源》[英] 加布里埃尔·沃克 著　蔡承志 译

73 《碳时代：文明与毁灭》[美] 埃里克·罗斯顿 著　吴妍仪 译

74 《一念之差：关于风险的故事与数字》[英] 迈克尔·布拉斯兰德、戴维·施皮格哈尔特 著　威治 译

75 《脂肪：文化与物质性》[美] 克里斯托弗·E. 福思、艾莉森·利奇 编著　李黎、丁立松 译

76 《笑的科学：解开笑与幽默感背后的大脑谜团》[美] 斯科特·威姆斯 著　刘书维 译

77 《黑丝路：从里海到伦敦的石油溯源之旅》[英] 詹姆斯·马里奥特、米卡·米尼奥－帕卢埃洛 著　黄煜文 译

78 《通向世界尽头：跨西伯利亚大铁路的故事》[英] 克里斯蒂安·沃尔玛 著　李阳 译

79 《生命的关键决定：从医生做主到患者赋权》[美] 彼得·于贝尔 著　张琼懿 译

80 《艺术侦探：找寻失踪艺术瑰宝的故事》[英] 菲利普·莫尔德 著　李欣 译

81 《共病时代：动物疾病与人类健康的惊人联系》[美] 芭芭拉·纳特森－霍洛威茨、凯瑟琳·鲍尔斯 著　陈筱婉 译

82 《巴黎浪漫吗？——关于法国人的传闻与真相》[英] 皮乌·玛丽·伊特韦尔 著　李阳 译

83 《时尚与恋物主义：紧身褡、束腰术及其他体形塑造法》[美]戴维·孔兹 著　珍栎 译
84 《上穷碧落：热气球的故事》[英]理查德·霍姆斯 著　暴永宁 译
85 《贵族：历史与传承》[法]埃里克·芒雄–里高 著　彭禄娴 译
86 《纸影寻踪：旷世发明的传奇之旅》[英]亚历山大·门罗 著　史先涛 译
87 《吃的大冒险：烹饪猎人笔记》[美]罗布·沃乐什 著　薛绚 译
88 《南极洲：一片神秘的大陆》[英]加布里埃尔·沃克 著　蒋功艳、岳玉庆 译
89 《民间传说与日本人的心灵》[日]河合隼雄 著　范作申 译
90 《象牙维京人：刘易斯棋中的北欧历史与神话》[美]南希·玛丽·布朗 著　赵越 译
91 《食物的心机：过敏的历史》[英]马修·史密斯 著　伊玉岩 译
92 《当世界又老又穷：全球老龄化大冲击》[美]泰德·菲什曼 著　黄煜文 译
93 《神话与日本人的心灵》[日]河合隼雄 著　王华 译
94 《度量世界：探索绝对度量衡体系的历史》[美]罗伯特·P. 克里斯 著　卢欣渝 译
95 《绿色宝藏：英国皇家植物园史话》[英]凯茜·威利斯、卡罗琳·弗里 著　珍栎 译
96 《牛顿与伪币制造者：科学巨匠鲜为人知的侦探生涯》[美]托马斯·利文森 著　周子平 译
97 《音乐如何可能？》[法]弗朗西斯·沃尔夫 著　白紫阳 译
98 《改变世界的七种花》[英]詹妮弗·波特 著　赵丽洁、刘佳 译
99 《伦敦的崛起：五个人重塑一座城》[英]利奥·霍利斯 著　宋美莹 译
100 《来自中国的礼物：大熊猫与人类相遇的一百年》[英]亨利·尼科尔斯 著　黄建强 译